NOUVELLES

CAUSES CÉLÈBRES

OU

FASTES DU CRIME.

IMPRIMERIE DE Ve DONDEY-DUPRÉ
Rue Saint-Louis, 46, au Marais.

NOUVELLES

CAUSES CÉLÈBRES

OU

FASTES DU CRIME

PAR **MOQUARD**, AVOCAT.

CAPO DE FEUILLIDE, ALBOIZE, ETC.

TOME SIXIÈME.

PARIS.

POURRAT FRÈRES, ÉDITEURS, 26, rue Jacob.

ADMINISTRATION DE LIBRAIRIE, 26, rue Notre-Dame-des-Victoires.

1843

LE MARQUIS D'ANGLADE.

(SUITE.)

III.

— Par ma foi, marquis, on dirait qu'il y a quinze jours que tu n'as été à la cour; tu n'as rien de neuf ce soir?

— Du neuf? en voici : Le roi a payé la conversion du marquis de Belzunce deux mille livres de rente; pour le même motif il a donné pareille somme à madame Lance Rambouillet, devenue vieille. La conversion de Vivans a été plus chère, deux mille écus par chaque année... Ma parole! je regrette de ne pas être protestant, je me convertirais. Ah! encore une nouvelle! Le marquis de Lavardin va remplacer à Rome Annibal d'Estrées, et M. de Paris change, dit-on, décidément de maîtresse. Il quitte madame de Bretonvilliers pour la petite Varenne, ce dont enrage la marquise de Gourville, qui voulait la survivance de la *cathédrale*.

— On vous demande du neuf et vous parlez de la marquise? dit une voix de femme.

Les deux gentilshommes qui, tout en jouant *à l'hombre*, causaient ainsi, partirent d'un long éclat de rire, et la dame qui avait lancé l'épigramme cacha son sourire derrière un grand éventail que sa main agitait rapidement.

Le salon où se passait cette petite scène était somptueusement orné et éclairé. De grands canapés étaient occupés par de jeunes et jolies femmes devisant à voix basse avec des cavaliers mis avec la plus élégante recherche, et çà et là, dans ce vaste appartement, des tables garnies de joueurs et couvertes d'or témoignaient du Dieu qu'on adorait en ce séjour.

La maîtresse du logis, la présidente Robert, était une de ces femmes qui tendent une main aux vices et l'autre à la police. Agée de trente ans à peine, selon son dire, elle était en vérité née en 1647 ; mais à force d'art et d'adresse elle avait gardé une apparence de jeunesse que venait seule démentir une jeune et belle personne de dix-sept ans qu'elle ne pouvait renier pour sa fille. Aglaé était une jeune personne charmante; elle était restée pure au milieu de la contagion générale, et malgré l'exemple peu édifiant de sa mère, qui comptait cependant sur elle pour assurer la fortune de ses vieux jours.

Ce coup d'œil rapide jeté sur l'assemblée, revenons à la conversation de nos deux joueurs.

— Mais, reprit l'un, que m'a-t-on appris ce matin? Tu vas devenir procureur général, toi, Latournelle, l'ami, — de cœur, bien entendu, — de notre charmante hôtesse ! Je m'en félicite, car tu ne poursuivras ni les joueurs, ni les coureurs de nuit, ni les gentilshommes bâtonnant leurs créanciers, car tu es joueur comme les cartes, ribaud fieffé, et couvert de dettes comme... moi !

— Je poursuivrai les protestants... Atout... Ma robe mise, je ferai la guerre contre Jansénius ou pour Jansénius, je ne suis pas encore bien sûr... Deux points!... Et je m'arrangerai de telle sorte que je n'aurai pour créanciers que des calvinistes.

— Pour ne pas payer le moyen est joli!... Je marque un point.

— Oui, je te donne la recette... Atout!... J'ai gagné.

Un personnage nouvellement arrivé, et auquel on fit peu d'attention, vint prendre la place laissée vide par le perdant, et de Crecy, recommençant à poursuivre sa folle conversation, salua le nouvel arrivant par ces paroles.

— Vous venez bien tard, mon joli abbé Gagnard. Quelle bourgeoise vous a attardé?... Je joue dix pistoles.

— Moi, j'en tiens vingt.

— Bravo ! va pour vingt...

Mademoiselle Robert s'était approchée de la table de jeu.

— Voyez, abbé, si vous n'êtes par un heureux mortel. Mademoiselle Aglaé, par intérêt pour vous, et pour admirer le point de vos manchettes, vient juger les coups.

La jeune fille haussa les épaules, fit la moue et s'éloigna sans répondre à une galanterie que l'abbé lui débita avec beaucoup de grâce.

La fortune du jeu ne se déclara pas pour l'église ;

Crecy gagna plusieurs parties, et il accumula ainsi devant lui un très-joli tas de doublons d'Espagne et d'écus.

— Une dernière revanche, dit Gagnard; vaincu ou victorieux, je pars. Tenez-vous ce rouleau? cinquante louis tout neufs.

— Accepté!

— Sans revanche!

— Sans revanche.

L'abbé joua, perdit, et profitant de l'annonce du souper et du mouvement occasionné par là dans le salon, il se retira après avoir échangé quelques mots avec la présidente Robert, qui lui donna sa main à baiser.

Les convives étaient joyeusement attablés, et la conversation commençait à forcer les dames à ne pas y prendre une part trop active, quoiqu'elles écoutassent avec un plaisir qu'elles ne se donnaient pas la peine de dissimuler, lorsque le marquis d'Anglade entra sans être annoncé.

Il fut accueilli avec le plus vif empressement; mademoiselle Robert seule pâlit et garda le silence. Cependant le marquis, après avoir fait le tour de la table, saluant celle-ci, donnant la main à celle-là, vint s'assoir à côté de cette charmante personne. Le repas fut on ne peut plus gai; la ville, le théâtre et la cour, sauf le roi et ses maîtresses, furent tour à tour mis sur le tapis, et l'on dit je ne sais combien de ces histoires demi-nues que nos pères excellaient à conter. On parla aussi des crimes et des condamnations les plus célèbres de l'époque, et l'un des convives, le comte de Crussol, prit la parole :

LE MARQUIS D'ANGLADE.

— J'étais curieux de voir appliquer la torture; et grâce à mon ami, M. la Reynie, lieutenant-général de police, j'ai eu ce plaisir ce matin. J'ai vu le fameux brigand *Bras d'Acier* dans les brodequins. Ma foi, avec une pareille machine on me ferait bien avouer que j'ai tué le père du genre humain !

— Racontez-nous donc comment cela se passe, demandèrent plusieurs personnes.

— Ce matin, avec un laissez-passer en bonne forme, je me suis présenté au Châtelet. On ma fait entrer dans une salle voûtée où j'ai trouvé trois juges, le greffier et cette excellence rouge qu'on appelle le bourreau. Quelques instants après on a introduit *Bras d'Acier* bien garrotté. Après l'avoir interrogé, on l'a assis sur la sellette, on lui a mis quatre planches de bois de chêne autour des jambes, depuis le pied jusqu'au-dessus du genou. Ces planches, qui enfermaient bien la jambe tant en dedans qu'en dehors, étaient percées chacune de quatre trous, dans lesquels on a passé de longues cordes que le questionnaire a serrées de toutes ses forces. *Bras d'Acier* étant ainsi emboîté, le bourreau a pris un coin et l'a chassé vigoureusement entre le genou et les planches. *Bras d'Acier* a pâli, mais il a refusé de répondre. Il a demandé un verre d'eau, ce qui ne lui a point été accordé. Enfin on lui a chassé ainsi cinq autres coins sans qu'il ait prononcé autre chose que ces mots, qu'il jetait à la tête de ses juges : « Que Dieu vous le rende ! » Et cependant le chêne et les os craquaient; la cuisse était énormément enflée, et le sang jaillissait à chaque coup de maillet... *Bras d'Acier* était superbe! On lui a annoncé qu'on allait lui mettre un coin à la cheville du pied. Alors une larme a coulé de ses yeux, et il a demandé s'il ne vaudrait pas mieux lui couper la jambe. On l'a sommé de dire ses complices. Il a refusé.

Le coin de la cheville a été mis, les planches ont gémi, le sang a jailli jusque sur le papier du greffier, et le patient s'est évanouit... On l'a fait revenir... Il a poussé des cris lamentables, mais il n'a voulu rien dire. Alors les juges l'ont remis au bourreau, qui, une heure après, l'a roué.

Je suis allé remercier les juges; Dutheil, l'un d'eux, riait beaucoup; il m'a montré la plus bouffonne chose qui se soit vue. Figurez-vous que les chenilles désolaient le territoire du Pont-du-Château, en Auvergne; que fit-on contre elles? On verbalisa et procéda en bonne et due forme. Le dégât constaté et les coupables reconnus, le grand vicaire excommunia les chenilles, et renvoya la procédure par-devant le juge de la ville, qui rendit une sentence exécutoire, nonobstant appel, remarquez bien, qui leur enjoignait de se rendre dans un territoire inculte qui leur fut désigné... La sentence fut criée à son de trompes...

Les dames rirent beaucoup, et le marquis d'Anglade, après avoir fourni son contingent de verve et d'esprit, se mit à causer avec sa jolie voisine.

— Vous me demandez pourquoi je vous aime, marquis? lui dit celle-ci. Je vais vous le dire: parce que dans le fond de votre cœur vous méprisez tous les hommes et toutes les femmes qui sont ici.

— Mais vous vous trompez...

— Ce que vous dites là est peu galant ; ma mère, si vous lui répondiez ainsi par un démenti, se fâcherait ; mais moi... je vous aime, et j'ai résolu ce soir de vous parler sérieusement. Vous êtez un homme d'honneur, vous êtes marié, vous avez une femme charmante, elle a des yeux bleus comme je n'en ai jamais vu... Je ne veux pas être votre maîtresse, et vous ne le voudriez pas non plus... Alors que venez-vous faire ici ? Jouer ? mais on joue à la cour : c'est là votre place... Ces salons, marquis, dit-elle avec une profonde émotion, ne sont pas à votre taille, et vous ne devez plus y paraître pour votre bonheur, et aussi peut-être pour votre honneur..... Ne me répondez pas, c'est inutile, je vous le demande, et vous en prie. N'espérez plus m'y rencontrer d'ailleurs, ajouta-t-elle en faisant un effort pour retenir une larme ; quand on vous annoncera, je me retirerai désormais.

Comme le souper était fini, la jeune fille se leva, et serrant la main que M. d'Anglade lui tendait, elle dit :

— Marquis, soyez un honnête homme.

Vivement ému, il la conduisit dans un angle du salon et il s'assit auprès d'elle. Ils causaient depuis quelques instants, lorsque de Crecy et Latournelle, victorieux de quelques joueurs, provoquèrent bruyamment de Villars et d'Anglade. Ce dernier fut l'adversaire de Crecy.

— Marquis, lui dit-il, vous êtes beau joueur et je connais vos enjeux. Voici un rouleau de cinquante louis, que l'abbé Gagnard vient de perdre ; tenez-vous ?

— Va pour cinquante louis.

La partie fut vite terminée ; d'Anglade victorieux se

leva et voulait reprendre la conversation interrompue; mais retenu malgré lui, et ne voulant pas s'attirer quelques mordantes railleries, il continua à jouer avec une chance toujours heureuse. Enfin, les poches pleines d'or, il revint s'asseoir auprès de mademoiselle Robert, qui, indifférente au bruit des joueurs, à la conversation des dames et des parieurs, était tombée dans une profonde rêverie.

Elle le complimenta sur sa fortune.

Mais le marquis lui répondit en ramenant la conversation où il l'avait laissée.

—C'est un parti irrévocable, monsieur d'Anglade, je ne vous reverrai plus...Soyez heureux! On nous observe, partez.

— Ne plus vous revoir!

— Si jamais vous aviez besoin d'une amie, songez à moi, j'irai vous trouver... Adieu, d'Anglade... vous êtes un gentilhomme....

Elle allait continuer, lorsque madame Robert, qui, s'étant approchée, avait entendu ces dernières paroles, dit : Noblesse oblige!

— A vous saluer, madame, répliqua, avec un mépris mal déguisé, le marquis d'Anglade, qui, donnant le bras à de Villars et à Fleury, quitta le salon, déjà abandonné par la majeure partie des joueurs.

Le jour était venu depuis longtemps; le guet ne faisait plus ses patrouilles, les reverbères s'éteignaient et les diligents bourgeois commençaient à ouvrir leurs boutiques. Nos trois joueurs avaient le visage triste, de Villars et Fleury, pour avoir perdu d'assez fortes sommes; quant à d'Anglade, il pensait à mademoiselle Robert. Arrivés à la place Royale, les deux compagnons de d'Anglade voulurent le quitter; mais il les invita à venir boire quelques verres de vin de Chypre dont, la veille, il avait reçu une assez forte provision. Les deux jeunes gens acceptèrent; seulement d'Anglade eut le soin de les prévenir, pour le cas où la marquise serait déjà levée, de vouloir bien lui dire qu'ils revenaient tous trois de Versailles, c'est-à-dire de la cour.

Ils entrèrent donc ensemble à l'hôtel, et le marquis, voyant dans la cour les chevaux et l'équipage de M. le comte, s'inquiéta et s'alarma de son prompt retour. A la porte intérieure de l'hôtel, M. d'Anglade trouva M. et madame de Mongommery qui se disposaient à entrer dans leurs appartements. Après les avoir salués, il demanda si rien de fâcheux n'avait sollicité un aussi prompt retour.

Le comte répondit en souriant qu'une vision l'avait empêché de rester plus longtemps à la campagne :

— Lorsque mes aïeux, dit-il, voyaient une tache de sang sur leurs serviettes, c'est que quelque malheur menaçait la famille. La réalisation de ce funeste présage ne s'est jamais fait attendre. J'ai vu la tache de sang, et je suis revenu.... C'est une superstition, je le sais, mais je garde les superstitions et les traditions de mes pères.

Le marquis répliqua que tout le malheur redouté se bornerait, sans doute, à une belle chasse perdue, et il salua le comte en comprimant du regard la folle envie de rire que la crédulité du comte avait provoquée chez Fleury et chez le futur vainqueur de Denain.

Le marquis d'Anglade et ses compagnons, assis autour d'une table, buvaient gaiement quelques verres de vin de Chypre, tout en mangeant des confitures sèches, quand la marquise entra. Elle commença doucement à gronder son mari. Celui-ci parvint à changer en beau temps cet orage, en faisant croire à sa femme qu'il avait passé la nuit à Versailles; il se hâta aussi de lui faire connaître le retour de la comtesse. La marquise s'empressa d'aller offrir ses services et ses gens à madame de Mongommery, qui n'avait peut-être pas ramené toute sa maison avec elle.

IV.

Madame d'Anglade descendit au rez-de-chaussée, où elle trouva madame de Mongommery. Elle la quitta quelques instants après pour éviter de se trouver avec l'abbé Gagnard, qui venait seulement d'arriver, quoiqu'il fût parti de Villebousin en même temps que le carrosse de la comtesse. Il expliqua les causes de ce retard, par l'état des chemins et par l'entêtement de sa monture, qui avait refusé d'allonger le pas.

Le comte se moqua beaucoup des excuses de l'abbé: Je vous avais confié, dit-il, mon propre cheval, et je sais par expérience que pour peu que vous eussiez été bon cavalier, vous seriez arrivé à Paris une heure avant nous. Il fit ensuite une longue digression sur l'habileté avec laquelle les chevaux reconnaissent à qui ils ont affaire ; puis il termina par cet aphorisme de manége : Le cavalier fait le cheval.

Ici, nous devons, pour l'intelligence du récit qui va suivre, donner un plan du logis de M. le comte.

Le rez-de-chaussée se composait de trois grandes pièces ayant chacune leur entrée sur un long corridor qui aboutissait à la porte de la cour. Une de ces chambres était la salle à manger où le jour du départ nous avons vu M. le comte ; la seconde pièce était habitée par l'abbé, la troisième par un page et par Belestre. Ces trois personnes avaient été du voyage de Villebousin. A l'extrémité du corridor se trouvait l'escalier qui conduisait aux étages supérieurs. Le premier formait en quelque sorte l'appartement particulier du comte. L'une des pièces, qui servait à M. de Mongommery de chambre à coucher, était terminée par un petit cabinet où le comte renfermait son argent et les bijoux de madame.

En partant, la comtesse avait remis la clef de la porte de cet appartement à sa femme de chambre. L'abbé Gagnard, après avoir fermé le sien à double tour, en avait emporté la clef. Ajoutons que toutes les fenêtres du rez-de-chaussée étaient garnies de forts barreaux, et qu'il n'y avait pas de portier dans la maison ; les domestiques du comte, lorsqu'il était à Paris, en remplissaient les fonctions ; mais si le comte venait à s'absenter, la clef de la porte cochère était remise à M. d'Anglade : c'est ce qui avait été fait.

A peine le comte était-il dans sa chambre, que l'abbé

Gagnard, ayant demandé à lui parler, vint lui apprendre qu'à son grand étonnement il avait trouvé la porte de sa chambre ouverte ; il était sûr de l'avoir fermée. Mais, comme en même temps il déclarait qu'un seul coup d'œil avait suffi pour lui prouver que rien n'avait été dérangé, M. de Mongommery fit peu d'attention aux paroles de l'abbé ; ainsi que la comtesse, il pensa que l'abbé s'était trompé en croyant fermer sa porte.

La journée se passa sans aucun événement, et le soir, suivant l'habitude de la maison, M. le comte, madame et l'abbé, se trouvaient réunis dans la chambre à coucher voisine du petit trésor de M. de Mongommery, qui railla M. Gagnard sur la panique qu'il avait éprouvée lorsqu'il avait vu sa porte ouverte.

— Monsieur le comte, dit l'abbé, je vous avouerai que je ne suis pas tranquille lorsque l'honneur de suivre madame me force à quitter Paris.

— Et pourquoi cette frayeur, l'abbé?

— Je n'ose vous le dire.

— Dites toujours. Avez-vous un trésor caché sous la pierre de votre cheminée?

— Dieu m'est témoin, monsieur, que je ne possède, pour toute fortune, que quelques vêtements dus à votre générosité, enveloppe trop recherchée et trop brillante pour ce corps périssable. Cependant...

— Voyons, où voulez-vous en venir?

— Je crains d'offenser Dieu en disant ma pensée. Cependant, il vaut mieux confesser ses inquiétudes que de les couver dans son cœur, où elles germent et grandissent comme des plantes sauvages... Ainsi, je vous avouerai que les gens de M. le marquis d'Anglade ne m'inspirent qu'une très-médiocre confiance.

— Que dites-vous, l'abbé? d'où vous viennent ces soupçons?

— Que M. le comte me pardonne!... M. d'Anglade se fait suivre par ses valets dans de si tristes lieux; il les laisse dans de si sombres antichambres!... Ce n'est pas dans les maisons de jeu et avec les laquais des seigneurs qui mènent une folle vie, qu'ils pourraient contracter les habitudes d'ordre et de probité qui distinguent les fidèles serviteurs de votre maison.

La comtesse, se mêlant à la conversation, dit que jusqu'à ce jour elle n'avait eu qu'à se louer de la conduite de la maison de M. le marquis, dont elle faisait personnellement un très-grand cas.

— Je l'ai toujours considéré avec respect, reprit promptement l'abbé, quoique quelques personnes trop soupçonneuses m'en aient parlé avec peu de révérence.... Madame la marquise a une toilette magnifique, un double équipage... M. le marquis hante à grands frais tous nos jeunes seigneurs les plus adonnés au luxe, au jeu, aux dépenses excessives. Tout ce train n'est pas en rapport, je le crains, avec la fortune de M. d'Anglade... Mais, mon Dieu! chacun a bien assez à faire que de veiller sur sa vie sans se mêler de celle des autres.

Le visage du comte était devenu soucieux, il prit la parole.

— Heureux le temps où, pour le bonheur de la noblesse et de la France, les gentilshommes vivaient dans leurs châteaux! Ils étaient dignes alors des noms qu'ils avaient reçus de leurs aïeux. Mais depuis que tout ce qui porte une épée s'est fait valet de cour, depuis que l'on ramasse les titres, non plus dans la mêlée, mais dans les antichambres, le jeu, les femmes, les dettes, ont couvert de taches et de rouille les plus nobles blasons... Quand je vois un Montmorency, un Rohan, un la Trémouille, mugueter autour d'une favorite, ou perdre sur un tapis vert sa fortune et son honneur... je dis que celui-là est un bâtard!

— M. de Mongommery... murmura la comtesse.

— Pardon, madame, mais c'est précisément parce que j'estime le marquis, que je déplore de le voir agir comme ces nobles de mauvais aloi... Ils se frottent tant avec la canaille, que la canaille finira par leur mettre la main dessus!

Après cette dernière explosion, la conversation s'adoucit, le comte n'y mêla plus son austère parole; il se leva, fit deux ou trois fois le tour du salon, prit un flambeau et entra dans le cabinet où se trouvait le coffre-fort. Il y était depuis quelques secondes à peine, lorsqu'il s'écria d'une voix tonnante :

— Nous sommes volés!

— Que dites-vous, ô ciel!

— Nous sommes volés! Tenez, regardez, notre argent, vos bijoux, tout a disparu!

La marquise promena la bougie dans l'intérieur du coffre, il était vide; des richesses, des bijoux dont il était rempli il ne restait ni un écu, ni un diamant. Madame de Mongommery fondit en larmes, tandis que l'abbé poussait des cris et des exclamations sans suite.

M. de Mongommery retrouva le premier le sang-froid.

— Silence! dit-il d'une voix impérieuse, ce n'est le moment ni de gémir ni de pleurer. Examinons les lieux d'abord, et étudions les indices que les voleurs peuvent nous avoir laissés.

— Il faut prévenir le lieutenant général de police, dit l'abbé.

— Sans doute, mais voyons d'abord.

La serrure du coffre-fort avait été violemment forcée, mais la porte de l'appartement ne portait aucune marque de violence et d'effraction; il était donc évident qu'on était entré à l'aide de fausses clefs.

— Je comprends, reprit l'abbé, comment il se fait que j'ai trouvé ma chambre ouverte.

— C'est clair à présent; mais examinons si l'on n'a rien tenté contre d'autres portes.

Le comte et l'abbé visitèrent toutes les serrures; elles étaient intactes.

— Il est évident, dit M. de Mongommery, que ceux qui ont fait le coup savaient où je mettais mon argent. Monsieur l'abbé, écrivez de suite en mon nom à M. de la Reynie, lieutenant général de police, et dites à Belestre de prier M. et madame d'Anglade de vouloir bien descendre un instant.

— Comment! s'écria la comtesse en joignant les mains, vous soupçonneriez...

— Eh, madame, ne donnez pas à mes paroles une pensée qu'elles n'expriment pas ! Ce sont des renseignements que je veux ; allez, monsieur l'abbé, exécutez mes ordres.

— Madame, dit l'abbé en se retirant, demain je dirai une messe pour demander à Dieu de conduire le bras de la justice.

Il s'éloigna, et un instant après entrèrent M. et madame d'Anglade, qui ignoraient encore le motif pour lequel M. de Mongommery les avait fait appeler. Le comte leur fit part de la triste découverte et les pria de lui dire s'ils étaient sûrs de leurs gens, et si pendant la nuit précédente ils n'avaient entendu aucun bruit qui pût faire conjecturer à quelle heure le crime avait été commis.

M. le marquis, pétrifié de surprise, demeurait sans parole, tandis que madame d'Anglade témoignait à la comtesse toute la part qu'elle prenait à son malheur. Après un instant donné à ces condoléances, madame la marquise dit :

— Je n'ai rien entendu ; j'étais seule cette nuit, M. d'Anglade n'étant revenu que ce matin de Versailles. Toute notre maison s'est couchée de fort bonne heure.

Sans répondre absolument de ses gens, M. d'Anglade déclara que jamais aucun d'eux n'avait éveillé le plus léger soupçon ; cependant, comme le comte, il fut d'avis que le vol avait dû être commis par quelqu'un de l'hôtel, ou du moins sur les indications de quelqu'un qui en connaissait parfaitement les dispositions, aussi bien que les habitudes de M. de Mongommery.

LE MARQUIS D'ANGLADE.

L'abbé Gagnard vint annoncer l'arrivée de monsieur le lieutenant général de police, accompagné du procureur du roi, d'un commissaire et de deux exempts. Cette grave et lugubre société fut introduite immédiatement dans l'appartement du comte, qui exposa que, durant sa courte absence, on avait forcé son coffre-fort et volé tout l'argent et tous les bijoux qu'il renfermait. Il spécifia les sommes, ainsi que la forme et la valeur des objets d'orfévrerie et de bijouterie dérobés. Pour les valeurs monnayées : treize sacs contenant mille livres chacun ; un quatorzième sac renfermant onze mille cinq cents livres en pistoles d'Espagne et dix rouleaux de cinquante louis d'or au cordon. Parmi les bijoux, le comte spécifia un très-beau collier composé de cent grosses perles. Il ajouta en outre que les louis d'or étaient tout neufs et roulés par lui dans du papier, qu'il avait arraché à un cahier manuscrit sur lequel était inscrite la généalogie de sa famille.

Le lieutenant de police le pria de vouloir bien lui remettre le reste de ce cahier, ce que M. de Mongommery ne put faire.

D'après les circonstances générales de l'affaire et le premier examen des lieux, fait par monsieur le comte, M. de la Reynie, comme MM. de Mongommery et d'Anglade, conclut que le vol avait dû être commis par quelqu'un de la maison. En conséquence ils demandèrent que remise leur fût faite des clefs de toutes les chambres des domestiques de monsieur le comte. L'abbé offrit la sienne ; par respect pour l'Église, le lieutenant de police crut devoir refuser, et madame la comtesse l'en remercia en disant :

— Monsieur l'abbé n'est pas un serviteur, c'est un ami.

On visita tous les communs, on interrogea tous les valets; rien ne vint jeter quelques lumières sur cette mystérieuse affaire. M. de Mongommery vit le premier résultat avec la plus vive satisfaction ; il déclara n'éprouver d'ailleurs aucune surprise, étant sûr de la moralité de ses gens.

Madame d'Anglade était fort émue et paraissait gravement indisposée ; son mari la pria de se calmer et de se reposer ; il lui parla pendant quelques instants à voix basse. L'abbé parut prendre une part fort vive à l'indisposition de la marquise, et tout haut il fit la remarque qu'elle était fort pâle.

Enfin, M. d'Anglade s'avança vers le lieutenant général de police et le pria de ne vouloir pas hésiter à faire une perquisition dans les chambres de ses domestiques et dans ses propres appartements. Madame d'Anglade, appuyée sur le bras de son mari, précéda les officiers de police. Monsieur le comte et madame la comtesse témoignèrent la plus honorable répugnance à voir la justice s'introduire dans la demeure d'un gentilhomme, leur ami. Monsieur le marquis déposa entre les mains de M. de la Reynie les clefs de ses appartements et de ses meubles.

La recherche commença par la chambre à coucher de la marquise. Après avoir ouvert divers petits coffres d'un luxe et d'une fragilité charmantes, on visita le petit secrétaire de madame d'Anglade. Le premier objet qui frappa les yeux du lieutenant de police fut un magnifique collier en perles fines. On les compte..... il y en avait cent!... A ce chiffre fatal, le front de M. de la Reynie devint sombre et son visage trahit un profond étonnement. Madame la comtesse, dès qu'elle avait aperçu le collier, était tombée dans un fauteuil, comme frappée de la foudre, et l'abbé avait poussé un cri de surprise. M. et madame d'Anglade ne laissèrent paraître aucune marque d'émotion. La marquise, interrogée sur l'origine de ce collier, déclara qu'elle le tenait de feu madame sa mère. Interpellée à son tour, la comtesse, après bien des hésitations, dit qu'elle n'avait rien à répondre.

M. d'Anglade alors somma énergiquement, et en termes fort durs, madame de Mongommery d'avoir à répondre catégoriquement; que toute parole ambiguë, que le silence même dans de pareilles circonstances était indigne d'une honnête femme. Alors, comme poussée à bout, la comtesse se leva et déclara que puisque c'était ainsi qu'on interprétait un généreux silence, et que l'on calomniait sa conduite, elle devait à Dieu et aux hommes d'affirmer que le collier qu'on lui représentait en ce moment était celui qui lui avait été volé. Le comte et la femme de chambre firent la même déclaration.

M. d'Anglade dans cette grave conjoncture se conduisit comme aurait pu le faire un gentilhomme sans peur et sans reproche. Sans colère, sans termes outrageants, il protesta de son innocence.

— Je ne répondrai pas à madame, dit-il en se tournant vers le comte; mais lorsque cette affaire sera éclaircie je vous demanderai raison de cette infâme calomnie.

M. de Mongommery s'inclina en signe d'assentiment.

— M. de la Reynie s'écria : Messieurs, messieurs ! les édits ! Nous avons encore la hache de M. de Boutteville !

— Quand la loi tue mon honneur, s'écria avec véhémence M. d'Anglade, pour le sauver je la brave !...

M. de la Reynie ordonna à l'un des exempts de surveiller madame d'Anglade et de ne lui laisser parler à personne ; et il enjoignit à l'autre d'empêcher que personne ne s'approchât de M. le marquis pendant qu'on allait procéder devant lui à la perquisition des autres pièces.

La justice pénétra dans la chambre à coucher de M. d'Anglade et procéda d'abord à l'ouverture du secrétaire, dans lequel on trouva huit sacs de mille livres chacun. On demanda au marquis d'où provenait cet argent. Il répondit aussitôt que depuis quelques semaines il avait gagné beaucoup d'argent au jeu, et que ces huit mille livres provenaient de cette source. On mit les scellés sur ce meuble et sur l'argent qu'il contenait. Comme M. de la Reynie allait ouvrir un petit meuble, M. d'Anglade dit qu'il ne renfermait que des objets de menue toilette et de parfumerie. On passa outre, et au milieu des pots de senteur et des flacons pleins de liqueurs aromatiques on trouva un rouleau contenant soixante et dix louis d'or *au cordon*, et tout neufs, monnaie assez rare encore, dont le comte avait déclaré posséder cependant une certaine quantité avant le vol. Mais pour achever d'accabler M. d'Anglade, on reconnut que le papier qui enveloppait cet or était précisément un morceau de ce cahier généalogique que le comte avait employé pour faire les rouleaux dont il avait dénoncé la soustraction.

Dès lors plus de doutes ; on s'assura du marquis, on le fouilla, et dans ses poches on saisit dix-sept pistoles d'Espagne qui vinrent confirmer tant de preuves déjà accumulées.

Le marquis, la tête perdue, les yeux hagards, le front livide et couvert de sueur, fut sur le point de se trouver mal ; il fallut le soutenir. Quand il eut repris ses sens,

— Monsieur le marquis, lui dit le lieutenant civil, où avez-vous passé la nuit ?

— Chez la présidente Robert.

— Mais je croyais, murmura à voix basse l'abbé Gagnard, que monsieur le marquis avait passé la nuit à Versailles.

— Ce matin je l'ai dit, il est vrai ; je voulais tromper ma femme ; j'avais pour cela des raisons que mon silence seul doit faire comprendre.

— Commissaire, écrivez, reprit M. de la Reynie ; nous éclaircirons ce point devenu malheureusement bien secondaire.

Après avoir minutieusement visité tout l'appartement du marquise et les chambres des laquais, on pénétra dans un vaste grenier, où, derrière une caisse, on trouva dans un chiffon un trousseau de fausses clefs faites avec une rare perfection. On les essaya ; elles ouvraient sans bruit et sans effort l'appartement du comte. On tenait donc probablement les instruments qui avaient servi à commettre le crime.

Interrogé sur cette découverte et sur l'existence de ces clefs, M. le marquis déclara ne pas les connaître, et n'en avoir jamais fait fabriquer. Il demanda qu'on voulût bien essayer si une de ces fausses clefs n'ouvrait pas ses propres appartements; on obtempéra à cette requête, et, en effet, on trouva qu'une d'elles pouvait servir à pénétrer jusqu'à la chambre de madame d'Anglade. Mais on ne put rien découvrir qui pût venir donner quelque valeur à cette singularité. On descendit dans l'appartement de la marquise pour achever de rédiger et faire signer le procès verbal. Madame d'Anglade protesta de nouveau de sa complète innocence; et comme l'abbé cherchait à la calmer, elle demanda pourquoi on n'avait pas visité la chambre de l'aumônier.

Gagnard fit alors connaître au procureur du roi que le matin à son arrivée il avait trouvé la porte ouverte sans que d'ailleurs il se fût aperçu du moindre dérangement chez lui. Il priait la justice de vouloir bien cependant venir examiner. C'est ce qui fut fait en présence du marquis et de madame. On observa d'abord que dans le trousseau de fausses clefs il ne s'en trouvait aucune qui allât à la serrure de cette chambre, dans laquelle d'abord on ne trouva rien de suspect; mais ayant dérangé le lit, on entendit un bruit d'argent, et bientôt après on mit la main sur cinq sacs de mille francs...

Tous les yeux se portèrent sur la marquise, qui d'abord

laissa bruyamment éclater sa joie; mais son espérance fut courte, car M. de la Reynie s'écria :

— C'est juste! huit sacs dans le secrétaire et cinq ici font bien les treize sacs de mille livres de M. le comte. Comment connaissiez-vous l'existence de ces sacs, madame?

— Je ne savais rien.

— Vous m'avouerez, madame, que votre demande de voir fouiller la chambre de M. l'abbé est au moins singulière... Pour moi, de tout ceci voilà ce que je présume qu'il serait possible de conclure : Si ce soir la police n'avait pas si diligemment procédé, il y a mille à parier contre un, qu'en même temps que nous eussions reçu la plainte de M. de Mongommery, il nous serait parvenu une lettre anonyme dénonçant M. l'abbé... Vous l'avez échappé belle, monsieur Gagnard!

— Que Dieu pardonne à ceux qui ont eu cette détestable pensée; pour moi, le caractère sacré dont je suis revêtu me défend de leur en faire un crime.

Le procès-verbal étant sur le point d'être clos,

—Monsieur et madame d'Anglade, dit le lieutenant général, vous n'avez rien à dire, aucune révélation à faire? Songez à votre position; je ne dois pas vous le dissimuler, elle est grave... très-grave!... Monsieur le marquis, au nom de votre femme, je vous adjure de dire la vérité!

M. et madame d'Anglade protestèrent de nouveau de leur entière innocence.

— Et vous, monsieur le comte?

— Moi, monsieur, je me porte *partie civile* au procès,

tout en déclarant, pour l'acquit de ma conscience et le repos de mon âme, que rien n'a pu jusqu'à ce jour me faire soupçonner M. le marquis d'Anglade capable d'une pareille noirceur, que je le considérais comme un homme d'honneur. Que pour madame, elle m'avait toujours paru la vertu même... Aujourd'hui, après tant de preuves, je me tais...

La comtesse fit la même déclaration. Interpellé à son tour, l'abbé répondit qu'il ne savait rien qui fût à la charge des accusés; que d'ailleurs son caractère le dispensait de toute espèce de réponse.

Le marquis d'Anglade, qui soutenait sa femme, s'avança vers M. de la Reynie, il tenait le front haut comme un homme sûr de son innocence, ou comme un criminel qui a pris son parti.

— Messieurs, dit-il, je suis sous le coup d'une fatalité inconcevable; je ne comprends rien à la cruelle énigme qui me tue. J'adjure les personnes qui m'entendent, je supplie mes serviteurs de dire la vérité!... S'il en est un parmi eux qui soit coupable, qu'il parle, qu'il ne charge pas son corps et son sang du poids de ma mort!... Notre innocence sera révélée, ou il faudrait nier le nom de Dieu!... Monsieur de la Reynie, je comprends ce que votre devoir vous commande... Madame la marquise est la vertu même, on vous l'a dit; elle est enceinte, j'invoque pour elle toute votre humanité... Adieu, Marie! Allons, du courage! Nous nous reverrons bientôt!...

A ces mots, madame la comtesse de Mongommery se précipita vers la marquise, lui serra les mains avec la plus vive affection et conjura M. de la Reynie d'avoir pitié d'elle.

Alors eut lieu une scène déchirante. Les domestiques de madame d'Anglade, qui n'avaient cessé de répandre des larmes, se précipitèrent aux pieds de leur jeune maîtresse, dont ils baisaient les genoux avec les exclamations les plus simples et les plus touchantes, tandis que son mari couvrait son front de baisers et de larmes... Cette situation était trop forte pour la marquise ; elle succomba à tant d'émotion. On profita de cet évanouissement pour la déposer dans une chaise à porteurs, qui la transporta au For-l'Évêque, tandis que le carrosse du lieutenant général conduisait le marquis à la prison du Châtelet.

Après l'enlèvement de leurs maîtres, les gens de M. d'Anglade se réunirent pour gémir ensemble, preuve touchante de la bonté du marquis et de la marquise. L'un d'eux surtout, Pierre, qui avait servi madame lorsqu'elle était encore jeune fille, laissa d'abord éclater tout son désespoir ; mais étouffant ses sanglots :

— Mes amis, dit-il, c'est à nous de prouver l'innocence de nos chers maîtres ; je jure Dieu que j'y emploierai ma vie !

Il descendit chez l'abbé Gagnard, qu'il trouva presque évanoui ; cette vue le toucha :

— Monsieur l'abbé, voici un écu de trois livres ; je viens vous prier d'offrir demain le saint sacrifice pour monsieur le marquis et pour madame ; toute leur maison y assistera.

Le prêtre promit, et le lendemain à la messe de l'aurore, les bons et honnêtes serviteurs des prisonniers étaient agenouillés à Saint-Paul, au pied de l'autel où l'abbé Gagnard officiait.

V.

Cinq mois après la scène que nous venons de retracer, une foule considérable se pressait autour du pont Neuf, les quais étaient couverts de carrosses armoriés, et de riches livrées s'agitaient bruyantes et tumultueuses dans l'immense salle des Pas-Perdus. Les escaliers du palais de Justice étaient encombrés de monde, et chaque rue offrait une multitude de femmes, d'hommes et d'enfants, qui faisaient d'inutiles efforts pour pénétrer dans le vieil et redoutable édifice. La chambre criminelle était remplie jusqu'aux solives du plafond de seigneurs et de grandes dames qui s'impatientaient de ne pas voir la cour ouvrir sa séance. C'est qu'il s'agissait en effet d'une grande affaire! Après une minutieuse instruction, la justice allait prononcer sur le sort de M. et de madame d'Anglade, accusés de vol avec circonstances aggravantes.

Au sujet de ce procès Paris et Versailles s'étaient partagés en deux camps qui soutenaient avec véhémence leurs opinions. Les uns, combattant pour l'innocence du marquis, s'appuyaient sur les antécédents des accusés et sur l'attestation de Monsieur, qui avait solennellement déclaré qu'il considérait M. d'Anglade comme un honnête homme, et enfin sur les facilités avec lesquelles on avait retrouvé les prétendues preuves du crime. Les autres, pour condamner, s'appuyaient sur l'autorité de ces mêmes preuves que nous avons vues s'accumuler si rapidement; et quant à l'attestation de Monsieur, ils ne la considéraient que comme une preuve de la puissance de l'hypocrisie sur un cœur droit et généreux.

Ces deux opinions étaient vivement attaquées et soutenues par le monde doré qui entourait l'enceinte du tribunal, lorsque les huissiers, qui, comme les cloches, annoncent du même ton joie ou malheur, crièrent d'une voix glapissante :

— Messieurs, la cour!

Les juges s'assirent dans leurs larges fauteuils en cuir noir, et le lieutenant criminel M. Defitat, qui avait par commandement exprès de Sa Majesté mené et instruit toute l'affaire, annonça que remise ayant été faite au procureur du roi de toutes les pièces de la procédure relative à M. et madame d'Anglade, la cour allait avoir à statuer sur l'accusation portée et soutenue contre eux par le ministère public.

Quelques instants après, un vif mouvement de curiosité éclata dans l'auditoire; toutes les têtes se penchèrent en avant : on introduisait les deux accusés.

M. le marquis d'Anglade portait un habit en velours noir. Ses traits étaient fatigués; ses lèvres, sans couleur, et ses yeux, sans éclat, disparaissaient, pour ainsi dire, au milieu du cercle de bistre qui les entourait. Il marchait les mains libres, mais environné de gardes.

Madame d'Anglade était fort pâle; mais dans sa bouche et dans ses yeux il eût été impossible de deviner un mouvement de trouble ou de faiblesse. L'auditoire, à sa vue, laissa échapper un murmure d'étonnement. On s'attendait à la trouver abattue par la peur et fatiguée des suites de la fausse couche qu'elle avait faite en prison ; loin de là, elle ressemblait à une reine qu'on a outragée. Le malheur semblait avoir affermi son âme et trempé son courage. Ne sentait-elle donc pas autant que son mari ce que leur position avait de fatal? ou avait-elle placé son courage au-dessus de la justice des hommes?

Dès que les accusés, après avoir respectueusement salué la cour, furent assis sur la sellette, les débats commencèrent. Nous n'avons pas l'intention de les reproduire ici; nous redirons seulement les principaux faits de cette solennelle audience.

Il fut établi que le marquis d'Anglade n'était pas issu de la grande famille qui portait ce nom et *trois étoiles sur champ d'azur*, mais qu'il en avait acheté le titre moyennant finances au dernier rejeton de cette race éteinte. Il fut prouvé que cette acquisition s'était faite irrégulièrement, mais cependant avec l'agrément de Monsieur; ce qui, aux yeux de la cour, suffit pour valider la prise de possession et le port du titre.

Il fut aussi démontré que M. d'Anglade ne possédait, tant de son chef que de celui de sa femme, née comtesse de Monmort, qu'un revenu annuel de trois mille livres, et que la maison du marquis coûtait annuellement neuf mille livres.

Deux témoins déclarèrent avoir vu, dans la soirée du vol, M. d'Anglade appuyé contre la porte de l'aumônier.

Il fut constaté que l'accusé n'était pas allé à Versailles avant la nuit du crime, ainsi que le soutenait encore madame la marquise.

Il fut aussi prouvé, par de nombreux témoignages, qu'antérieurement un riche locataire d'une maison où demeurait l'accusé avant qu'il vînt s'établir rue Royale avait été complétement dévalisé.

Enfin, le joaillier qui avait vendu le collier de perles à madame la comtesse affirma le reconnaître dans celui qui avait été saisi chez madame d'Anglade.

En faveur des accusés, madame la présidente Robert, accompagnée de sa fille, vint déclarer que M. d'Anglade avait passé chez elle une partie de la nuit du 23 septembre, et la femme de chambre de la marquise jura, malgré les menaces du président, que le collier de perles qui était là sur la table du tribunal appartenait depuis longtemps à madame d'Anglade.

Interrogé sur des circonstances d'une importance tout à fait secondaire, le fidèle Pierre termina sa déposition en ces termes :

— Ceux qui accusent monsieur le marquis disent qu'il a caché dans l'appartement de l'abbé cinq sacs pour faire reporter les soupçons sur M. Gagnard ; mais pourquoi, à l'aide des fausses clefs, dans une pensée semblable, n'aurait-on pas déposé le rouleau de louis dans la toilette du marquis? N'oubliez pas messieurs, que dans le trousseau de fausses clefs on en a trouvé une qui ouvrait la chambre de ma bonne maîtresse.

Ces observations ne furent même pas écoutées.

S'appuyant sur tant de preuves accumulées, sur tant de témoignages positifs, sur les antécédents douteux du marquis, sur son incompréhensible refus d'aller à Villebousin, le procureur du roi établit la culpabilité et conclut contre le marquis à la peine de mort, et contre madame d'Anglade à une réclusion perpétuelle. Il requit aussi que restitution, dommages et intérêts, fussent accordés à la *partie civile*, libre de tous dépens.

L'avocat de M. et de madame d'Anglade avait une trop lourde tâche. Pressé par l'accumulation des preuves, par la véhémence de l'accusation, réduit, par le silence de l'accusé, qui ne pouvait rien expliquer, à entasser suppositions sur suppositions, hypothèses sur hypothèses, selon la mode du temps, il cita force textes latins, et comme on fait encore de nos jours, il fut éloquent à côté de la cause : assez semblable à un ouvrier qui forgerait une cuirasse dans laquelle ne saurait entrer celui pour lequel il la fabrique.

Le président demanda à l'accusé s'il n'avait rien à ajouter pour compléter sa défense. Il se leva au milieu du plus profond silence, et ceux qui espéraient contre toute espérance pensèrent que le marquis allait enfin dévoiler tous les replis de cette affaire.

— Messieurs, dit-il d'une voix affaiblie, ce matin, dans l'obscurité et le silence du cachot de la tour de Mongommery, nom fatal pour moi! j'avais recueilli mes forces pour défendre non ma vie, mais ma femme et mon honneur... De tout ce que j'avais préparé dans ma pensée il ne me reste rien, tant la vue de ma compagne de misère m'a ému et troublé...... Messieurs, je n'ai qu'un mot à dire, mais celui-là je le répéterai jusqu'à mon dernier soupir... *Nous sommes innocents!* Oui, quel que soit votre arrêt, il peut nous faire dignes de pitié, mais il ne saurait nous faire coupables... Nous nous reverrons dans une autre vie, et alors nous saurons par quel acte de volonté divine vous êtes mes juges... Je m'incline sous la main qui me frappe... J'ai une pauvre petite fille qui n'a que deux ans; si les mains dévouées qui l'ont recueillie...

A ces mots, une vive agitation se manifesta au banc des témoins, et on fut forcé d'emporter hors de la salle mademoiselle Robert, qui venait de s'évanouir. M. d'Anglade fondit en larmes à cette vue, et acheva avec des sanglots dans la voix :

— Si mademoiselle Robert continue à élever ma pauvre Louise, qu'elle a si généreusement recueillie, qu'elle lui répète qu'elle a eu pour mère la femme la meilleure, la plus vertueuse... et que son père, bien coupable devant Dieu, n'a rien fait pour être frappé par la justice des hommes. Un mot encore et j'ai fini. Je croirais être indigne de la miséricorde divine si avant de m'asseoir je ne m'inclinais pas en signe de reconnaissance devant la bonté inaltérable d'un prince dont ma malheureuse position me défend de prononcer le nom révéré... Je n'ai rien dit pour ma défense, je la remets aux mains du Tout-Puissant... Je lui recommande ma femme et ma fille, et je le prie pour vous tous, messieurs.

Ce peu de mots fit un profond effet sur les juges et

l'assemblée, qui ne rentra dans le silence que lorsque madame d'Anglade se leva.

— J'ai tant souffert messieurs, dit-elle d'une voix calme, que j'ai bien le droit d'être entendue... Quel que soit le sort de mon mari, je demande à le partager. Le martyre n'épouvante pas mon cœur, messieurs les juges; je suis accusée du même crime que monsieur le marquis, la même peine doit m'atteindre; l'équité le veut. Quant à ma pauvre fille, si elle est orpheline, elle a déjà trouvé une protectrice dont je voudrais pouvoir baiser les pieds. Je recommande ma malheureuse enfant à toutes les femmes, je la donne à toutes les mères.

Ces touchantes paroles arrachèrent des larmes de tous les yeux, la salle retentit de cris étouffés et de sanglots. Malgré les preuves de la culpabilité, le doute pénétra dans les cœurs. Le comte de Mongommery tendit les bras vers les accusés, et s'approchant vivement du président, déclara qu'il retirait sa plainte comme *partie civile*; mais celui-ci lui répondit que les débats étaient clos, et que, par conséquent, sa déclaration était repoussée par le tribunal comme nulle et intempestive.

La cour se retira pour délibérer; alors on laissa aux accusés la faculté de communiquer librement, ce qu'ils n'avaient pas encore pu faire depuis leur arrestation. Ils s'embrassèrent en pleurant, et cherchèrent mutuellement à se consoler et à se donner du courage; ils se demandèrent mutuellement pardon et pleurèrent sur leur pauvre enfant... Tout le monde, autour d'eux, à ce poignant spectacle, étouffait de sanglots.

Après une heure de délibéré, la cour rentra en séance.

Au milieu d'un silence de mort et à la lueur des bougies, le président se leva et, la tête couverte, lut l'arrêt suivant :

« Vu, etc., etc., considérant, etc., etc.,

« Le sieur d'Anglade, déchu de tout honneur, rang et noblesse, sera appliqué à la question ordinaire et extraordinaire; ensuite de quoi, en expiation de sa peine, il est condamné à neuf ans de galères. La femme d'Anglade, également déchue de toute noblesse, est bannie pour neuf ans de la prévôté de Paris, comme complice du vol commis avec effraction par son mari.

« Les deux condamnés payeront solidairement une amende de vingt livres au roi, restitueront les effets volés, et payeront au comte de Mongommery trois mille livres de dommages-intérêts. Les frais du procès à leur charge. »

A peine la lecture de l'arrêt était-elle terminée, que madame d'Anglade s'écria d'une voix ferme : J'en appelle à Dieu!...

La marquise fut reconduite à la Bastille et le marquis au Châtelet, où il devait subir la question. Quand la présidente Robert sortit avec sa fille de l'enceinte du palais de Justice, les dames de la halle, mues par un profond et généreux élan d'enthousiasme pour la belle conduite de mademoiselle Robert, se précipitèrent en pleurant vers elle en baisant sa robe et jusqu'à ses pieds; enfin elles la placèrent sur un fauteuil, et, malgré ses supplications, elles la reconduisirent en triomphe dans sa demeure, où l'attendait la fille adoptive de sa tendresse. Comme elle la couvrit de baisers et de larmes! Sainte joie née d'une belle œuvre, que Dieu garde pour les cœurs qui aiment!

Le lendemain on livra M. d'Anglade au bourreau. Le patient était faible, et les juges ne doutèrent pas que la douleur ne lui arrachât l'aveu de son crime. Cependant, contre leur attente, le marquis ne prononça pas une parole ; il se laissa broyer les pieds dans les brodequins, et au milieu des plus affreuses douleurs il ne cessa de protester de son innocence.

Le lieutenant criminel, M. Défitat, qui avait répondu à Louis XIV : Ou c'est le marquis ou c'est moi qui ai commis le vol,—sortit pensif des sombres voûtes du Châtelet. M. d'Anglade, des mains de fer de la torture, fut porté dans son lit, où, pendant deux mois, on crut chaque jour qu'il allait mourir. Il ne se leva que pour être attaché à la chaîne, avec laquelle il fut, faible et défaillant, traîné aux chiourmes de Marseille. Madame d'Anglade demanda, comme par grâce, pour être plus près de sa fille, de passer le temps de sa peine dans les cachots de la Bastille, et obtint cette grâce de la clémence du roi.

Il y avait onze mois que le marquis avait été condamné, lorsqu'on apprit sa mort, qui eut lieu à l'hôpital des forçats, le 4 mars 1689. A cette heure suprême où le crime avoue, il témoigna de nouveau de sa complète innocence, et pria qu'on voulût bien envoyer sa déclaration à M. le lieutenant civil de la Reynie, ainsi qu'à M. le comte de Mongommery et à mademoiselle Robert. Ce qui fut exécuté.

LE MARQUIS D'ANGLADE.

VI.

Le lendemain du jour où les *Nouvelles à la main* annoncèrent la fin déplorable du marquis, tandis que madame d'Anglade, agenouillée aux pieds de celui qui est mort pour tous, gémissait et frappait sa poitrine, une autre femme, dont le cœur était veuf, mademoiselle Robert, couvrait de noirs habits de deuil la petite Louise, qui ne pleurait, hélas ! que parce qu'elle voyait pleurer autour d'elle.

Mademoiselle Robert était occupée à mettre ses sombres vêtements de la douleur à la malheureuse enfant, lorsque le fidèle Pierre entra. Son visage était animé comme celui d'un homme qui apporte une grande nouvelle. Après avoir respectueusement baisé la main de sa petite maîtresse :

— Mademoiselle, dit-il à voix basse à mademoiselle Robert, j'ai fait une singulière découverte... Ce matin, en dérangeant des caisses dans les greniers de l'hôtel de M. de Mongommery, où, grâce à vos bontés, j'ai conservé un petit réduit, j'ai découvert une clef que voici ; elle ouvre la porte cochère. J'ai adroitement demandé à tous les gens de M. le comte s'ils n'avaient pas perdu une clef de la grande entrée, tous m'ont unanimement déclaré qu'il n'en avait jamais existé qu'une seule, et que celle-là n'avait jamais été même égarée.

Mademoiselle Robert accepta la clef que Pierre lui tendait, puis après l'avoir examinée, tournée et retournée machinalement dans ses mains :

— Je ne vois pas, dit-elle, où cette découverte peut me conduire. Je ne vois pas trop ce que l'on peut conclure de cette clef; mais n'importe, il ne faut qu'un fil pour guider un homme; je vais remettre ta trouvaille aux mains de quelqu'un qui verra peut-être ce que je n'aperçois pas.

Elle se rendit en toute hâte chez M. le lieutenant civil, auprès duquel elle fut promptement introduite. M. de la Reynie la reçut avec un visage sévère, et lui demanda son nom d'une voix sèche et brève; mais quand elle se fut nommée :

— N'est-ce pas vous, mademoiselle, qui avez recueilli la fille du malheureux d'Anglade?... C'est une de ces bonnes actions devant lesquelles les hommes s'inclinent et que Dieu récompense... Veuillez vous asseoir, je vous prie... Si votre père vivait, mademoiselle, il serait heureux d'avoir une fille telle que vous...

Mademoiselle Robert, terrifiée d'abord par la réception glaciale qui lui avait été faite, et plus encore par le ton de bonté qui lui avait succédé si rapidement, rougissait et retenait ses larmes sans avoir la force de prononcer une parole.

— Vous avez peur de moi, mademoiselle, reprit avec une étrange tristesse M. le lieutenant civil; il est douloureux de passer sa vie à faire toujours peur!... Rassurez-vous; voyez ces cheveux blancs, je suis un vieillard... Pour quelle affaire avez-vous besoin de mon assistance? à quoi puis-je vous être bon et utile?...

— Monsieur... M. d'Anglade est mort... vous le savez... ses amis ont reçu de son lit de mort une déclaration dans laquelle il jure sur la tête de sa fille, sur la damnation de son âme, qu'il n'a jamais commis le crime pour lequel il a été condamné !

Le magistrat, agité et comme un homme importuné d'un souvenir, se leva et répondit :

— Cette déclaration, je la connais... tous les jours des bandits nous en adressent de semblables. La culpabilité de M. d'Anglade, mademoiselle, est malheureusement claire comme le jour.

— Ses amis, monsieur, ne croient qu'à son innocence, et je viens déposer en vos mains cette clef découverte par hasard, ce matin, dans l'hôtel de M. de Mongommery. Les domestiques du comte ont tous déclaré qu'ils n'avaient jamais connu l'existence d'une seconde clef ouvrant la porte cochère.

M. de la Reynie prit vivement la clef que mademoiselle Robert lui tendait ; il l'examina avec attention, et observant qu'il n'y avait de soigneusement travaillé que la partie qui s'engageait dans la serrure : « C'est le travail d'un faussaire, » murmura-t-il... Il tomba dans une méditation profonde ; puis, avec cette lucidité et cette sagacité si remarquablement développées chez les hommes qui appliquent leur intelligence et leur vie à débrouiller les trames du crime, il dit avec l'accent d'une profonde conviction :

— Ceci change la face de l'affaire... Cette clef a été cachée dans l'intérieur de l'hôtel, donc c'est quelqu'un de l'hôtel qui l'a fait fabriquer pour y pénétrer sans être vu. Mais le marquis n'avait nul motif de la cacher; donc ce n'est pas lui qui a possédé cette clef.

Il sonna et dit quelques mots à un huissier qui revint bientôt, portant le trousseau de clefs qui avait figuré au procès de M. d'Anglade. Le lieutenant criminel les compara avec celle qu'on venait de lui remettre... La main qui a fabriqué celle-ci a fabriqué toutes les autres... Allez chercher Desgrais et faites-le entrer. Un instant après, cet exempt, dont la mort de la marquise de Brinvilliers a rendu le nom célèbre, fut introduit.

— Desgrais, lui dit-il, vous allez immédiatement cesser tout service pour remplir la mission que je vais vous confier. Vous accompagnerez mademoiselle en sa demeure; mais faites en sorte que l'on ne vous reconnaisse pas lorsque vous y entrerez. Mademoiselle vous mettra en relation avec un domestique de feu d'Anglade; il vous donnera tous les premiers renseignements qui serviront à vous guider. Il faut à tout prix que je connaisse les antécédents des personnes qui composaient la maison du comte de Mongommery à l'époque du crime; il faut que je sache où ils sont, ce qu'ils sont devenus et les sociétés qu'ils fréquentent... Tenez, voici un mandat en blanc... Allez attendre mademoiselle dans l'antichambre...

Puis se tournant vers mademoiselle Robert : Êtez-vous satisfaite?... Si vous aviez de votre côté des renseignements à me faire parvenir, ne vous dérangez pas, remettez-les à Desgrais, il me les fera tenir. C'est un second jugement que nous allons rendre. Dieu veuille,—ce dont je doute,—que l'innocence du marquis soit proclamée!...

LE MARQUIS D'ANGLADE.

Pendant que cette scène se passait chez le magistrat chargé de veiller à la sûreté de Paris, *la Cartaud*, assise sur le rebord d'un joli petit lit élégamment orné, lisait attentivement un billet écrit sur un papier grossier. Elle ne s'appelait plus de ce nom vulgaire dont ses compagnes de débauche l'avaient flétrie. Dans le quartier Saint-Honoré, où un riche protecteur l'avait moelleusement déposée, elle se faisait nommer madame de Saint-Ange. Quand elle eut lu le petit billet que sa bonne, à la coiffure bourguignonne, lui avait remis, elle le baisa avec un indicible transport. La fille de joie, la courtisane débauchée était devenue amoureuse. Eternelle histoire toujours triste et touchante! punition terrible que, dans les trésors de sa colère, Dieu garde aux natures corrompues. Hélas! pour son beau sergent aux gardes françaises elle eût voulu pouvoir revenir à quinze ans et recommencer toute sa vie. Quand, par hasard, elle le voyait, quand elle se tenait couchée à ses pieds, comme un chien devant son maître, elle avait des peurs affreuses, des frissons qui faisaient mourir son cœur; à chaque instant il lui semblait qu'elle allait entendre une voix implacable lui crier : « Cartaud, lève-toi; un homme t'attend au lupanar! » Et quoique le bonheur eût refait sa beauté, elle n'osait sortir, de peur d'être reconnue; elle soignait son visage avec une patience et un raffinement inouïs, elle voulait effacer les souillures du corps comme elle aurait voulu pouvoir effacer celles de l'âme. Mais si ses traits avaient repris l'éclat de la jeunesse, si la matière avait eu une sorte de résurrection, l'âme était restée dans les limites de la mort. Oh ! que la femme maudissait alors ceux qui avaient profané ses premières années ! Elle aurait voulu pouvoir les anéantir, et cependant elle tremblait devant eux, devant l'abbé Gagnard surtout !

Tant qu'elle avait été dans le bouge infect où nous l'avons trouvée au commencement de ce récit, l'abbé n'avait pas daigné faire attention à elle ; il l'avait repoussée du pied comme une créature immonde et flétrie. Mais lorsqu'il avait vu le soleil de la fortune redorer les blonds cheveux de cette femme, et baigner de sa lumière réparatrice des contours redevenus pleins de grâce, il s'était de nouveau épris de celle dont il avait été le premier amant. Sa passion avait éclaté en soupçons et en menaces ; mais la Cartaud résistait, car sous les frais ombrages des Champs-Élysées elle avait vu le beau sergent, et elle s'était jetée à son cou comme une chaîne d'or au cou d'un gentilhomme.

Depuis lors ses jours et ses nuits se passaient dans les angoisses de la terreur et de l'espérance. Elle aurait voulu fuir loin de Paris, car elle était forcée de recevoir de ces pâles et sinistres visages au milieu desquels elle avait vécu, et qui d'un mot et d'un geste pouvaient renverser l'échafaudage menteur de sa tendresse. A ces hommes du crime, à ces femmes de la débauche, comment eût-elle osé avouer qu'un amour pur avait fleuri dans son cœur? Ils l'auraient raillée, baffouée et trahie... Mais quitter Paris, elle ne le pouvait pas. Sa position et son cœur l'y retenaient misérablement clouée... Et ce vieillard, objet exécré, qui venait, l'argent à la main, exiger les caresses de son amour quand son cœur eût voulu garder son corps tout entier à son bien-aimé! amer dégoût! dégradation infâme, dont elle voyait toute l'horreur et toute la lâcheté!

Dans la lettre qu'elle venait de recevoir, le beau sergent lui annonçait sa visite inespérée pour le soir même. Oh! quel sublime élan de reconnaissance pour la bonté divine éclata dans cette âme perdue! L'excès de la félicité comme l'excès du malheur rapproche de Dieu.

Elle courut à sa glace, elle se fit belle, elle essaya vingt coiffures, elle prit et rejeta je ne sais combien de robes; elle était toute à sa joie, à l'espérance, à l'ivresse, lorsque tout à coup parut l'abbé Gagnard.

— Ma chère Saint-Ange, dit-il en se laissant tomber dans un fauteuil, j'ai reçu hier une nouvelle qui m'a débarrassé de bien des inquiétudes; il n'y a que les morts qui ne reviennent pas. Aussi c'est fête aujourd'hui. Ton vieux financier est absent; mettant à profit cette heureuse circonstance, j'ai donné chez toi rendez-vous à un souper froid, à de vieilles bouteilles, à deux amis et à Belestre.

— Sans m'avoir prévenue... c'est impossible.

— Ce qui est impossible, reprit aigrement l'abbé, c'est que tu puisses me refuser quelque chose... Tu t'oublies trop, ma chère Cartaud!...

Il prononçait ce nom parce qu'avec lui il la faisait trembler.

— François Gagnard, vous oubliez aussi que...

— Tu as été ma maîtresse? Pardieu non! Et je compte bien en avoir demain matin un plus récent souvenir... Tu es fraîche et jolie comme le mois de mai.

— C'est impossible, vous dis-je, je suis surveillée... ce soir, c'est impossible.

— Surveillée?... Ton vieil imbécile ne m'a-t-il pas accepté pour ton directeur? S'il venait à avoir vent de quelque chose, tu lui dirais que nous avons passé la nuit à prier et à chasser les démons... Eh, pardieu! voilà Belestre...

La pauvre femme étouffait de désespoir et de rage. Avec un mot dit tout bas à l'abbé, elle aurait pu peut-être sauver sa belle soirée d'amour; mais la pensée de se prostituer à cet homme, d'être infidèle à son amant, lui était horrible, ou peut-être elle ne lui vint pas au cœur. Elle aima mieux renoncer en pleurant au bonheur espéré; elle écrivit au sergent que, retenue par des affaires de famille, elle ne pouvait le recevoir. Sa lettre était toute remplie de protestations d'amour, toute remplie de frayeur, de tendresse et de larmes. Elle la fit en toute hâte porter à la caserne, avec un beau médaillon en or, dans lequel elle avait renfermé une boucle de ses beaux cheveux. Autrefois celui qui lui aurait demandé un pareil gage n'aurait pas été compris; aujourd'hui elle l'offrait presque en tremblant, et tout comme le ferait une chaste jeune fille. Mais le beau garde française recevrait-il la lettre? Elle ne respira que lorsqu'elle la sut entre ses mains.

Alors elle chercha à s'étourdir; elle fut vive, gaie et folle. Quelques heures seraient bien vite passées, et elle avait dans sa tête arrangé pour le lendemain quelque amoureuse et charmante surprise pour son bien-aimé.

A l'heure indiquée les convives de l'abbé furent exacts.

La table se trouvait déjà chargée de mets et de bouteilles ; tout était préparé pour une orgie qui devait se prolonger jusqu'au jour. Laissons les convives à table, laissons le vin couler à grands flots, détournons nos regards de cet abbé, assemblage monstrueux de tous les genres de corruption.

Pendant que les verres et les cyniques propos circulaient autour de madame Saint-Ange, deux hommes se promenaient en silence à sa porte. Ils s'observaient mutuellement, l'un avec un regard courroucé, l'autre, au contraire, semblait parfaitement tranquille. Tous deux cependant cherchaient à s'éviter, et à ne pas laisser voir leurs visages ombragés par de larges feutres; tous deux d'ailleurs étaient enveloppés dans de larges manteaux sans galons. Celui de ces deux hommes que nous avons représenté comme impatient et irrité levait souvent les yeux vers la fenêtre étincelante de la Cartaud; l'autre regardait bien aussi de ce côté; mais était-ce par pur hasard et par ennui? on aurait pu le croire, tant il y avait en lui de tranquillité et d'indifférence. Le premier de ces deux hommes allait et venait, s'agitant comme un taureau dans l'arène, l'autre se promenait d'un pas grave et léger tout à la fois. Enfin celui qui avait donné de nombreux signes de colère et d'impatience s'avança brusquement vers le promeneur taciturne.

— Monsieur, lui dit-il en entr'ouvrant son manteau et en laissant voir un habit de gardes françaises, pourriez-vous aller vous promener un peu plus loin ?

— Non, monsieur.

— Et si je vous priais d'aller gagner votre lit?

— Et si je vous adressais la même prière?

— Vous êtes bien hardi, mon bourgeois!

— Vous êtes bien hardi, mon sergent! Croyez-moi, ne vous fâchez pas; ce n'est pas pour moi que vous êtes ici, ce n'est pas pour vous que j'y reste; à chacun sa chance.

— Vous vous ferez couper les oreilles...

— Bah!... En France on ne coupe les oreilles qu'aux chiens... en Turquie c'est différent...

— Je vous les couperai si vous ne vous en allez pas.

— Vous êtes de mauvaise humeur ce soir, sergent; vous vous attirerez quelque méchante affaire avec le guet!

— Je veux que vous vous en alliez, s'écria le garde française, exaspéré par le sang-froid de son adversaire.

— Et moi, je ne veux pas m'en aller.

A cette réponse, le militaire écarta brusquement son manteau, qu'à la manière des spadassins il roula d'un coup de main autour de son bras gauche, tandis que de l'autre il tira son sabre. Mais la lame était à peine sortie du fourreau, que l'inconnu bondit sur lui comme un tigre. Le sergent n'eut pas le temps de rompre, il tomba mortellement frappé d'un coup de poignard. La mort fut instantanée, et le cadavre ne fit que s'agiter quelques secondes. Le silence de la rue ne fut troublé que par la chute du corps et le bruit de la lame inutile roulant à terre.

L'assassin se pencha sur le malheureux sergent, qu'il essaya de soulever et de traîner sous une porte cochère, sans s'émouvoir du pas d'une patrouille qui s'avançait. Dès qu'elle fut proche, il appela, et la garde, apercevant un cadavre et un homme couvert de sang, entoura ce groupe sinistre et arrêta le meurtrier. Mais à peine eut-il à voix basse dit quelques mots au caporal, que celui-ci ordonna aux soldats de relâcher le prisonnier, et s'adressant à lui avec soumission :

— Nous sommes prêts à exécuter vos ordres.

— Frappez à cette porte, il y a de la lumière au second étage, nous verrons s'il y a quelque secours à porter à ce malheureux.

La patrouille se mit en devoir d'obéir, et la porte de la maison habitée par madame de Saint-Ange retentit des appels bruyants du caporal.

Au bruit des crosses de fusil, la pâle terreur remplaça l'ivresse, l'abbé éteignit les lumières, la Cartaud s'évanouit, et Belestre, accablé par la frayeur et l'orgie, roula sous la table. Le caporal impatient fit voler la porte en éclats, et bientôt la demeure de la courtisane fut envahie par les soldats du guet, demandant à grands cris de la lumière.

Le cadavre du sergent fut déposé sur un fauteuil, et l'exempt Desgrais se hâta d'entr'ouvrir les vêtements de la victime pour s'assurer s'il restait encore un souffle de vie. Vaine et inutile recherche!... le fer avait été impitoyable. Pendant que l'homme du lieutenant de police se livrait à ce soin, la Cartaud sortait peu à peu de son évanouissement; elle ouvrit lentement les yeux, et les promena d'abord vagues et étonnés sur cette scène sanglante; puis ses lèvres frémirent, ses yeux se remplirent d'éclairs et de larmes; elle poussa un cri rauque et sauvage, et comme le tigre des forêts indiennes, se précipitant, elle renversa Desgrais et saisit un couteau...

— Ne le touchez pas, s'écria-t-elle au milieu de la stupeur générale, ne le touchez pas! j'égorge le premier qui s'avance... Louis! Louis! qui t'a frappé?.... Louis, réponds-moi donc! Tu n'es pas mort! tu ne peux pas être mort!... Ouvre les yeux! parle! qui t'a frappé?

Elle se roula sur ce cadavre en poussant des cris de fureur et de désespoir; elle le couvrit de baisers, elle suça la plaie, et le cadavre restait immobile et glacé..... Alors elle parut s'abîmer dans une profonde réflexion; son œil devint sanglant, et avec un geste terrible :

— Soldats, s'écria-t-elle en désignant l'abbé, cet homme voulait faire de moi sa maîtresse! Cet homme a tué mon amant!

L'abbé sourit dédaigneusement.

— Monsieur l'abbé Gagnard, dit l'exempt, au nom du roi, je vous arrête!... Que l'on conduise toutes les personnes qui sont ici à la prison du Châtelet.

L'abbé ayant fait un mouvement, Desgrais reprit: Vous garrotterez monsieur; s'il tente de s'enfuir, vous ne le tuerez pas, mais vous le mettrez dans l'impossibilité de s'échapper; fouillez-le exactement... Quant à vous, madame, vous allez me donner le bras...

— Moi? Et ce corps! ce corps!

— Vous le retrouverez ici lorsque sera terminée l'entrevue que vous allez avoir avec le lieutenant de police... Allons! venez, madame! Et il l'arracha du cadavre qu'elle pressait contre son sein.

Bientôt la maison de la Saint-Ange ne renferma plus que les restes du malheureux sergent.

VII.

Dans un des sombres et vastes appartements du palais de Justice, à cette heure avancée de la nuit, se promenait à pas lents et mesurés un homme qui semblait plongé dans une grave réflexion. La faible clarté d'une lampe, projetant sa lumière vers un vieillard écrivant sur une petite table chargée de liasses de papier, permettait facilement de reconnaître dans le promeneur l'austère M. de la Reynie, à qui Paris est redevable de l'établissement des lanternes.

Lorsqu'il entendit ouvrir la porte de l'appartement, il s'arrêta, parut chasser par un effort les pensées qui le préoccupaient, et levant la tête :

— Eh bien ! Desgrais ?

— Grande nouvelle, monseigneur ; j'ai arrêté deux des gens de M. de Mongommery, et je vous amène une ancienne fille de joie qui vous donnera, je l'espère, de précieux renseignements.

Il expliqua alors très en détail au magistrat tous les événements de la nuit. Au récit de la mort du sergent, le front de M. de la Reynie se couvrit de nuages ; il laissa échapper une exclamation ; mais ensuite, rentrant dans une impassibilité glaciale, et appréciant sans doute à la fois le danger couru par son agent et l'importance de ses services, il le laissa achever son récit.

— C'est bien, dit-il alors après un instant de silence; faites entrer cette fille; dites à mes gens de se tenir prêts à me suivre au Châtelet; et vous, ne vous éloignez pas... Mon Dieu, auriez-vous encore laissé la justice des hommes commettre une irréparable erreur? Greffier, vous écrirez.

La Cartaud entra; elle était pâle, défaite, la mort était sur les traits et la fureur dans ses yeux.

— Eh bien, mon enfant, lui dit M. de la Reynie, l'abbé Gagnard a donc fait assassiner votre amant?

La malheureuse fondit en larmes; mais elle tomba sans hésiter dans le piége de l'homme du roi. Oui... c'est un monstre.

— Un monstre, non... car sa conduite...

Elle éclata en un ricanement amer, et répondit :

— Je n'avais que quinze ans lorsqu'il m'a débauchée... c'est mon démon! mais sang pour sang!

— Vous faire tuer votre amant!... mais il est donc bien riche pour payer de pareils forfaits?...

— Bah! ce n'est pas si cher... c'est Landry qui aura fait le coup...

— N'est-ce pas cet homme qui a volé M. le comte de Mongommery?

— Je n'en sais rien...

L'interrogatoire que M. de la Reynie fit subir sur cet objet à la Cartaud ne fournit aucune lumière; seulement, il servit à établir quelques faits importants, tels que la conduite scandaleuse du prêtre, la facilité avec laquelle il entrait et sortait de l'hôtel du comte, et enfin ses relations mystérieuses et constantes avec Belestre.

M. de la Reynie, après cet interrogatoire, fit conduire la Cartaud à la Conciergerie, et suivi de Desgrais et de ses gens, il se rendit immédiatement au Châtelet. Quand il eut été introduit, il ordonna à Desgrais de courir chez mademoiselle Robert et de la prévenir de ce qui se passait, en lui recommandant le secret le plus absolu.

Par une précaution due aux ordres de Desgrais, Belestre et Gagnard avaient été mis chacun dans un cachot séparé. M. de la Reynie se fit ouvrir d'abord celui de Belestre, qui refusa de faire aucune réponse aux questions assez insidieuses du magistrat. Celui-ci, renonçant à lui arracher immédiatement quelques aveux, se fit ouvrir la cellule dans laquelle on avait jeté l'abbé Gagnard.

Dès qu'il eut aperçu le lieutenant de police, Gagnard s'avança d'un air indigné vers lui :

— Monseigneur, dit-il, depuis quand ne respecte-t-on plus le caractère de prêtre?

— Depuis, monsieur, que ceux qui en sont revêtus vont passer la nuit chez les filles de joie... Je vous ordonne d'attendre mes questions, et répondez franchement, ou vous êtes perdu. Comment sortiez-vous de l'hôtel du comte? à l'aide de cette fausse clef sans doute que l'on a saisie sur vous?...

— C'est vrai... mais ce n'est pas là un crime du ressort de votre justice; et ce n'est pas avec une fausse clef que l'on tue un homme.

—Non; mais on fait autre chose. Il a été fabriqué une seconde fausse clef semblable à celle-ci, qu'est-elle devenue?

L'abbé Gagnard pâlit; mais reprenant rapidement son sang-froid un instant troublé : « Je ne sais pas s'il existe une seconde clef... mais cela n'a aucun rapport avec l'assassinat dont une infâme prostituée ose m'accuser... Sa majesté protége son clergé, et je me plaindrai, monseigneur... Je proteste!

— Depuis quand avez-vous cette clef?

— Depuis un mois ou deux ; ce n'est pas moi qui l'ai fait faire, je l'ai trouvée par hasard dans la cour de l'hôtel ; mais je suis ici accusé d'assassinat...

— Connaissez-vous un nommé Landry ?

— Non...

— Réfléchissez bien...

Gagnard ne répondit pas ; il ne voyait pas nettement la portée de la question qui lui était faite ; mais elle reporta toute sa pensée vers l'époque du vol, et il commença à comprendre que l'accusation d'assassinat en cachait une autre plus terrible pour lui.

— Vous ne voulez rien dire? reprit d'une voix grave le magistrat ; que la nuit vous porte conseil, car demain sera le jour de la lumière.

Le lendemain, à la pointe du jour, Landry était arrêté, et M. de Mongommery, sur une invitation de M. de la Reynie, se rendit au Palais, où il déclara que depuis plusieurs mois la conduite de l'abbé lui inspirait des soupçons ; car il faisait des dépenses bien au-dessus de sa position.

Deux conseillers de la cour convoqués, on fit subir un long interrogatoire à Landry. Il déclara connaître Gagnard depuis longtemps, et donna des détails circonstanciés sur l'entrevue qu'il avait eue avec lui chez la Cartaud quelques jours avant le vol dont M. de Mongommery avait été victime. Il dit notamment les quelques mots échangés entre l'abbé et Belestre au sujet des fausses clefs. Dès lors le fait de la possession des fausses clefs antérieurement au 23 septembre fut acquis à la cause.

Interrogée à son tour, la Cartaud avoua que Belestre lui avait remis des sommes assez considérables qu'il avait employées à acheter un bien de la valeur de dix mille livres aux environs du Mans.

Dès lors les juges, à demi éclairés par ce commencement de preuves, ordonnèrent que les deux accusés seraient soumis à la *question préalable.*

Ils furent amenés tous deux ensemble, et on leur donna lecture de l'arrêt de la chambre d'accusation. L'un et l'autre firent bonne contenance. Belestre fut d'abord livré au bourreau : nulle plainte, nul aveu ne sortit de sa bouche; il se montra aussi ferme qu'avait pu l'être M. le marquis d'Anglade.

C'était le tour de Gagnard; on éloigna le domestique. Alors l'abbé, en proie à la plus affreuse terreur, se précipita aux pieds des juges et confessa le crime. C'était lui et Belestre qui avaient volé M. de Mongommery.

Voici comment les choses s'étaient passées :

Dès qu'ils avaient su la quantité d'or que contenait le coffre de M. le comte, Belestre et Gagnard avaient fait fabriquer des fausses clefs et s'étaient tenus prêts à s'en servir. Poussé par sa passion criminelle, Gagnard en avait aussi fait faire une pour pénétrer chez la marquise, qu'il espérait surprendre dans le sommeil. Partis avec le comte pour Villebousin, ils avaient, pendant la nuit, sellé deux des chevaux du comte, et étaient revenus en toute hâte à Paris, où ils avaient fait le coup. Belestre s'était chargé de huit sacs qu'il avait été enterrer sur le bord de la Seine. Les cinq autres avaient été cachés momentanément sous le lit de l'abbé, qui, la nuit suivante, devait revenir les déposer en mains sûres. Les fausses clefs avaient été jetées dans le grenier, d'où le lendemain on les avait enlevées.

Pendant que Belestre avait été enterrer une partie du vol, l'abbé, les poches pleines d'or, était allé chez la présidente Robert, près de la demeure de laquelle il avait donné rendez-vous à son complice pour reprendre en toute hâte le chemin de Villebousin, où il fallait qu'ils arrivassent avant le jour.

Chez la présidente Robert, l'abbé avait joué et perdu un rouleau de louis neufs, qui, passant de mains en mains avec le papier qui les enveloppait, avait fini par rester entre les mains de M. le marquis d'Anglade, écrasé depuis par cet indice, devenu une preuve irrécusable de son crime.

Cette terrible confession anéantit les juges : à la pensée du martyre de M. d'Anglade et de la marquise, et de l'arrêt effroyable qui les avait flétris, ils restèrent abîmés.

Après un pareil aveu, il restait à la justice deux tâches à remplir : d'une main frapper le crime, et de l'autre demander pardon à la marquise. Le comte de Mongommery vint déclarer qu'il se tenait prêt à coopérer par tout son pouvoir au grand acte de réhabilitation qui allait s'accomplir. La cour de Versailles fut profondément émue, et comme il arrive toujours en France, ce fut à qui soulagerait et ennoblirait la victime d'une si affreuse méprise. Gagnard et son complice furent pendus, et le parlement, en séance solennelle, le 17 juin 1693, réhabilita la mémoire de d'Anglade, déclara sa femme justifiée, et condamna le comte de Mongommery à restituer toutes les sommes qu'il avait reçues, ainsi qu'à tous les frais du procès.

Madame la marquise, visitée par toute la cour, refusa de quitter la Bastille avant que l'innocence de son cher mari eût été, à son de trompe, proclamée dans tout Paris, ce qui fut exécuté. Elle demanda aussi que le roi la fît dignement sortir de prison. Le roi comprit cette prière, il lui envoya un carrosse *du corps*, dans lequel elle fut reçue par la première dame d'honneur de la dauphine. Toutes les princesses du sang, toutes les personnes de qualité, vinrent la féliciter, et ce fut ainsi, escortée de trois cents carrosses, qu'elle se rendit chez madame la présidente Robert, où, libre enfin, elle allait embrasser sa fille.

A la vue de mademoiselle Robert, elle fut près de succomber à la joie; elle garda cependant la force de remercier tout son brillant cortége, et un instant après, seule avec son enfant, et son honneur sauvé, elle se trouvait dans la chambre de mademoiselle Robert, qui vint tomber à ses pieds.

—Madame, lui dit celle-ci, vous avez votre enfant, elle n'a plus besoin de moi... M. le marquis est mort... ma tâche est remplie sur cette terre!... Permettez que je baise vos mains, et donnez-moi votre pardon... Ne m'interrogez pas, je suis trop coupable... je me retire au couvent... Daignerez-vous m'y faire conduire quelquefois Louise? c'est l'unique bonheur que je demande...

L'enfant se jeta au cou de sa seconde mère. Madame d'Anglade, versant des torrents de larmes, l'interrogea vainement, lui donna vainement les doux noms de bienfaitrice et de sœur; sa résolution était inébranlable.

A vingt-deux ans, belle et riche, mademoiselle Robert prit l'habit au couvent des filles repenties.

LA VOISIN.

En l'an de grâce 1655, tout était en émoi au cabaret du *Vert-galant*, situé au faubourg Saint-Antoine. De nombreux garçons finissaient d'éclairer une salle décorée de devises et de fleurs, d'autres dressaient une longue table, d'autres étendaient des tapis, montaient du vin, préparaient le service. Au rez-de-chaussée on illuminait les vastes jardins de l'établissement, on élevait l'estrade pour l'orchestre, on balayait les allées, et dans les cuisines, d'où s'exhalait une odeur appétissante, on entendait la voix du maître qui criait incessamment : Dépêchez-vous, voici l'heure, il faut servir chaud et à point.

C'étaient les apprêts d'un repas de noce. Un mariage s'était fait le jour même dans le quartier, et les époux avaient invité leurs nombreux amis à venir le soir souper et prendre le plaisir du bal au cabaret du Vert-galant, pour célébrer leur heureuse union. Le mari, disait-on, honnête et probe, un des apothicaires les plus renommés du faubourg, avait fini par épouser une sage-femme dont il était amoureux depuis longtemps ; il était riche et considéré dans le quartier. La nouvelle épouse, surnommée la belle Catherine, était citée surtout pour sa coquetterie et des aventures galantes qu'on répétait tout bas. Courtisée par des seigneurs de la cour, elle les avait tous écoutés au dire des uns, tous repoussés au dire des autres, pour arriver à faire un mariage convenable. Tels étaient du moins les propos que tenaient plusieurs convives, qui, arrivés les premiers, parcouraient déjà les jardins en s'étonnant du luxe que l'on déployait pour cette noce. Tout à coup des cris se firent entendre. Les voilà, les voilà, disaient les garçons. Les convives, devinant que c'étaient les mariés qui arrivaient, se précipitèrent dans la cour, où en effet ils virent deux carrosses dont les laquais ouvraient les portières. C'étaient les époux et leurs témoins qui en descendaient.

Un homme en sortit le premier, et sauta à terre avec plus de légèreté qu'on ne l'aurait supposé en voyant son obésité et sa corpulence. Il avait à peu près quarante-cinq ans, était petit, court, ramassé ; avait l'œil ardent, le nez épaté, les lèvres grosses et le front étroit. Il était mis avec toute la recherche de ce temps-là, et portait même des rubans et des aiguillettes pareils à ceux d'un gentilhomme. C'était Antoine Voisin, le nouveau marié, qui, dans son empressement de donner la main à son épouse, était sorti le premier du carrosse et abaissait le marchepied pour elle, disputant cet honneur au laquais. Pendant ce temps, un gentilhomme qu'on reconnaissait à ses canons flottants et à sa mise, quoiqu'elle fût fort négligée, descendait gravement et d'un air distrait le marche-pied à mesure que Voisin l'abaissait, et finit, au dernier échelon, par appuyer le pied sur sa main. Voisin la retira en poussant un grand cri ; mais le seigneur ne l'entendit même pas, et continuant de marcher comme si de rien n'était, il entra droit dans le jardin et s'y promena en rêvant. Ce gentilhomme était Jean de la Fontaine, amoureux assidu de l'épousée et son premier témoin.

Au cri qu'avait poussé Voisin, des éclats de rire étaient partis du carrosse, et bientôt on vit Catherine Deshayes, la nouvelle mariée, qui montrait encore ses dents blanches et mignonnes dans un dernier sourire qu'elle cherchait à étouffer. Catherine avait vingt-cinq ans à cette époque et était dans tout l'éclat de sa beauté. Grande, forte, imposante, elle portait la tête avec plus de hardiesse que de majesté. Brune énergique et vive, elle levait avec orgueil son front brun, sur lequel brillait une parure d'émeraudes, et, débarrassée de son mantelet, elle laissa voir ses longs cheveux noirs tombant en bouches sur ses épaules nues. Elle descendit lentement le marche-pied du carrosse, appuyée sur les bras des laquais, et promenant des regards scrutateurs sur tous ceux qui l'environnaient. Elle était suivie d'un jeune prêtre dont l'extérieur accusait un âge plus avancé. Petit, maigre, grêle, les yeux caves, le front ridé, la tête chauve, Lesage annonçait cinquante ans, et n'en avait tout au plus que trente. C'était lui qui venait de donner aux époux la bénédiction nuptiale.

Les quatre personnes qui composaient le second carrosse mirent aussi pied à terre. C'étaient encore trois hommes et une femme. Parmi eux, on remarquait le frère et la sœur Vigoureux, deux athlètes dans leur genre, qui vivaient dans l'intimité de Catherine, et un Italien nommé Destinelli, que les époux avaient invité comme un ami du prêtre Lesage. Aussitôt les arrivants se mirent en marche pour la salle du banquet, et furent suivis de tous les convives. Bientôt le repas commença, mais une place était restée vide, c'était celle de la Fontaine. Sur un signe de Catherine, Jean Vigoureux se leva, courut au jardin, et rapporta dans ses bras nerveux le poëte, qui, bien qu'habitué à ces façons d'agir de la part de cet homme, le maudissait cette fois de l'avoir interrompu au moment où il finissait de composer un petit conte en l'honneur du mariage de sa belle amie. Un sourire de Catherine calma sa mauvaise humeur, et le repas de noce continua, égayé par cet incident. Tous les convives étaient en admiration devant la belle Catherine, qui, cette fois, plus gracieuse que jamais, faisait les honneurs avec une grâce parfaite, et distribuait à chacun une marque d'attention particulière ; mais elle se lassa bientôt de la contrainte qui lui était imposée, et malgré les signes et la mauvaise humeur de Lesage, elle se livra à son goût pour l'orgie au point de s'étourdir. Les convives, entraînés par son exemple, l'imitèrent bientôt, et au bout de quelques heures on n'entendait à cette table que des chants sans ordre et des cris avinés. Ce fut au milieu de ce tumulte qu'on vint prévenir que tout le monde était arrivé pour le bal. Les convives se levèrent et se rendirent en chancelant dans le jardin. Voisin alors, s'attachant à sa femme, voulut ouvrir le bal avec elle ; mais Jean Vigoureux, qui n'avait rien perdu de ses forces, l'enleva d'auprès d'elle, comme il avait fait de la Fontaine, le déposa à quelques pas dans un bosquet, et prenant la main de Catherine, se mit à danser avec elle. Aux cris que poussait Voisin, la Fontaine accourut et s'assit auprès de lui. L'infortuné mari faisait des efforts pour se lever et aller joindre sa femme ; mais la Fontaine le retenait sans cesse, lui citant l'exemple de son ami Chapelle, qui tout récemment, étant dans le même état que lui, se serait laissé choir dans un puits, s'il n'eût été dégrisé à la vue de l'eau ; puis il entama sur la sobriété un discours très-sérieux, au milieu duquel Voisin s'endormit.

Cependant, seul de tous les convives, le prêtre Lesage avait conservé sa raison et attendait avec impatience que la danse fût finie pour causer avec Catherine. Aussitôt que l'orchestre cessa, il s'empara de la belle mariée, la conduisit dans un coin du jardin, et l'ayant fait asseoir à ses côtés, la força d'écouter ce qu'il avait à lui dire.

— Catherine, je ne suis pas content de vous, lui dit-il ; vous m'aviez promis d'être sage.

— Je l'ai été tant que j'ai pu, répondit-elle ; mais cela se prolongeait trop pour ma patience.... D'ailleurs, le moyen de ne pas s'étourdir quand on épouse un magot comme Voisin ?

— Un magot qui vous apporte cinquante mille livres et son nom.

— Ça fait cinquante mille livres.

— C'est égal, il est fort imprudent à vous d'avoir agi

comme vous l'avez fait. Que voulez-vous qu'il pense de vous avoir vue ainsi?

— Quant à ça, il n'y a rien à craindre, car je l'ai mis hors d'état de voir.

— Mais ceux qui nous attendaient dans ce jardin, et qui y voient très-bien, qui peuvent tout entendre, tout comprendre, et devant lesquels vous avez parlé sans doute...

— Vous croyez donc que je suis folle.... Si les fumées du vin m'ont un peu agitée là-haut, il a suffi du grand air pour me remettre.

— Cela n'a pas empêché Vigoureux d'emporter de force votre mari loin de vous, et vous avez eu tort de le souffrir.

— Que voulez-vous! j'aime ce garçon, vous le savez. Je lui avais promis d'ouvrir le bal avec lui, il m'a fait tenir ma promesse. Il a bien fait.

— Et si Voisin s'apercevait de quelque chose?

— Tant pis; il ne fallait pas me faire marier avec lui. C'est vous qui m'avez pour ainsi dire forcée à l'épouser.

— Parce qu'il vous fallait absolument les moyens de continuer l'existence que vous menez, et que vous ne pouviez le faire sans argent.

— J'en aurais trouvé ailleurs.

— Comment?

— Dans mon état de sage-femme.

— L'avortement ne donne plus; les filles du peuple qui ont des enfants de grand seigneur sont abandonnées par eux, et par conséquent ne payent pas, et quant aux grandes dames, elles vont toutes accoucher à l'étranger. Votre état est perdu.

— Cela peut être vrai; mais celui que j'étudie...

— Précisément, il faut du temps, de la patience et de l'argent pour devenir devineresse en renom. En vous donnant Voisin, je vous ai procuré tout cela.

— Parlez donc plus franchement avec moi, mon cher, et croyez bien que je ne suis pas votre dupe. Vous m'avez fait épouser Voisin pour vous et non pour moi. Vous avez besoin pour vos recherches avec Destinelli d'une foule d'instruments et de drogues qu'un apothicaire seul connaît et peut se procurer sans danger, et vous m'avez mariée à un apothicaire. Heureusement, comme vous le disiez, il a cinquante mille livres.

— Eh bien, de quoi vous plaignez-vous? à vous les cinquante mille livres, à moi le laboratoire.

— Et le mari, à qui?

Dans ce moment ils entendirent un bruyant éclat de rire dans le bosquet dont ils n'étaient séparés que par la charmille. Tous deux se levèrent avec effroi, craignant d'avoir été entendus. Lesage voulait fuir, mais Catherine le retint, et plus audacieuse que lui, écarta la charmille et passa dans le bosquet, où elle trouva deux hommes assis, dont l'un faisait entendre un ronflement régulier. L'autre leva les yeux à cette apparition subite, et reconnaissant la mariée, la saisit par le bras, et lui dit : Je viens de finir mon conte du Rossignol; voulez-vous que je vous le dise, ma belle amie?

C'était la Fontaine, qui, pendant que Voisin ronflait à

ses côtés, revenu peu à peu du premier degré de l'ivresse, s'était mis à faire des vers dans sa tête, comme il en avait l'habitude. Catherine, rassurée, dit à Lesage à voix basse : Ce n'est pas lui qui pourrait nous avoir entendus, il est trop distrait pour cela. Quant à Voisin, il dort comme une souche.

— N'importe, repartit Lesage ; nous avons été imprudents de causer ainsi dans un lieu où il y a tant de monde ; que cela ne nous arrive plus.

— A qui la faute?

— C'est une leçon dont je profiterai. En attendant, pour que cela ne recommence pas, quittez le bal.

— Déjà!

— Il est près de minuit. Demain nous reprendrons cet entretien. Monsieur de la Fontaine, dit-il tout haut au poëte, voudriez-vous vous charger de réveiller M. Voisin, et lui dire que madame son épouse s'est rendue chez elle?

Il entraîna aussitôt Catherine, et courut chercher mademoiselle Vigoureux, afin qu'elle assistât la mariée, comme c'était l'usage. Les deux femmes se rendirent dans la cour du cabaret pour monter en carrosse. Le cocher dormait sur son siége, et Catherine avait peine à le réveiller, lorsqu'un homme s'élança tout à coup, ouvrit la portière, et abaissant le marche-pied, dit à voix basse : Montez, maîtresse. Catherine jeta les yeux sur cet homme, et vit un nègre dont les regards étaient attachés sur elle ; elle crut que c'était quelque domestique de la maison, et monta dans le carrosse. Le nègre referma la portière, éveilla le cocher, et la voiture roula rapidement vers la demeure de Voisin. Lorsqu'elle s'arrêta, un homme ouvrit de nouveau la portière avant que le cocher eût quitté son siége ; c'était encore le nègre. Catherine n'y fit nulle attention cette fois, et rentra chez elle avec mademoiselle Vigoureux. Le nègre fut se coucher au pied d'une borne en face des croisées de Catherine, et y passa le reste de la nuit. Mais bientôt les convives, ne voyant plus les deux mariés, se retirèrent peu à peu et quittèrent le bal. Quand les garçons visitèrent le jardin pour tout éteindre, ils entrèrent dans le bosquet, où ils trouvèrent encore la Fontaine rêvant et Voisin continuant à dormir. Ils réveillèrent ce dernier, qui, en ouvrant les yeux, manifesta son étonnement de se trouver encore là, et s'adressa à la Fontaine.

— J'avais oublié de vous prévenir que votre épouse vous attend depuis longtemps, dit la Fontaine.

— Quoi?... Catherine est partie ! s'écria Voisin.

— Et tout le monde aussi, ajouta un des garçons ; le jour va paraître.

— Et vous ne m'avez pas prévenu ! dit le mari à la Fontaine.

— Je n'ai pas voulu troubler votre sommeil, dit le poëte ; vous dormiez si bien.

— C'est épouvantable, murmura Voisin.

— C'est fort plaisant, dit la Fontaine ; j'en ferai un conte très-divertissant.

— La première nuit de mes noces ! cria Voisin.

— Vous avez raison, dit la Fontaine, *la Première Nuit de mes noces*, voilà un titre charmant, je l'adopte, et je vais commencer le conte tout en me rendant chez moi.

Il se mit en route lentement, tandis que Voisin, courant à perdre haleine, se hâta de se rendre chez lui.

Le lendemain, on voyait au-dessus de l'enseigne de l'apothicaire un tableau posé à la hauteur du premier étage, avec cette inscription en grosses lettres : *Madame Voisin, maîtresse sage-femme.* Ce tableau annonçait à tout le quartier le mariage de l'apothicaire. Catherine avait consenti à ne pas abandonner son état, parce que son mari lui promettait une nombreuse clientelle; mais cette clientelle n'était pas du goût de Catherine. Née pour l'intrigue, le plaisir et l'argent, elle ne trouvait à satisfaire aucune de ces passions dans son état exercé honorablement, comme l'exigeaient les pratiques de son mari. Catherine avait encore un travers bien commun à cette époque, mais qu'elle possédait au dernier degré; c'était celui de se frotter au grand monde, d'avoir des relations avec les dames de la cour, fût-ce comme leur suivante; d'avoir commerce avec les gentilhommes, fût-ce pour servir leurs amours; aussi n'exerça-t-elle presque pas son état pendant son mariage. Comme elle l'avait dit, elle avait épousé Voisin pour ses cinquante mille livres; elle ne pensa qu'à les dépenser joyeusement, comptant sur la faiblesse de son mari pour les lui livrer. En effet, après qu'elle eut obtenu de ce dernier un laboratoire pour les expériences de Lesage, elle mit la maison sur un pied de luxe et de grandeur qui menaçait de ruiner bientôt Voisin; mais celui-ci, toujours amoureux de sa femme (et l'amour est si dangereux dans un vieillard!), céda à toutes ses fantaisies. Catherine lui en cacha même une partie, trouvant à les satisfaire à son insu. La maison qu'elle habitait donnait sur deux rues ; elle fit faire la principale entrée dans celle où n'était pas la boutique de son mari, et par ce seul fait devint plus libre de toutes ses actions, vivant séparée en quelque sorte de Voisin, qui passait son temps avec ses garçons. Dès lors elle eut des domestiques, un carrosse et jusqu'à un suisse, mode qui commençait à cette époque, singea la femme de qualité, et voulut même en avoir les avantages et les priviléges.

Un jour, elle se promenait à la place Royale, qui était encore le rendez-vous de la haute société ; elle était suivie de ses deux laquais, et faisait d'autant plus figure, que sa haute taille, sa beauté rude et ses regards hardis, attiraient autour d'elle une foule de jeunes seigneurs qui la suivaient. Au milieu, et se perdant dans la foule, était le nègre dont nous avons parlé, et que depuis cette époque elle avait rencontré constamment sur ses pas toutes les fois qu'elle était sortie ; elle venait de l'apercevoir, et faisait pour l'instant trêve à ses jouissances de vanité, cherchant en elle-même quels pouvaient être les motifs de cet homme à la suivre sans cesse. Cependant, la foule grossissait autour d'elle, et les femmes surtout étaient fort curieuses de savoir qui elle pouvait être, lorsqu'elle fut reconnue et signalée par la suivante d'une dame du monde, qui, indignée de voir tant de nobles seigneurs se détacher de sa suite et de celle de ses compagnes pour courir après Catherine, s'arrêta devant elle et lui dit : Pardon, si je vous dérange, belle dame ; mais voici une occasion pour vous de gagner de l'argent et d'exercer votre métier. Ma chienne favorite est sur le point de mettre bas ; rendez-vous à mon hôtel, et remplissez auprès d'elle vos fonctions de sage-femme, mon intendant vous payera grassement, et j'ordonnerai à ma livrée de donner sa pratique à votre mari l'apothicaire. A ces mots, des éclats de rire partirent de tous les côtés : c'étaient les dames qui les poussaient en jetant des regards moqueurs aux hommes. Ceux-ci, d'abord confus de leur méprise et de la mystification qui rejaillissait sur eux en partie, prirent le parti d'en rire aussi, et tournèrent dédaigneusement le dos à Catherine. Quant à celle-ci, interdite à cette apostrophe, muette de colère et de fureur, elle se retira sans rien dire et rentra chez elle dans un état impossible à décrire. Elle trouva Lesage qui l'attendait, et qui fut effrayé de son désordre; dès qu'elle l'aperçut, Catherine, tournant contre lui toute sa rage, s'écria : Je vous trouve encore chez moi, vous qui m'avez forcée à ce mariage que je déteste, qui fait mon malheur, mon humiliation, ma honte!

— Qu'avez-vous donc, dit Lesage, pour m'apostropher ainsi?... Mais il me semble que vous n'êtes pas si à plaindre de ce mariage, qui vous entoure de luxe, de plaisir et de liberté, les seules choses que vous désiriez au monde. Comment sans cela y seriez-vous parvenue?

— J'aurais vendu mon corps, ma vie, mon âme, s'il l'eût fallu, à quelque grand seigneur dont je serais devenue la maîtresse... il y en a de moins belles que moi qui ont été achetées... Comme elles, j'aurais brillé dans les carrosses armoriés ; suivie de la livrée de mon amant, j'aurais paru aux fêtes, aux théâtres, aux promenades; je n'aurais pas un vieux mari qui me gêne, qui m'ennuie... enfin, je n'aurais pas été insultée comme je viens de l'être!...

— Insultée?... vous?...

— Moi-même. Et avec l'émotion de la colère, elle lui raconta la scène qui venait d'avoir lieu.

— Vous n'êtes pas raisonnable, dit Lesage après avoir entendu ce récit. Je vous l'ai dit souvent, ma chère Catherine, il y a de bien belles dispositions chez vous, mais vous les paralysez toutes par votre goût du grand monde. Que pouvez-vous y apprendre? que pouvez-vous y faire? contentez-vous des plaisirs et des agréments de votre classe, que vous possédez plus que toute autre femme de Paris, et n'ambitionnez pas d'être l'égale des grandes dames. Quoi que vous puissiez faire, vous ne parviendrez jamais à être née d'une noble famille et à marcher de pair avec nos duchesses.

— Eh bien, je marcherai avant elles! s'écria Catherine avec violence. Ces nobles dames me repoussent de leurs rangs et me ferment leurs palais ; je veux qu'elles viennent elles-mêmes chez moi, qu'elles m'apportent leur or, leurs prières, leurs secrets, leurs crimes. Ces dames ont la noblesse et la fortune pour elles, moi j'ai l'adresse et la volonté, moi j'ai la connaissance de leurs vices. Je triompherai d'elles.

— Quels sont donc vos projets?

— De persévérer plus que jamais dans l'étude des sciences occultes. Déjà j'en sais assez pour tirer les cartes, prédire l'avenir, faire un thême de nativité. Cette étude, que j'avais prise comme une fantaisie, devient pour moi une chose sérieuse. Je connais ces grandes dames, leurs intrigues, leurs amours, leurs consciences, leur superstition. Depuis que je vais à la place Royale, j'ai appris plus de choses qu'il ne m'en faut pour dire à toutes leur passé, et tirer par cette induction leur horoscope pour l'avenir. Mes avis ont été souvent utiles à la Vigoureux mon amie, qu'elles vont consulter jusque dans son grenier, et dorénavant je m'en servirai moi-même, elles viendront me consulter chez moi, car dans peu de temps je m'établirai devineresse à mon tour. C'est ma destinée.

— Qui vous a dit cela ?

— Qui?... les cartes, le blanc d'œuf, que j'ai consultés par fantaisie, et auxquels je n'ai pas cru d'abord, auxquels je ne sais si je dois croire encore... Mais à quoi bon m'arrêter à cela ? c'est ma volonté, maintenant. C'est pour moi la richesse, le bonheur, la vengeance ; ma résolution est prise, cela sera.

— Et je l'approuve, votre résolution, je l'approuve de toutes mes forces. Destinelli, Davaux et moi, réunis à vous... nous devons faire des miracles à nous quatre.

— J'ignore ce que Destinelli, Davaux, votre confrère que je ne connais pas, et vous, faites dans le laboratoire que je vous ai fait donner par Voisin pour vos expériences. Vous me dites que vous cherchez de l'or, je ne sais si vous découvrirez ce secret, mais je vais vous en indiquer que je veux que vous trouviez : des philtres pour rendre amoureux, des philtres pour rendre odieux, des philtres qui rajeunissent, qui vieillissent, qui rendent gais ou tristes, beaux ou laids, bons ou méchants.

— Et rien de plus? demanda Lesage en fixant Catherine d'une manière étrange.

— Pas pour le moment, répondit celle-ci, feignant de ne pas comprendre ou ne comprenant pas la question.

— Vous aurez tout cela ; mais il nous faut de l'argent, nous n'en avons plus.

— En voilà, j'en aurai d'autre de Voisin ; son trésor n'est pas épuisé encore. Allez, travaillez de votre côté, je vais travailler du mien, et nous nous réunirons quand nous serons en mesure.

— Ma belle Catherine, vous ne m'avez jamais paru aussi ravissante qu'aujourd'hui.

— Et vous aussi docile.

— C'est que jamais vous ne m'avez dit des choses plus agréables qu'en ce moment, jamais vous n'avez secondé mes projets comme vous le faites aujourd'hui.

— Que voulez-vous dire?

— Je veux dire que Destinelli, Davaux et moi, avons tous les moyens de tromper cette noblesse superstitieuse et criminelle; tous les secrets pour lui prédire l'avenir, pour aider aux événements ou les vaincre. Nous possédons tous les ressorts, enfin... il ne nous manquait qu'un être pour les faire mouvoir, et nous l'avons trouvé. C'est vous.

— Je ne vous comprends pas encore.

— Pouvions-nous, Davaux et moi, revêtus du caractère de prêtre, connus pour avoir exercé cet état, et l'exerçant encore, pouvions-nous, dis-je, révéler le passé, prédire l'avenir, et nous mêler d'une foule de choses secrètes qui meurent dans les familles? Destinelli, l'Italien au physique grêle et trompeur, qui s'exprime à peine en français, pouvait-il à son tour inspirer la confiance et exciter la superstition? Non. Pour rendre cet art fructueux et lucratif, il faut s'adresser principalement aux grandes dames qui vivent de secrets et de cachotteries, et pour inspirer de la confiance aux femmes, il faut une femme, une femme qui impose par sa prestesse, par ses traits, par sa parole, une femme qui désire de l'or et veuille en gagner à tout prix; et cette femme, c'est bien vous; car vous êtes belle, rusée et hardie, vous aimez le luxe et les plaisirs, et vous voulez vous venger. Comprenez-vous maintenant pourquoi je vous ai fait faire ce mariage, pourquoi je ne vous ai pas révélé tous mes projets, et je les ai masqués sous une fausse apparence? j'attendais que le moment de votre résolution arrivât; il est venu, voilà pourquoi je suis si docile et si satisfait.

— Je comprends en effet ce que vous voulez faire de moi, dit lentement Catherine; un instrument, rien de plus.

— Oh! vous vous trompez... seulement, si vous voulez vous laisser diriger par nous...

— Qu'est-ce que je disais?...

— Écouter nos conseils...

— C'est-à-dire vos ordres.

— Pouvez-vous croire cela?

— Mais ne vous en défendez donc pas, puisque j'accepte.

— Quoi! vous consentiriez....

— J'accepte, vous dis-je... j'accepte, parce que malgré vous je deviendrai seule reine et maîtresse, parce que vous m'obéirez en tout, vous ferez mes moindres volontés, vous vous soumettrez à tous mes caprices; car vous êtes trois lâches dont aucun n'a le courage d'entreprendre au grand jour ce dont vous voulez charger une femme, et que je l'entreprends, moi, sans crainte et sans remords. Cela me suffit.

— Eh bien, soit, répondit Lesage, étonné de ce que venait de lui dire Catherine, mais espérant tout bas dans sa ruse et celle de ses associés pour paralyser cette domination dont elle les menaçait déjà. Commençons d'abord, nous verrons après.

En ce moment, un des laquais vint dire à Catherine qu'un nègre, qui avait suivi son carrosse à son retour de la place Royale, insistait depuis longtemps pour lui parler. Catherine pensa aussitôt que c'était celui qui la suivait partout, et curieuse de percer enfin le mystère d'une pareille conduite, elle ordonna de le faire monter, et congédia Lesage. Le nègre fut aussitôt introduit.

C'était un homme de trente ans environ, petit, bien fait, d'une taille gracieuse, et dont tous les membres respiraient la force et la souplesse. Contre l'habitude des gens de sa race, il avait le nez saillant, les joues aplaties et le regard fixe et tourné vers son interlocuteur. Il entra brusquement, et se tint debout devant Catherine, attendant qu'elle entamât l'entretien.

— Que veux-tu? lui dit celle-ci.

— Vous voir et vous parler, répondit le nègre.

— Parle.

— J'étais à la place Royale quand cette dame vous a fait cet affront.

— Je le sais; eh bien?

— Voulez-vous que je la tue pour vous venger?

Catherine recula de surprise à cette étrange proposition, faite avec tant de calme.

— Tu la connais donc? reprit-elle; quel est son nom?

— Je ne le sais pas, répondit le nègre. Je ne la connais que pour l'avoir vue aux promenades où vous vous rendez vous-même; mais je saurai la découvrir; dites un mot, et demain...

— Tu es donc venu à Paris pour ressusciter le métier de bravo?

— Je ne sais pas ce que c'est.

— C'est un homme qui assassine pour de l'argent.

— Je ne vous demande rien pour ça.

— Tu es donc l'ennemi de cette dame?

— Oui.

— Pourquoi?

— Parce qu'elle vous a insultée.

— Qu'est-ce que ça peut te faire?

— Je vous aime.

A ces mots le rouge monta au front de Catherine, son étonnement redoubla, et elle envisagea avec une espèce de terreur ce nègre dont les regards ne se baissaient pas devant les siens. Il s'aperçut de l'impression que faisaient ses paroles, et se hâta de lui dire : Oh ! ne craignez rien, maîtresse ; il y a déjà deux ans que je vous aime sans vous l'avoir jamais dit. Depuis deux ans je vous suis partout, sans espoir de vous parler jamais ; il a fallu cette circonstance pour arriver jusqu'à vous ; mais il m'avait semblé lire dans vos yeux, à la place Royale, que vous voudriez être vengée, et alors je suis venu m'offrir. Je me suis trompé, excusez-moi ; adieu.

Et sans ajouter un mot, le nègre sortit aussi brusquement qu'il était entré, et laissa Catherine immobile et stupéfaite de cette espèce d'apparition. Pourtant, en y réfléchissant, elle pensa que dans la nouvelle carrière où elle allait se lancer, au milieu de ces trois hommes dont elle avait deviné les projets, un être de la trempe du nègre, dévoué jusqu'au fanatisme, comme celui-ci en avait l'air, ne lui serait peut-être pas inutile ; elle sourit même à l'idée de cet amour bizarre, dont les élans ne paraissaient pas sans charmes à son esprit déjà débauché, et ce fut sous le poids de ces impressions qu'elle s'adonna plus que jamais à l'étude des sciences occultes, tandis que les deux prêtres et Destinelli redoublaient eux-mêmes d'efforts et de travaux dans le laboratoire que Voisin avait mis à leur disposition.

Cependant l'événement de la place Royale n'avait pas empêché Catherine de continuer ses promenades ; seulement elle avait renoncé à aller de ce côté, et parcourait Paris, se rendant partout où elle croyait trouver du plaisir et des intrigues. Le nègre la suivait fidèlement, toujours silencieux et morne, et ne cessait de l'escorter en tous lieux. Catherine avait pris l'habitude de le voir à sa suite et de jeter sur lui un dernier regard lorsqu'elle rentrait, et qu'il s'asseyait les bras croisés sur le banc qui était en face de sa porte cochère pour y passer tout le reste du jour. Bientôt ces regards devinrent plus fréquents, et Catherine lisait avec orgueil dans ceux de cet homme tout l'amour frénétique qu'elle inspirait. Ces deux êtres commençaient à se comprendre. Un jour, elle sortit comme à son ordinaire, et le nègre n'était pas là ; elle crut qu'elle le verrait à la promenade, elle ne l'aperçut pas. Elle rentra chez elle plus tard qu'à l'ordinaire, et avant de remonter dans son appartement, regarda de tous côtés si elle ne l'apercevait pas, elle ne vit rien. Cette absence la rendit inquiète et morose le reste de la journée, le pauvre Voisin s'en ressentit. Le lendemain, elle sortit de meilleure heure qu'à l'ordinaire, personne ne parut. L'absence se prolongea toute une semaine. Catherine crut que le nègre était mort, et commençait à regretter de ne l'avoir pas pris dans sa maison, lorsque de la croisée derrière laquelle elle se tenait en ce moment elle l'aperçut, maigre, faible, triste, et se traînant pour gagner son banc favori. A cet aspect, elle poussa malgré elle un faible cri de joie, et curieuse de connaître les motifs d'une absence qui lui avait déjà semblé longue, elle l'envoya chercher. Le nègre parut pour la seconde fois devant elle; mais cette fois, malgré la joie qui brillait dans ses yeux, il était aisé de voir la souffrance qui agitait tout son être. Catherine se hâta de l'interroger, et lui demanda pourquoi elle ne l'avait pas vu depuis si longtemps ; il lui répondit aussitôt d'une voix brève et saccadée : Il n'y avait qu'un seul motif qui pût m'empêcher de venir sous vos croisées et de vous suivre, c'est que la force me manquât pour m'y traîner. Je n'ai pas quitté mon lit depuis huit jours.

— Quelle maladie avais-tu donc? demanda Catherine.

— Ce n'était pas une maladie, c'était une blessure. Et il lui montra une large plaie à demi cicatrisée qu'il avait sur la poitrine.

— Qu'est-ce que cela? dit Catherine.

— Deux coups d'épée que j'ai reçus, répondit le nègre.

— Et de qui?

— De trois jeunes seigneurs que j'ai rencontrés au milieu de la nuit.

— Et qu'avais-tu fait pour cela?

— Je les avais attaqués.

— Pourquoi?

— Parce que je les avais reconnus pour ceux qui vous avaient le plus insultée à la place Royale.

— Fou!... qui t'en avait prié?

— Personne. C'est une satisfaction que je voulais me donner.

— Et l'on ne t'a pas poursuivi, arrêté?

— J'ai eu la force de m'échapper avant même d'être

reconnu, et après en avoir blessé deux avec mon poignard. Nous sommes quittes.

— Je te défends à l'avenir de renouveler pareille chose pour quelque motif que ce puisse être, à moins que je ne te l'ordonne.

— Il suffit, maîtresse; j'obéirai.

— Comment t'appelles-tu ?

— Joachino.

— Depuis combien de temps es-tu en France ?

— Depuis trois ans.

— Qui est ton maître?

— Je n'en ai plus. Je suis venu à Paris comme esclave; mais quand je vous ai vue, je me suis affranchi. Mon maître est reparti ; je suis libre, et ne connais d'autre maîtresse que vous.

— Qui t'a soigné de ta blessure?

— Moi seul.

— Et tu es parvenu à te guérir?

— Nous autres nègres possédons des secrets pour tout cela. Je les ai employés.

Catherine réfléchit un instant.

— Et que veux-tu faire maintenant?

— La même chose que par le passé.

— Mais ce n'est pas une existence.

— La seule pour moi est de vous voir, de vous suivre, de penser à vous, et d'être votre esclave... Oh! je n'espère pas autre chose, maîtresse ; nous autres nègres sommes habitués à souffrir dans nos pays, et notre seul bonheur est de choisir notre maître et de le servir. Je vous ai choisie pour maîtresse, je vous servirai malgré vous; car, je vous l'ai dit, je vous aime!

A ces mots, ses genoux fléchirent, et il se laissa tomber presque renversé.

— Tu trembles, dit Catherine.

— C'est la fièvre qui me brûle, répondit Joachino; et il perdit connaissance à l'instant.

Catherine s'empressa auprès de lui, sonna ses gens et lui fit donner des secours. Il fut longtemps dans un délire et une agitation extrêmes, et reprit enfin connaissance; aussitôt il manifesta, malgré sa faiblesse, le désir de s'en aller.

— Reste, lui dit Catherine, qui était auprès de lui; il faut te guérir d'abord.

— Et puis, je retournerai sur mon banc, dit-il.

— Non, tu seras à mon service, si tu veux.

— Je serai votre esclave, maîtresse. Et livré aux soins des domestiques, il fut transporté dans une chambre de la maison.

Cependant Voisin avait ouvert les yeux sur la conduite de sa femme. Quoique encore aveuglé par l'amour, il voyait son trésor diminuer, et sa ruine approcher de jour en jour davantage. Il fit d'abord à Catherine quelques observations auxquelles elle répondit à peine. Il les recommença peu de temps après, elle n'en fit pas plus de cas; enfin, las de ne pouvoir lui faire entendre raison, il lui signifia, avec la fermeté d'un avare auquel on veut arracher de l'argent, qu'il ne lui restait plus que dix mille livres, et qu'il ne lui en donnerait pas un denier. Cette déclaration rendit Catherine furieuse. Elle s'emporta contre son mari, le menaça, le maltraita; mais celui-ci, inébranlable dans sa résolution, la quitta sans vouloir rien accorder. Catherine alors envoya chercher Lesage pour lui faire part de ce qui venait de se passer, et fit rejaillir sur lui toute sa colère.

— Eh bien, lui dit-elle après lui avoir tout conté, ce beau mariage, vous voyez où il nous a menés.

— Patience, répondit Lesage; il nous a déjà menés à de bons résultats; d'abord, quant à nous, nous touchons au but de nos travaux, et vous, vous êtes déjà très-forte dans l'art que vous allez exercer.

— A quoi cela nous servira-t-il, si je reste enchaînée à cet homme-là, qui commence à me refuser de l'argent?... Il ne consentira jamais à ce que je devienne devineresse... il voudra me forcer à rester sage-femme. Je veux me séparer de lui.

— Mais songez qu'il possède encore dix mille livres et un laboratoire avec tous ses instruments, qui nous est précieux.

— Que m'importe, si je ne puis jouir de ma liberté, si je ne puis faire ce que je veux? Dès demain je quitte cet homme et sa maison.

— Mais les dix mille livres?... D'ailleurs, on ne quitte pas son mari comme ça, et, s'il le veut bien, il vous fera revenir ici ou enfermer.

— Enfermer!... Ah ça, dans quel guêpier m'avez-vous jetée?... je ne puis pas quitter mon mari, à présent?

— Ça n'est pas facile, s'il s'entête.

— Mais je vous répète que je veux que ça finisse, ou bien... ou bien je m'en prends à vous.

— A moi?

— Sans doute. C'est vous qui m'avez mariée, c'est à vous à me rendre libre. Faites rompre ce mariage.

— C'est impossible : pour cela il faut des motifs que vous n'avez pas; et d'ailleurs, les dix mille livres, il les garderait.

— Arrangez-vous comme vous l'entendrez; mais trouvez un moyen, n'importe lequel. Vous avez eu le pouvoir de faire, il faut avoir celui de défaire; je ne sors pas de là. Vous me l'avez promis; cela a été convenu entre nous, exécutez votre promesse, ou prenez garde.

— Mais dans si peu de temps, comment voulez-vous qu'on puisse...

— S'il vous faut des années, j'aime autant attendre qu'il meure de vieillesse.

— Il ne faut pas des années, mais des mois...

— Des mois dans cette galère! impossible. Je vous donne huit jours.

— C'est bien peu.

— C'est beaucoup pour moi. Si dans huit jours...

— Eh bien, dans huit jours, soit. Je tâcherai, j'espère réussir... mais il faut encore bien du travail pour ça.

— Travaillez, mais ne me manquez pas de parole.

Après cet entretien, Catherine, plus tranquille, fut visiter son nègre, qui allait de mieux en mieux et commençait à se lever. Lesage descendit dans son laboratoire, où il trouva Davaux et Destinelli. Il leur fit part de l'entretien qu'il venait d'avoir avec Catherine; ils réfléchirent, combinèrent de nouveau, et tous trois recommencèrent avec une nouvelle ardeur leurs travaux mystérieux.

Au bout de quelques jours, Lesage monta chez Catherine l'air rayonnant, et lui dit : Voulez-vous toujours être libre?

— Plus que jamais, répondit celle-ci.

— N'importe par quel moyen?

— N'importe.

— Dans deux jours vous le serez.

— J'y compte.

Et l'entretien finit là.

Deux jours après, il se passa une horrible chose dans la maison de Voisin.

Vaincue par l'amour fanatique et respectueux de Joachino, Catherine se livrait à l'orgie, enlacée dans les bras du nègre. Minuit sonnait, et on n'entendait dans cette pièce que le choc des verres et les rires du plaisir. Plus loin, dans l'autre corps de logis, le râle affreux d'un mourant faisait retentir une chambre située au bout d'un long corridor. C'était le malheureux Voisin qui expirait. Trois hommes étaient auprès de lui, et armés de flambeaux examinaient avec attention sur son visage et sur son corps les progrès et les résultats du poison qu'ils lui avaient fait prendre.

— Vous nous avez trop pressés, disait Davaux à Lesage; ce poison n'est pas encore à l'état de perfection désirable.

— C'est vrai, répondait Lesage; nous aurions dû le travailler davantage; mais nous n'en avons pas eu le temps. Si vous aviez vu Catherine quand elle m'a parlé! Nous ne pouvons rien sans cette femme, vous le savez.

— Heureusement, ajouta Destinelli, nous pouvons étudier les effets de notre poudre sur cet homme. Vous voyez, monsieur, dit-il en s'adressant à Davaux, vous voyez que nous y avons mis trop d'*avium risus;* ce n'est pas un rire qui anime ce corps, c'est une contraction musculaire qui tord tous les membres. On dirait les effets de l'arsenic.

— Il a raison, reprit Lesage ; voyez la figure; la bouche est déjà de côté, les yeux sortent de leur orbite, les jambes et les bras se retournent. Ce poison ne vaut rien.

— Oui, je vois ce qu'il en est, dit Davaux, qui, ses notes à la main, calculait les quantités de drogues qu'on avait employées; oui, il y a trop de *grenouillette ;* mais je suis sûr la prochaine fois de réussir. Le sujet mourra par une contraction beaucoup moins forte, qui n'atteindra que le cœur et le visage; car, pour les yeux et la bouche tournée, on ne pourra jamais l'empêcher avec ce poison; il n'y a, du reste, aucun inconvénient; cela présente simplement les symptômes de l'apoplexie foudroyante.

— A la bonne heure, dit Lesage; mais le sujet est trop long à mourir. Il y a bientôt plus de cinquante heures que la potion lui a été administrée, et il râle encore avec une force qui menace de continuer jusqu'au jour.

— C'est mon avis aussi, dit Destinelli; et c'est d'autant plus important, que beaucoup de personnes ne voudront pas voir longtemps le spectacle que nous avons sous les yeux.

— C'est juste, répondit Davaux. Il faut que, selon les besoins ou la position des personnes, la mort frappe comme la foudre, et procure une agonie qui paraisse naturelle. Dans tous les cas, celle-ci est insoutenable, et je vous réponds qu'elle n'aura plus lieu désormais. Mais, laissez-moi à mes calculs, et continuez d'examiner et de tenir note des effets du poison.

Il se fit alors un grand silence, qui n'était troublé que par le bruit du râle de l'infortuné Voisin, qui variait comme celui d'un homme chez qui la vie tente encore de triompher. Ces trois misérables, insensibles au spectacle d'une mort qu'ils avaient causée eux-mêmes, en étudièrent de nouveau avec calme les progrès et l'agonie. Ils portèrent leurs mains sacriléges sur ce corps pour voir si l'insensibilité commençait et si le cœur cessait de battre. Ils recueillirent sur un verre les derniers souffles qui s'exhalaient : sans terreur comme sans pitié, ils raisonnèrent encore froidement autour de lui, et lorsqu'ils n'eurent plus qu'un cadavre sous les yeux, lorsqu'ils eurent reconnu que les traces du poison étaient invisibles, leur joie atroce éclata, et un rire satanique vint éclairer leur visage.

« Un prêtre sacrilége et un empoisonneur, avec cela, disait un grand artiste, je peindrais l'enfer d'après nature. »

Le jour commençait à poindre au moment où cet horrible drame se terminait. Lesage, courant aussitôt à la chambre de Catherine, la réveilla en sursaut, et lui dit : Je vous salue, veuve Voisin.

— Il est mort? répondit celle-ci avec un certain effroi.

— Vous êtes libre, et vous héritez de dix mille livres et du laboratoire.

— Mais comment est-il mort?

— Comme mourront tous ceux dont la vie nous sera importune.

— Je ne vous avais pas dit de le tuer.

— C'est vrai; mais vous m'aviez dit que vous vouliez être libre, n'importe par quel moyen; je n'ai trouvé que celui-là.

— Imprudent!... et si l'on découvre...

— Impossible. Ce poison ne laisse pas de traces. Voilà comment nous avons découvert le secret de faire de l'or.

— Il faut avouer que vous êtes un grand misérable, s'écria Catherine en se levant sur son séant.

A ces mots, prononcés d'une voix vibrante, un homme, se levant tout à coup du tapis où il était couché, s'avança vers Lesage, qui recula effrayé. C'était Joachino.

— Quel est cet homme? demanda Lesage.

— L'esclave de Catherine, répondit le nègre d'un air menaçant.

— Tais-toi, dit Catherine; et ne fais pas de mal à cet homme, il vient de me faire veuve.

A ces mots, le nègre embrassa Lesage.

Six mois après, on revoyait, rue Maubuée, l'enseigne de maîtresse sage-femme, cette fois au nom de *ma-*

dame veuve Voisin. La maison du faubourg Saint-Antoine avait été abandonnée et la boutique de l'apothicaire fermée. La nouvelle demeure de Catherine était plus vaste et plus commode, et surtout mieux appropriée aux besoins de son nouvel état. Elle avait eu soin de disposer la pièce la plus reculée pour Lesage et ses confrères, qui continuaient toujours leurs travaux, et qui maintenant essayaient de composer les divers philtres qu'elle avait demandés. Vigoureux et sa sœur étaient venus demeurer auprès d'elle et l'aider dans ses travaux, et Joachino n'avait pas cessé d'être son esclave le plus soumis. Déjà dans tout le quartier elle était plus connue comme devineresse que comme sage-femme ; l'on commençait à soupçonner que cette enseigne n'était qu'un masque pour déguiser son véritable état. Quelques prédictions qu'elle avait eu soin de faire réaliser, un passé qu'elle avait deviné à l'aide de renseignements, le langage mystérieux qu'elle commençait à apprendre, l'espèce de prestige dont elle s'entourait, lui avaient attiré la pratique des gens du peuple et de quelques bourgeoises qui venaient la consulter ; mais ce n'était pas assez pour Catherine, et son but était surtout de s'adresser à cette noblesse dont elle voulait se venger, et qui pouvait lui donner de l'or. Elle résolut donc de faire un de ces coups d'éclat qui prouvât sa science d'une manière incontestable, et qui s'adressât à quelqu'un en état de faire sa réputation.

A cette époque le surintendant Fouquet était à l'apogée de sa puissance. Protecteur des arts, il pensionnait les artistes et les poëtes ; riche seigneur, il faisait bâtir des palais ; ministre habile, il comblait les vides du trésor public ; diplomate, il nouait et dénouait des intrigues ; gentilhomme galant, il voyait succomber, sous le poids de son or, sous le prestige de son amabilité et de sa puissance, toutes les femmes qu'il avait marquées ; en un mot, il traçait à son maître la route que ce dernier a suivie, après toutefois qu'il l'eut confiné à Pignerol, pour qu'il ne pût dire qu'il l'avait inventée avant lui. Fouquet était plus superstitieux encore qu'on ne l'était dans ce siècle-là ; il était toujours entouré de devins, et chacun lui avait dit la bonne aventure et avait tiré son thème de nativité. Catherine fit quelques efforts pour pénétrer auprès de lui ; mais elle ne put y parvenir. Elle en avait pourtant les moyens plus que tout autre peut-être, car la Fontaine était un des favoris du ministre, et ce gentilhomme avait continué de faire à la belle Catherine une cour assidue. Il avait beaucoup ri en la voyant s'établir devineresse, et avait été un des premiers à se faire tirer la bonne aventure. Il fut facile à Catherine de parler du passé et de prédire un avenir qui devait flatter le poëte, car la Fontaine, avec ses éternelles distractions, contait ses affaires et ses espérances à tout le monde. Il avait été charmé de ce qu'elle lui avait dit, et en avait parlé en effet à Fouquet ; mais soit manque de confiance dans une femme du peuple, soit négligence de sa part, ce dernier ne l'avait pas consultée. Un jour donc que la Fontaine était chez Catherine, elle le retint à souper, et mit la conversation sur le chapitre du surintendant. Le poëte se laissa aller à ce sujet, qui lui convenait beaucoup, et tout en parlant de sa reconnaissance pour cet homme, que, seul avec Pélisson, il défendit après sa disgrâce, il entra dans les détails les plus minutieux de son intérieur. Catherine les mit par écrit le soir même. Elle invita de nouveau le poëte à souper à quelques jours de là, et lui fit de nouvelles questions. Elle apprit dans cet entretien que Fouquet était en proie à une passion mystérieuse dont on ne pouvait deviner l'objet. Il lui dit en outre que pour distraire le surintendant, on lui avait persuadé de se rendre déguisé avec trois ou quatre gentilshommes à la foire de Saint-Denis, le dernier jour qu'elle tiendrait, pour jouir de ce spectacle et faire une partie de cabaret. Dès ce moment, Catherine conçut le projet de se rencontrer avec lui, et de forcer sa confiance en lui donnant des preuves de son savoir. Elle médita sur ce qu'elle avait à faire pour cela, consulta ses associés, et déclara, au bout de quelques jours, qu'elle en savait assez, et qu'elle était sûre de réussir si tout le monde lui obéissait aveuglément. Tous le promirent. Elle fit ses préparatifs en secret, donna au nègre plusieurs missions qu'il accomplit, prit de l'or, se rendit à Saint-Denis, y passa trois jours, et revint à Paris. Là elle distribua à chacun le rôle qu'il avait à jouer sans l'instruire de ce qu'elle voulait faire, et, le jour venu, elle se rendit de très-bonne heure à Saint-Denis avec ses complices.

Fouquet partit de son côté avec quatre seigneurs déguisés comme lui pour se rendre en même lieu. Malgré tout le plaisir qu'il se promettait de cette partie, le surintendant était rêveur et inquiet. Au moment de se mettre en route, il avait découvert qu'une petite agrafe contenant des cheveux qui lui étaient chers avait disparu. Il avait cherché lui-même avec le plus grand soin le bijou qu'il portait constamment, et ne l'avait pas retrouvé. Pour un homme superstitieux comme lui, cela était de mauvais présage. Il avait communiqué ces idées à ses compagnons, qui n'avaient fait qu'en rire, surtout Pélisson, qui l'accompagnait, et qui passait pour un esprit fort; et tout cela avait augmenté la mauvaise humeur du surintendant. Enfin, ils arrivèrent à Saint-Denis à l'entrée de la nuit, et se mêlèrent à la foule qui encombrait le vaste foiral.

La foire de Saint-Denis, à cette époque, surpassait celles de Saint-Laurent et de Saint-Germain par son luxe, ses marchandises et surtout ses divertissements. Elle commençait le 9 octobre et finissait le 17 ; pendant ces huit jours, la bonne société la fréquentait ; mais le 18, jour supplémentaire accordé de temps immémorial par le roi à la sollicitation des moines de l'abbaye, qui avaient les revenus de cette foire, était consacré au peuple, et surtout aux laquais. Ce jour-là, toutes les grandes maisons de Paris donnaient congé à la valetaille, qui s'empressait de courir à Saint-Denis, et à minuit précis la foire était close. Ce jour-là aussi la noblesse s'abstenait d'y paraître, et la joie des laquais et du peuple livrés à eux-mêmes, plus libre et plus bruyante, éclatait de toutes parts, et formait un spectacle curieux ; c'était ce qu'avaient voulu voir Fouquet et ses amis. Ils eurent lieu d'être satisfaits, car ce soir-là les assistants, plus nombreux qu'à l'ordinaire, se pressaient autour des loges bâties tout exprès pour la foire, et que les moines avaient louées plus cher qu'à l'ordinaire aux marchands, aux cabaretiers et aux saltimbanques. Ces loges, construites moitié en bois, moitié en pierres, étaient assez vastes, et contenaient deux étages; elles étaient d'une régularité parfaite. L'ensemble de ces constructions présentait deux espèces de halles qui cependant étaient contiguës et formaient une seule et même enceinte. Douze rues tirées au cordeau, et qui se coupaient les unes les autres à angles droits, les partageaient en trente parties. Chaque rue empruntait son nom à la spécialité des marchands qui y étalaient. Ainsi, il y avait la rue aux Orfévres, la rue aux Merciers, la rue aux Drapiers, la rue aux Peintres, etc., et au milieu la large rue qui formait la séparation des deux halles était appelée la rue aux Plaisirs. C'est là que la foule s'était rendue.

Fouquet parcourut d'abord avec ses amis les premières rues qui s'offrirent sur son passage; il s'arrêta dans celle des Orfévres, et eut la fantaisie de marchander une agrafe en souvenir de celle qu'il avait perdue. Pour mieux jouer son jeu, il se récria sur le prix des objets, et engagea une discussion avec le marchand; puis, quand il fut d'accord avec lui, faisant un léger signe à ses amis, il se fouilla, et dit de l'air le plus naturel du monde : J'ai oublié ma bourse, monsieur; voulez-vous me faire crédit sur ma bonne mine?

— Ce n'est pas notre habitude, dit le marchand.

— Vous pouvez y déroger cette fois, dit à voix basse au marchand une femme qui s'était glissée près du surintendant; celui qui a en main les finances de la France ne voudrait pas plus faire de tort à un orfévre que jusqu'ici il n'en a fait au roi.

A ces mots, Fouquet, se retournant vivement, saisit par le bras cette femme, qui tentait de s'enfuir, et, surpris d'entendre ces paroles, malgré un déguisement qui le rendait méconnaissable, lui dit : Où m'avez-vous déjà vu?

— Nulle part, répondit-elle.

— Alors, pourquoi ces paroles?

— Parce qu'elles sont vraies.

— Qui vous l'a dit?

— Personne. Je l'ai deviné.

— Qu'êtes-vous donc?

— Devineresse.

— Et devineresse à bon marché, s'écria Pélisson en riant aux éclats; il n'est pas besoin de consulter son démon familier pour cela. Cette femme est la maîtresse d'un de vos laquais qui vous aura vu à la foire.

La devineresse jeta un regard de mépris sur celui qui venait de parler ainsi, et s'adressant de nouveau à Fouquet : Monseigneur, lui dit-elle, vous êtes venu ici pour vous divertir, rendez-vous dans la rue aux Plaisirs, et ce qui vous tourmente cessera.

A ces mots, elle s'enfuit rapidement et se perdit dans la foule. Cette femme était Catherine.

Pélisson continua à rire de l'aventure, et fut le premier à inviter Fouquet à se rendre dans la rue aux Plaisirs pour voir si la prédiction de la nouvelle pythonisse s'accomplirait. Tout le monde fut de cet avis, et ils se dirigèrent vers la rue indiquée. Ils furent éblouis de l'illumination et étourdis des cris des marchands et de la joie bruyante qui y régnait. Partout des théâtres forains, des bals, des curiosités, des jeux, des loteries et des cabarets. Devant une loge on lisait pour enseigne *la Bouche de la vérité*. C'était là que les laquais allaient consulter leur tireuse de cartes. Devant une autre, c'était *le Cadran du zodiaque*. C'était là que les riches bourgeois allaient chercher leur étoile. Enfin une troisième loge annonçait *le Sérail de l'empereur du cap Vert*, et l'on s'empressait pour voir les odalisques.

— Dans laquelle de ces loges doit cesser votre tourment, monseigneur? demanda Pélisson. Est-ce au sein du sérail de l'empereur du cap Vert?

Fouquet ne répondit pas, et continua à avancer jusqu'à une loge qui avait pour enseigne *Sauts périlleux*. Le paillasse qui faisait la parade s'exprimait ainsi : « Un basque derrière un carrosse qui saute dedans sans attraper la roue. Un greffier qui saute à pieds joints par-dessus la justice. Une vieille femme qui saute à reculons de cinquante ans à vingt-cinq. Une jeune fille qui saute en avant de l'état de fille à celui de veuve sans avoir passé par le mariage. »

— Le drôle a de l'esprit, dit Fouquet. Passons.

La loge qui suivait portait pour enseigne *Monstres naturels*. Celui qui faisait l'annonce jetait également ces mots au public : « Un animal moitié médecin de la ceinture en haut, et moitié mâle de la ceinture en bas.

Un autre animal moitié avocat et moitié petit-maître; un anthropophage qui mange les hommes tout crus, et qui n'a plus faim dès qu'il voit des femmes. »

— Ce monstre-là craint les indigestions, dit Pélisson au milieu des gros rires que poussait l'auditoire; mais nous sommes presque au bout de la rue, ajouta-t-il, et je ne vois rien qui réalise la prédiction. Ah! si fait, dit-il en lisant à haute voix l'enseigne de la loge suivante, ainsi conçue : *Miracles surnaturels.* C'est ici sans doute que tout doit s'accomplir.

Cette fois c'était une femme qui s'adressait au public.

« Un sac fait à l'aiguille, disait-elle, contenant le procès d'un Bas-Normand, commencé sous Richard Sans-peur, premier duc de Normandie, et qui ne finira pas encore de deux siècles. Le coffre-fort d'un Gascon pesant trois grains de blé, et si, il y a dedans ses épargnes de dix années. Une pendule qui marque l'heure d'emprunter et jamais celle de rendre; ouvrage très-utile à la plupart des officiers revenus de l'armée. Enfin, la loterie merveilleuse, dont chaque billet fait retrouver les objets perdus.

— C'est ce que nous allons voir, dit tout haut une façon de militaire italien qui se trouvait dans ce moment entre Fouquet et Pélisson, et qui, s'adressant à eux, leur dit : J'ai perdu depuis huit jours le pommeau de cette épée, qui s'adaptait à la poignée au moyen d'une vis. On ne pourra me tromper, je verrai bien si elle s'adapte encore, et si elle est aussi usée que le reste. La belle dame, un billet.

La dame lui présenta un sac dans lequel il prit un numéro au hasard. Ce numéro indiquait, comme lot gagnant, un verre de cristal, au fond duquel l'Italien trouva, à son grand étonnement, le pommeau de son épée, qu'il ajusta devant tous.

— Le diable s'en mêlerait-il? dit l'Italien. Ah! bath, c'est quelque tour de passe-passe. Je ne crois pas à la sorcellerie.

— A mon tour, dit Fouquet en avançant la main pour prendre un billet.

— Est-ce que vous avez perdu quelque chose aussi? demanda l'Italien.

— Oui, monsieur, répondit Fouquet, et je vais prendre la même précaution que vous en vous déclarant d'avance quel est l'objet perdu. C'est une petite agrafe d'or dans laquelle sont des cheveux. Tous ces messieurs la connaissent.

En même temps, il puisa dans le sac. Son numéro indiquait une tabatière. Il la prit, s'empressa de l'ouvrir et ne trouva rien dedans. Tout le monde éclata de rire, et l'Italien s'écria : Je le savais bien, que tout ceci n'était qu'une tromperie indigne.

— Pressez le bouton d'or qui est au milieu, dit Catherine à Fouquet en paraissant tout à coup près de lui.

Fouquet le fit sur-le-champ ; un double fond se découvrit : l'agrafe était dedans. Tous ceux qui prenaient part à cette scène furent stupéfaits. L'Italien seul voulait plaisanter encore; mais Fouquet, très-ému, s'adressant à Catherine, lui dit : Qui êtes-vous?

— Je vous l'ai déjà dit, une devineresse, et de plus la directrice de cette loterie.

— Je vous demande votre nom.

— Je vous le dirai au cabaret du *Moine gris*, si vous voulez y aller souper. Ici il y a trop de monde, et l'on nous observe.

— Je vais m'y rendre avec mes amis.

— Et moi aussi, dit l'Italien, car vous m'expliquerez...

— Tout ce que vous voudrez; je m'y rendrai surtout pour confondre les incrédules.

Cela dit, elle les quitta sur-le-champ et disparut à leurs yeux.

Cette scène avait excité la curiosité de tous. Ils cherchèrent le cabaret du *Moine gris*, et ne tardèrent pas à le découvrir. Ils entrèrent et demandèrent à souper. L'Italien, qui se trouvait forcément de la partie, fut invité par Fouquet à s'asseoir à la même table. Il accepta sans façon, et comme s'il eût eu affaire à des gens au-dessous de lui. Le souper commença, et l'on ne s'entretint pendant ce temps que de la sorcellerie et de devineresses. Pélisson et l'Italien niaient cet art en riant, tandis que Fouquet et les autres ne demandaient qu'à être convaincus. L'Italien surtout faisait mille bravades et défiait les plus fameux sorciers de pouvoir l'effrayer ou de parvenir à le tromper. Cette conversation avait lieu à demi-voix, à cause des gens qui soupaient comme eux aux tables voisines; mais peu à peu ils se retirèrent. Minuit sonna. C'était le signal pour clorre la foire. L'hôte se hâta de fermer le cabaret en dehors. Fouquet et ses amis étaient seuls restés, et la devineresse ne venait pas. Le surintendant témoignait à chaque instant son impatience et son inquiétude, et l'Italien lui dit : Elle a promis plus qu'elle ne pouvait tenir, elle ne viendra pas.

— Vous vous troupez, monsieur, dit Catherine en se présentant devant eux ; me voilà à vos ordres. Que me voulez-vous?

— D'abord votre nom, dit Fouquet.

— La veuve Catherine Voisin.

— Catherine Voisin, répéta-t-il en réfléchissant ; quelqu'un m'a déjà parlé de vous, je crois.

— Eh! sans doute, dit Pélisson. C'est notre bonhomme la Fontaine, qui vante sans cesse sa science et sa beauté.

— C'est vrai, dit Fouquet ; il n'a pas tort quant à la beauté ; quant à la science, voulez-vous nous prouver aussi qu'il a raison ?

— Volontiers ; mais êtes-vous bien en état d'en juger?

— Que voulez-vous dire ?

— Que dans ce moment une autre pensée vous préoccupe. Un homme amoureux peut-il apprécier sainement des choses aussi graves?

— Amoureux !... lui?... s'écrièrent tous les convives.

— Et comme il ne l'a jamais été. Amoureux sérieusement cette fois, et pour toujours peut-être.

— Allons donc! dit Pélisson ; quand vous nous persuaderez que monsieur cherche autre chose que le plaisir auprès des femmes...

— Je vois qu'aucun de vous n'est dans la confidence, continua Catherine ; moi seule connais ce secret ; je ne le trahirai pas, mais je prouverai que je le sais; et s'adressant de nouveau à Fouquet, derrière lequel elle se pencha, elle lui dit à l'oreille : Levez les yeux ; l'image de celle que vous aimez va paraître dans cette glace.

Fouquet regarda, en effet, dans un petit miroir suspendu à la muraille en face de lui, vit une figure qu'il reconnut et poussa un cri d'étonnement et d'effroi. C'était la figure de mademoiselle de la Vallière qui venait de passer.

— Est-ce bien elle? demanda Catherine.

— Oui, répondit Fouquet en fixant les yeux sur la devineresse et cherchant à lire dans son regard.

A cette réponse tous les convives changèrent de ton et de manières, saisis qu'ils furent de l'émotion qu'ils remarquaient sur les traits du surintendant. Pélisson lui-même se montra inquiet. L'Italien seul sourit avec mépris, et dit : Il y a des esprits plus ou moins faibles; mais pourquoi cette grande magicienne n'essaye-t-elle pas de m'effrayer à mon tour?

— Je ne suis pas venue ici pour ça, dit Catherine.

— Vous y auriez perdu votre temps, ma mie, reprit l'Italien, et je vous défie bien de me faire la moindre peur. Quand vous évoqueriez ici tous les diables de l'enfer, quand vous feriez revenir tous les morts, je ne tremblerais pas.

— Vous défiez tous les morts à la fois, dit Catherine

avec gravité : mais seriez-vous de force à braver sur l'heure la présence d'un seul?

— Enchanté de faire cette épreuve, la belle. Appelez votre mort, je suis prêt ; seulement prévenez-le que nous avons des épées.

— Quand ces messieurs nous auront quittés nous, verrons cela.

— Pourquoi donc? un esprit qui a du cœur ne craint pas de paraître en si bonne compagne.

— Je n'exige pas que personne sorte, mais ce qui vous convient peut ne pas être du goût de ces messieurs.

— Oseriez-vous réellement tenter d'évoquer l'ombre d'un mort? dit vivement Fouquet.

Catherine hésita un instant et finit par répondre : *Oui*.

— Eh bien, dit l'Italien, je demande à voir saint Denis, dans le pays duquel nous sommes. Je serais curieux qu'il nous expliquât comment, portant sa tête à la main, il la baisait à chaque pas. Appelez saint Denis.

— Quand même j'aurais le pouvoir d'évoquer l'ombre d'un saint, ma conjuration serait impuissante dans ce cas, dit Catherine d'un ton solennel; car ceci est chose sérieuse, et je ne pourrais obliger un mort à paraître pour qui plaisante d'avance sur son apparition. D'ailleurs il faut que celui qui veut le voir ait un intérêt personnel, autre que celui d'une curiosité insultante, sans cela je ne puis rien.

— Je comprends, dit l'Italien; elle veut de l'or pour le mal que la fantasmagorie va lui coûter. C'est là l'intérêt personnel qu'il lui faut. Allons, messieurs, exécutons-nous de bonne grâce. Je donne l'exemple, car je veux à tout prix découvrir la ruse grossière que cette femme va employer dans sa comédie, ajouta-t-il tout bas.

A ces mots, il jeta deux pièces d'or sur une assiette et la fit passer à la ronde. Chacun y mit à son tour, et Fouquet ayant ajouté au don de sa bourse une bague qu'il portait au doigt, présenta le tout à Catherine.

— Cet homme a cru m'humilier, dit celle-ci en désignant l'Italien, mais il se trompe. Je ne prendrai pas cet or. Aucun prix ne peut payer ce que je me propose de faire. Tenez, ajouta-t-elle en s'adressant à l'hôte, qu'elle avait appelé, voilà une aumône que ces messieurs vous prient de porter à l'abbé de Saint-Denis pour qu'il la distribue aux pauvres. Prenant en même temps l'anneau de Fouquet, qu'elle passa à son doigt : Je ne garde que cette bague, lui dit-elle, qui me rappellera le souvenir de celui qui me l'a donnée. Et maintenant, monsieur, vous qui traitez les choses sérieusement, parlez, et dites-moi quel est celui que vous avez un grand intérêt à faire sortir pour quelques instants de la tombe.

— Eh bien, soit, s'écria Fouquet ; j'irai jusqu'au bout. Le cardinal Mazarin me manda auprès de lui à son lit de mort. Après plusieurs recommandations qu'il me fit et plusieurs affaires qu'il me confia, il me dit : *Vous êtes jeune, ardent et ambitieux, le roi a tout votre caractère : gardez-vous de convoiter...* A ces mots, la reine-mère entra, et le cardinal expira sans avoir achevé de m'expliquer sa pensée. Je voudrais que vous le fissiez revenir, afin qu'il complétât lui-même la phrase commencée, et dont j'ai en vain cherché le sens.

— Il suffit, dit Catherine; ce motif est louable et positif. Mais, quelque pouvoir que j'aie sur les morts, je ne puis les évoquer qu'après des préparatifs secrets, des prières particulières, et à de certaines heures. Celui-ci est un prêtre, ma puissance sur lui est encore plus limitée, et l'heure à laquelle les prêtres reviennent est la quatrième de la nuit. D'ici là j'ai besoin de rester seule. Vous allez vous retirer dans la pièce du haut, et ne pas sortir de cette maison ; je vous avertirai moi-même quand il en sera temps. Vous redescendrez sans habits, sans souliers et sans chapeaux, et je ferai devant vous l'évocation terrible que vous me demandez.

Ils consentirent tous à ces conditions, et avant de les renvoyer, Catherine leur en imposa une dernière à laquelle ils se soumirent aussi : ce fut le serment de ne révéler à personne ce qui allait se passer, quoi qu'il arrivât ; après cela elle les conduisit dans la pièce du second étage, dont les fenêtres étaient cadenassées, et tira sur eux les verroux.

Une fois qu'ils furent seuls, ils se communiquèrent toutes les réflexions que cette aventure leur suggérait. Fouquet doutait encore; mais on voyait qu'il était dans une anxiété extrême que partageaient presque tous les assistants. Pélisson cherchait à s'expliquer l'assurance de Catherine, tandis que l'Italien seul, jouant toujours l'esprit fort, prétendait confondre la magicienne et découvrir le fond de tout cela.

— Avez-vous des pistolets? demanda-t-il à Pélisson, qui paraissait le seul de son bord.

— Non, répondit celui-ci ; pour venir à la foire je ne prends pas toutes ces précautions.

— Et moi, je ne marche jamais sans cela, repartit l'Italien, et vous voyez que c'est assez sage, car cela peut être utile au moment où l'on y pense le moins. Je suis curieux de savoir si le spectre qui va nous apparaître résistera à l'épreuve d'une balle.

— Le fait est que c'est un moyen infaillible, dit Fouquet, et auquel je n'avais pas pensé.

— Eh bien! voilà de quoi réparer votre oubli, ajouta l'Italien en tirant une paire de pistolets. Ceux-ci sont très-justes et de bon calibre. Seulement, comme ils sont chargés depuis longtemps, et que je ne pourrais en répondre, nous allons leur mettre une charge fraîche, car j'ai encore l'habitude de porter sur moi tout ce qui est nécessaire à leur entretien.

A ces mots, à l'aide d'un tire-bourre, il déchargea ses deux pistolets, choisit dans un petit sac les deux balles qui lui parurent les meilleures, rechargea les armes et en offrant une à Fouquet, lui dit :

— Prenez, monsieur, et croyez-moi, usez-en selon les circonstances ; vous ne tarderez pas à être détrompé. Mais si la balle n'atteint pas le mort, j'avoue que je ne saurai que croire.

— Donnez à monsieur, dit Fouquet en montrant Pélisson ; il tirera le premier, vous le second, et si cela ne suffit pas, je me servirai de mon épée, dont je suis plus sûr que d'un pistolet.

— Adopté, dit l'Italien; mais franc jeu. Vous me donnez votre parole d'honneur d'en agir ainsi?

— Je vous la donne, dit Fouquet; car comme vous je veux savoir à quoi m'en tenir.

Peu de temps après Catherine ouvrit la porte et parut à leurs yeux; elle avait changé de costume et portait maintenant une longue robe rouge sur laquelle étaient brodés en noir des caractères cabalistiques. Une ceinture blanche serrait sa taille, et une amulette était suspendue à son cou par une chaîne de cheveux. Elle avait les pieds et les jambes nus. Ses longs cheveux flottaient épars sur ses épaules, et ses traits bouleversés annonçaient une agitation extrême. Cette apparition surprit tout le monde, et l'Italien s'empressa de dire :

Voyez comme elle est troublée; je parie qu'elle vient nous annoncer que la chose ne peut avoir lieu ce soir.

— Elle aura lieu surtout pour vous, monsieur, répondit Catherine; les esprits sont bien disposés: quatre heures vont sonner, descendez, et vous allez voir l'ombre de Mazarin. Elle leur fit faire la toilette convenue, et les précéda, portant un flambeau en résine qui s'éteignit dès qu'elle eut touché le seuil de la porte du rez-de-chaussée. Ils pénétrèrent dans cette pièce, et la porte se referma bruyamment sur eux.

La salle dans laquelle ils avaient soupé leur paraissait maintenant d'autant plus vaste que tous les meubles en avaient été enlevés. Elle était hermétiquement fermée; au milieu et devant la vaste cheminée gothique qui était dans le fond, s'élevait une estrade sur laquelle était tracé un cercle avec de la craie blanche. En face de cette estrade était un autel couvert de drap noir placé sur un tapis de soie cramoisie. Une Bible en langue chaldéenne était posée toute ouverte sur l'autel, entre une tête de mort et un crucifix d'argent. A droite on voyait une boîte où brûlait de l'esprit-de-vin dont la flamme blafarde donnait à tous les objets une pâleur effrayante ; à gauche une cassolette d'où s'exhalait une fumée épaisse de bois d'olivier, qui obscurcissait de temps en temps la lueur blanchâtre de la boîte et troublait la vue des assistants. Sur le tapis était un bénitier avec son goupillon. Catherine recommanda aux personnes qu'elle venait d'introduire d'observer le plus grand silence et de ne faire aucune question à l'ombre qui allait paraître. Elle seule devait lui parler et la faire répondre. Elle prit ensuite Fouquet par la main, en enjoignant aux autres de les suivre pas à pas, et les fit entrer dans le cercle de craie tracé sur l'estrade, la figure tournée vers l'autel. Là elle leur dit d'avoir bien soin de ne pas sortir du cercle, et de faire tous la chaîne en se tenant par la main. Elle pria en outre Fouquet et Pélisson, qui étaient le plus près d'elle, de tenir leurs épées nues au dessus de sa tête à un pouce de distance, pendant tout le temps que l'opération durerait. Tout le monde ainsi placé, elle avança à pas lents sur le tapis, la face tournée vers l'Orient, jeta de l'eau bénite aux quatre points cardinaux, fit trois génuflexions devant la Bible et commença la conjuration. Les mots qu'elle employa pour cela étaient des mots barbares et inintelligibles. Seulement, à mesure que la conjuration avançait, ses yeux s'agrandissaient et semblaient jeter des flammes; son corps frissonnait, son front se plissait et ses cheveux se hérissaient sur la tête. Quand elle en fut à appeler le mort, elle pria Fouquet et Pélisson de baisser leurs épées et de la saisir par la chevelure; puis d'une voix tonnante, et qui avait quelque chose de l'enfer, elle dit par trois fois, tandis que tout son être était agité par un tremblement convulsif : *Ombre de Mazarin, parais!* A la troisième fois elle étendit la main et toucha le crucifix; aussitôt un bruyant coup de tonnerre se fit entendre, les serrures crièrent, les portes furent ébranlées et une commotion pareille à celle de la foudre frappa tous les assistants : plusieurs furent renversés par le choc. Au même instant la boîte qui contenait la lumière se ferma, l'obscurité la plus profonde envahit cette pièce, et derrière l'autel, se projetant contre le mur blanchi de la cheminée, au milieu de la fumée devenue plus épaisse, on vit paraître l'ombre de Mazarin. Tous le reconnurent au premier coup d'œil, car il apparaissait tel qu'on l'avait représenté dans plusieurs tableaux au lit de mort. Le tonnerre cessa subitement, et un silence d'effroi régna parmi les spectateurs de cette scène étrange. Aussitôt une voix sépulcrale fit entendre ces paroles : Qui m'appelle?

— Ton serviteur le plus dévoué pendant ta vie, celui qui te regrette le plus depuis ta mort, répondit Catherine.

— Que demande-t-il? ajouta l'ombre.

LA VOISIN.

— Il veut entendre la fin du conseil que tu avais commencé à lui donner dans ce monde, dit Catherine, et que tu n'as pu achever. *Vous êtes jeune, ardent, ambitieux,* lui disais-tu, *le roi a tout votre caractère : gardez-vous de convoiter...*

— *La femme qu'il aime ; sans cela votre perte est assurée,* ajouta l'ombre.

Ces paroles produisirent la plus vive impression sur Fouquet et ses amis, qui osaient respirer à peine, lorsque l'Italien, qui avait conservé tout son sang-froid, dit brusquement à Pélisson : Voici le moment, feu ! et comme ce dernier hésitait, il ajouta : Vous avez peur, à moi donc !... Il mit en joue et tira. Un éclat de rire, qui sembla sortir de l'enfer, éclata à l'instant, et la balle rebondit sur l'autel.

— Trahison, s'écria Catherine en se retournant vers les seigneurs. Mais Pélisson, enhardi par l'exemple de l'Italien, tira à son tour ; un éclat de rire plus fort que le premier accueillit la seconde détonation, et la balle vint de nouveau retomber sur l'autel. Les spectateurs étaient glacés d'épouvante ; mais l'Italien, toujours plus audacieux, cria à Fouquet : A vous, monsieur, avec votre épée ; vous en avez donné votre parole d'honneur.

Fouquet, qui avait l'épée nue depuis le commencement de la cérémonie, était si troublé de ce qu'il voyait, qu'il entendait à peine ce que lui criait l'Italien ; mais celui-ci, le prenant par le bras, le poussa presque malgré lui, l'épée haute, vers l'ombre qui s'agitait au fond. Dans ce moment, Catherine, ayant pris le crucifix, s'écria : J'ai promis sécurité entière aux ombres que j'évoque, — et étendant la main entre elle et lui, toucha l'épée avec le crucifix. Aussitôt l'épée s'échappa des mains de Fouquet, qui, renversé par une commotion encore plus violente que celle qu'il avait éprouvée, roula aux pieds de Catherine et perdit connaissance. Un troisième éclat de rire encore plus bruyant que les deux autres, éclata de nouveau, l'ombre disparut, la lumière revint plus vive et plus éclatante, la porte s'ouvrit, et l'Italien fut le premier à crier : Emportons votre ami, et sortons de cette caverne de Satan. Il aida lui-même à relever Fouquet et à le transporter dans la rue, dont la porte se referma instantanément sur eux. Là ils trouvèrent leurs habits et leurs souliers, qu'ils s'empressèrent de mettre. A quelques pas stationnait un carrosse de louage qui était libre; ils y montèrent vite avec Fouquet, qui n'avait pas tout à fait repris connaissance, et tous roulèrent vers Paris, encore sous le poids de de cette scène terrible, qui leur apparaissait comme un songe de l'enfer.

Le jour même, vers les deux heures de l'après-midi, tout le monde était à table chez Catherine. L'assemblée se composait de la Vigoureux et son frère, Lesage, Davaux, Destinelli, Joachino et elle, qui présidait au repas. Chacun la félicitait du succès qu'elle avait obtenu, et ne parlait qu'avec admiration de ce qui s'était passé à la foire de Saint-Denis. Comme je l'ai déjà dit, Catherine s'était réservée seule la direction de cette grande affaire, et tous les acteurs qui avaient paru dans ce drame d'un nouveau genre, ne sachant que ce qui les concernait, l'accablaient de questions sur des choses qu'ils avaient vues et qu'ils ne savaient pas expliquer.

— C'est moi qui ai eu le plus à faire, disait Destinelli ; car, n'ayant pas quitté ces messieurs, j'ai été témoin de bien des choses qui m'ont étonné au dernier point, et il ne fallait rien moins que la confiance que j'ai en vous pour me lancer ainsi dans une affaire qui pouvait finir par la Bastille.

— J'ai été très-contente de la manière dont vous avez rempli votre rôle, Destinelli, dit Catherine ; vous aviez un naturel superbe en débitant vos sottises contre la sorcellerie.

— J'ai fait de mon mieux, et je n'ai pas été étonné de trouver le pommeau de mon épée dans un verre, puisque vous l'aviez remis devant moi à mademoiselle Vigoureux, qui tenait la loterie ; mais l'agrafe du surintendant, qui s'est trouvée dans la tabatière?

— Catherine me l'avait aussi remise, dit la Vigoureux.

—Et moi, je l'avais portée à maîtresse, ajouta le nègre, après l'avoir dérobée, comme elle me l'avait ordonné.

— Et moi, dit Catherine, je savais par M. de la Fontaine tout le prix qu'attache le surintendant à ce bijou. Je savais en outre qu'il ne sort jamais sans en être paré.

— Je comprends ; mais ce portrait que vous lui avez montré dans un miroir, et qui l'a fait tressaillir?

— Je savais aussi par M. de la Fontaine que le surintendant était amoureux fou d'une femme dont il faisait un mystère. Joachino a attiré chez moi le valet de chambre de monseigneur Fouquet, qui, voulant singer son maître, est venu se faire dire sa bonne aventure. Dans mon entretien avec lui, j'ai appris que son maître était amoureux à la cour d'une jeune personne boiteuse et demoiselle d'honneur de la reine, dont le nom n'était jamais prononcé. Je me suis informée, et j'ai découvert que la seule dame atteinte de cette infirmité était mademoiselle de la Vallière, vivement courtisée par le roi. J'ai rapproché ces circonstances de plusieurs propos qui m'avaient été répétés, tant par le valet de chambre que par M. de la Fontaine, et j'ai cru entrevoir toute la chose. Vous voyez que j'ai deviné juste.

— C'est vrai.

— Quant au miroir, rappelez-vous que j'étais allée à Saint-Denis à l'avance pour louer la loge dont nous avons fait le cabaret du Moine gris, et que j'avais préparé ce miroir comme tout le reste avec Vigoureux, qui, lui aussi, s'est fort bien acquitté du rôle de cabaretier.

— A merveille. Mais la grande apparition du cardinal Mazarin, qui m'a effrayé moi-même un moment? dit Destinelli.

— Rien de plus simple. C'était tout bonnement une lanterne magique placée contre la porte de la rue, en face de la cheminée.

— Et d'où vient que nous ne l'avons pas vue en entrant dans la salle?

— Parce que la clarté de la boîte où brûlait l'esprit-de-vin, beaucoup plus vive que les lueurs qui auraient pu s'échapper de la lanterne magique, les effaçait entièrement sur le mur; ensuite parce que la lanterne elle-même était fermée par un couvercle dans ce moment, et que ce couvercle n'a été enlevé qu'au signal que Vigoureux a entendu quand j'ai clos la boîte qui éclairait la pièce.

— C'est que l'ombre semblait se mouvoir.

— C'était pour obtenir cet effet que je remplissais la chambre de fumée.

— Mais vous aviez donc deviné que le surintendant demanderait l'ombre du cardinal Mazarin, pour la préparer à l'avance?

— Non, certes, je ne m'en doutais même pas. Après que vous avez été renfermés dans la chambre du second, j'ai envoyé Joachino acheter, dans la rue aux Peintres, un portrait du cardinal Mazarin à son lit de mort. Vous savez qu'il n'en manque pas, et que Lesage est bon peintre. En une heure il a eu copié cela sur le verre; voilà tout.

— Et cette voix sépulcrale qui semblait sortir de l'enfer?

— Davaux est très-bon ventriloque, vous ne l'ignorez pas; il s'était placé dans la cheminée, et nous avions écrit et appris par cœur les questions et les réponses. J'avais eu soin de dire que seule je devais parler à l'ombre, et pour frapper davantage le surintendant, j'ai fait faire une réponse qui s'appliquait à ses amours.

— Il ne me reste plus à connaître que ce qui m'a le plus effrayé et ce que j'ai ressenti moi-même. Je ne vous parle pas du tonnerre; je comprends comment vous avez pu le faire ; mais cette commotion terrible qui m'a renversé...

— Venait tout bonnement d'une machine électrique cachée sous l'autel, et que Lesage faisait fonctionner. Le Christ en argent servait de conducteur ; Pélisson et monseigneur Fouquet m'ont prise par les cheveux, vous vous donniez tous la main, quand j'ai touché le crucifix, vous avez tous ressenti la commotion électrique. Ceci vous explique encore comment j'ai fait tomber l'épée des mains du surintendant.

— J'avoue que j'étais loin de penser cela. Et pourquoi avez-vous ordonné à MM. Pélisson et à Fouquet de tenir l'épée nue à un pouce de votre tête?

— Pour les occuper et les empêcher d'examiner les choses de trop près. C'étaient les plus à craindre pour moi.

— Et cet ordre d'ôter les habits et les souliers?

— Il fallait bien jeter de l'étrangeté dans la cérémonie. D'ailleurs cela troublait encore un peu.

— Je n'ai plus rien à demander, finit par dire Destinelli, et je vois que vous êtes une grande magicienne.

— Je ferai une dernière question, dit Lesage. Ces coups de pistolet dont je n'étais pas prévenu et qui m'ont fait tressaillir ?

— J'en étais prévenu moi, dit Davaux, et j'ai jeté le rire le plus infernal...

— Il était merveilleux. Quant aux coups de pistolet, l'un a été tiré par Destinelli, dit Catherine, l'autre par Pélisson, et les deux armes, chargées par le premier des deux, contenaient des balles en carton, tandis que j'en avais en plomb, que je jetais adroitement sur l'autel.

—Je me déclare vaincu, dit Lesage ; je n'aurais jamais conçu une pareille chose. Décidément, Catherine, vous surpassez mes espérances.

— Je vous l'avais bien dit, s'écria Catherine, qu'avant peu je serais reine et maîtresse de vous tous.

— C'est vrai, et je suis le premier à le reconnaître, dit Lesage.

— Et nous aussi, s'écrièrent les assistants.

— Vous m'obéirez donc aveuglément à l'avenir?

— Oui, oui, s'écrièrent-ils.

— J'y compte, reprit Catherine ; car de ce jour seulement commence notre véritable association et notre carrière. Vous n'auriez jamais osé frapper un coup si hardi ; moi je l'ai osé, car je veux la clientèle de la cour, que j'ai toujours ambitionnée ; je veux l'or et la réputation de la noblesse. Je me suis adressée au surintendant pour cela. J'ai joué le tout pour le tout. Ce grand seigneur d'un mot peut me mettre en évidence et faire ma fortune, ou d'un mot peut me perdre. Dans ce moment, mes chers complices, nous sommes entre le cachot et la richesse. Attendons.

Au même instant on frappa violemment à la porte de la rue. Il était près de minuit, car le repas s'était prolongé plus que d'habitude. Cette manière de frapper à une heure aussi indue effraya tout le monde ; Catherine, seule conservant son sang froid, ordonna à Joachino d'aller voir ce que c'était. Le nègre obéit comme il avait coutume de le faire, sans que les observations des autres pussent le retenir. Au bout de quelques minutes, il remonta précipitamment et dit à Catherine : Maîtresse, c'est le valet de chambre de monseigneur Fouquet qui vient vous chercher de la part de son maître.

Un cri de joie accueillit cette nouvelle. Catherine prit sa mante, et montant dans le carrosse de louage que le domestique avait amené, se rendit à l'hôtel du ministre, où elle entra par une porte secrète.

Elle trouva Fouquet pâle, défiguré, et encore bouleversé de la scène qui s'était passée pendant la nuit. Dès qu'il avait pu réfléchir à tout cela, il avait fait repartir Pélisson pour Saint-Denis afin de prendre des informations sur les personnes qui avaient loué la loge. Pélisson ne put en obtenir aucune du moine chargé de la collecte de la foire. La loge avait été louée trois jours à l'avance, payée grassement; elle était vide maintenant comme la plupart des autres. Pélisson la visita, et ne découvrit rien qui indiquât la moindre trace de ce qui s'y était passé. Il revint à Paris, rendit cette réponse à Fouquet, qui envoya chercher Catherine sur l'heure.

L'entretien du surintendant et de la devineresse se prolongea bien avant dans la nuit. On a toujours ignoré ce qui s'était passé entre ces deux êtres, dont l'un avait toute la faiblesse de l'humanité, et l'autre toute la ruse et l'astuce de son sexe. Catherine sortit de la chambre de Fouquet rayonnante de bonheur et de joie, et emportant un sac plein d'or qu'il lui avait donné. Elle trouva au bas de l'escalier dérobé son nègre qui l'attendait, et qui, inquiet de voir durer cet entretien aussi longtemps, caressait déjà le manche de son poignard. Ils retournèrent ensemble rue Maubuée.

Quelques jours après, malgré le silence qui avait été juré sur l'évocation de l'ombre de Mazarin, le bruit de cette apparition se répandit et circula de mille manières différentes. On n'en parlait encore que tout bas et en secret; mais cela commença à procurer à Catherine quelques visites dans le genre de celles qu'elle désirait. Ce premier succès l'encouragea et lui donna bon espoir. Elle voyait souvent le surintendant, qui à chaque instant la mandait auprès de lui, et elle en revenait toujours généreusement récompensée. Enfin arriva la fameuse fête de Vaux, offerte à Louis XIV par son ministre. Il ne fut question alors dans Paris que de la magnificence que le surintendant avait déployée, de la satisfaction du maître et du crédit du ministre, qui, disait-on, allait devenir le favori et gouverner la France. La joie était dans la maison de Catherine; ses complices calculaient déjà tous les avantages qu'ils pourraient retirer d'un si puissant protecteur, comptaient l'or qu'ils allaient gagner, escomptaient leur impunité, lorsque Lesage entra un matin chez Catherine dans une agitation extrême, et lui dit : Tout est perdu; le surintendant a été arrêté à Nantes et conduit à la Bastille.

— En êtes-vous bien sûr? dit Catherine.

—Trop sûr, malheureusement! Ce n'est plus maintenant un secret pour personne. Il est déchu de ses dignités, accusé de haute trahison, condamné d'avance. Je vous dis que tout est perdu et que nous n'avons plus de protecteur, plus d'espoir de richesse, plus...

— Je me protégerai donc moi-même, interrompit Catherine; je me ferai riche et puissante; car le coup qui abat Fouquet me relève, moi, et fait croire à l'infaillibilité de mes prédictions.

— Que voulez-vous dire?

— J'avais prédit sa chute.

— Vous?

— Ne vous le rappelez-vous pas? ne savez-vous pas les paroles que j'ai fait dire à Davaux lors de l'apparition de Mazarin? Depuis j'ai toujours tenu le même langage en prenant pour base l'orgueil de l'amant royal et l'inconstance du monarque envers ses favoris. Cette fois encore j'ai deviné juste. Et ma prédiction, tout le monde la connaît. Fouquet descend dans un cachot, je monte sur un trépied. C'est la roue de ce monde. Avant peu, tout ce qu'il y a de noble en France voudra connaître et consulter celle qui a prédit une chute que nul ne pouvait prévoir et que nul n'osera comprendre.

Catherine ne se trompait pas. Dès ce moment sa réputation de devineresse s'accrut au plus haut degré. La Fontaine, qui continuait à venir la voir, accourut exhaler chez elle l'expression de sa noble et courageuse douleur pour celui qui l'avait si généreusement protégé. Catherine l'instruisit de sa prédiction, et le bon la Fontaine, de concert avec ceux qui avaient assisté à la scène de Saint-Denis, la répéta partout où il en trouvait l'occasion, servant en cela, sans le savoir, les projet coupables de Catherine. Du fond de son cachot, Fouquet lui-même l'apprit à sa famille ; et bien que dans les fers, privé de ses biens et de sa liberté, il voulut récompenser la devineresse de sa prédiction malheureusement trop réalisée, et se réserver sa science pour l'avenir, s'il y en avait un pour lui. Il fit à Catherine une pension de cent pistoles, qui lui fut constamment payée, soit qu'il fût à la Bastille, à Vincennes ou à Pignerol, où il habita les *hauts lieux*, comme cela lui avait encore été prédit.

Telle fut la circonstance qui mit Catherine au premier rang des devineresses.

Tireuse de cartes, elle prédit d'abord l'avenir, réconcilia les amants, fit retrouver les objets perdus, découvrir les trésors cachés, vendit des philtres pour rendre amoureux, invulnérable, jeune, en un mot pour conserver tous les agréments de la vie. Spéculant sur la crédulité, elle en retira tout ce qu'elle pouvait produire ; mais ce n'était assez ni pour ses désirs ni pour sa vengeance. A mesure que sa clientèle et ses revenus augmentaient, son luxe, ses serviteurs, ses fourberies et ses plaisirs honteux augmentaient encore. Bientôt elle trouva qu'elle ne gagnait pas assez d'or et qu'elle ne faisait pas assez de mal, et de la fourberie elle passa au sacrilége, du sacrilége elle passa au crime. Aidée de ses deux prêtres, et pour des monceaux d'or, elle profana la tombe des morts, elle évoqua et fit paraître le diable ; alchimiste elle-même, elle coopéra de ses mains à la découverte de ce poison subtil que, dans un élan de gaieté bachique, elle nomma *poudre de succession*, et elle la vendit ou l'administra, suivant les circonstances, pour soutenir son luxe et ses débauches. Au titre de devineresse elle joignit celui d'empoisonneuse. Cette femme, qui ne voyait dans la vie que deux choses, l'or et les plaisirs à tout prix, partageait ainsi son existence : le jour était au crime, la nuit à l'orgie. Seule maîtresse, comme elle l'avait prédit, elle commandait à ses complices, qui tous étaient devenus ses esclaves, à l'égal du nègre, qui resta toujours aussi fidèle que le premier jour à la Messaline empoisonneuse.

C'est dès ce moment que Catherine fut connue sous le nom de *la Voisin*, et qu'elle arriva à son but, celui de se venger de la noblesse, de la compromettre, de l'humilier et de prendre son or. Elle profita habilement des vices et de la corruption de son siècle; siècle où, à côté des plus grandes choses, on vit les plus grands crimes; à côté de la plus grande lumière des écrivains, les plus grandes faiblesses de l'humanité; siècle où l'on nomme à côté des Turenne, des Bossuet et des Molière, les Exili, les Sainte-Croix, les Brinvilliers. Pendant vingt ans le règne de Louis XIV fut infesté par le poison et les croyances superstitieuses, et pendant vingt ans la Voisin et ses complices ont débité publiquement l'horrible *poudre de succession.*

Fidèle à ses habitudes de ruse et de vengeance, la Voisin avait un registre sur lequel elle inscrivait le nom des personnes qui venaient chez elle, et souvent l'objet de leur visite. C'était une précaution qu'elle avait prise pour sa propre sûreté; elle se créait par là de si puissants complices, qu'elle croyait que la justice humaine n'oserait jamais l'atteindre sans les atteindre aussi, et elle se considérait comme impunissable. Elle se trompa pourtant. Lorsqu'elle fut arrêtée, ce registre fut mis en effet sous les yeux de la chambre ardente, qui recula d'abord en voyant des noms aussi haut placés; mais à cette époque il était si facile à la justice de frapper ou d'épargner, suivant son caprice et les convenances!... Les débats de la chambre ardente étaient secrets, toutes les révélations de la Voisin y furent étouffées; son registre fut brûlé ainsi que les pièces du procès; de sorte qu'aujourd'hui les seuls renseignements que nous ayons pu recueillir sont ceux que nous avons trouvés épars dans les ouvrages du temps. Chose bizarre, il n'existe pas une seule histoire de cette la Voisin si célèbre, et pour faire celle-ci nous avons été forcés de réunir et de coudre ensemble les détails qui ont été publiés à l'époque de son arrestation et de son supplice! Mais les renseignements les plus curieux et les plus ignorés sont ceux qui ont été soustraits au procès, à cause des noms qui y figuraient, et que nous avons retrouvés dans les archives secrètes de la Police [1].

Nous allons donc, à l'aide de tous ces renseignements puisés aux diverses sources que nous venons d'indiquer, continuer l'histoire de cette célèbre empoisonneuse, et faire pénétrer le lecteur dans les mystères de sa nouvelle maison.

Une dame de trente-six ans environ, encore fraîche et belle, s'était présentée deux fois chez la Voisin sans pou-

[1] *Mémoires de la Police*, publiés par M. Peuchet, archiviste.

voir obtenir audience, tant la devineresse était occupée. La troisième fois elle y retournait avec crainte; mais à peine eut-elle touché le seuil de la maison, que la porte s'ouvrit devant elle comme par enchantement, avant même qu'elle n'eût frappé. Un homme d'une taille gigantesque et bizarrement vêtu vint au devant d'elle, et lui dit d'une voix rauque et brusque : Entrez et suivez-moi, la belle dame; la Voisin est visible cette fois. En disant cela il se mit à marcher devant la dame, qui, voyant qu'il s'engageait dans un corridor vaste et obscur, hésitait à le suivre.

— Venez donc, s'écria de nouveau cet homme; avez-vous peur?... Oh! soyez tranquille, vous n'avez rien à craindre tant que le *mangeur d'hommes* est avec vous.

C'était ainsi qu'on avait surnommé Jean Vigoureux, garde du corps ordinaire de la Voisin, et chargé d'introduire certaines personnes.

La dame avança en effet, mue par un sentiment contraire, celui de déplaire à son introducteur, dont le langage et les manières étaient bien faits pour lui inspirer de l'effroi. Après plusieurs détours ils arrivèrent au bas d'un escalier à vis construit dans une tourelle. Ils montèrent dix marches et parvinrent à une porte très-basse; Vigoureux frappa trois coups d'une manière particulière, la porte s'ouvrit d'elle-même et se referma quand ils furent entrés. Ils traversèrent une espèce d'antichambre, et arrivèrent à une pièce plus grande et qui servait de salon; l'ameublement était composé de meubles à moitié vermoulus et d'une tapisserie en lambeaux; on y voyait une vaste cheminée dans laquelle était accroupi Jolivet, le nain de la Voisin, personnage d'une laideur remarquable. Vigoureux ordonna au nain d'approcher un siége près de la cheminée; celui-ci exécuta l'ordre en faisant mille contorsions et grimaces effrayantes; la dame s'assit, et le mangeur d'hommes, après lui avoir dit qu'il allait prévenir la devineresse, la laissa seule avec Jolivet. Celui-ci chercha à amuser la dame par ses tours et ses bouffonneries; mais elle était inattentive à tout ce qui se passait autour d'elle et paraissait très-préoccupée du motif qui l'amenait. Au bout d'une demi-heure d'attente, la porte s'ouvrit de nouveau, et Joachino le nègre, couvert d'un costume oriental, vint dire à la dame que sa maîtresse l'attendait; la dame suivit le nègre, qui, après l'avoir fait passer par plusieurs pièces, l'introduisit dans une dernière où il disparut dans le mur. La dame, se trouvant de nouveau seule, leva les yeux et examina non sans effroi la vaste chambre où elle se trouvait, et la manière bizarre dont elle était décorée : la moitié de la pièce était coupée en deux par un grand rideau de serge noire sur lequel étaient brodés en rouge des caractères cabalistiques et des figures hideuses; des peaux de serpent, des crocodiles et un chat noir, dont les yeux semblaient lancer du feu, couronnaient le haut de ce rideau magique. A droite étaient peintes les constellations, à gauche les signes du zodiaque, et au plafond était une énorme tête de mort tenant entre ses dents une lampe à trois becs qui éclairait seule l'appartement. Tout à coup le rideau de serge se tira comme de lui-même, et la dame aperçut une estrade sur laquelle on voyait douze squelettes rangés en ordre et couronnés de verveine, de sauge et de pavots. Au milieu était un trépied antique dans lequel brûlait une flamme bleuâtre. La Voisin était debout sur cette estrade, qui lui donnait une taille gigantesque; elle portait à peu près le costume que nous avons déjà décrit, si ce n'est qu'elle avait sur la tête un vaste turban rouge et à la main une baguette d'ivoire. A côté d'elle se trouvait une table sur laquelle étaient posées des cartes sans ordre, un verre, un œuf, un réchaud, du marc de café et une mappemonde.

La Voisin jeta un regard scrutateur sur la personne qui venait la consulter, et lui demanda d'une voix sourde ce qu'elle désirait d'elle.

— Est-ce le passé, le présent, ou l'avenir, que vous voulez savoir?

— Le passé, dit la dame d'une voix décidée, je cherche à l'oublier; le présent, je le connais; l'avenir, je voudrais le diriger à mon gré en ce qui me concerne.

— Ceci échappe à ma puissance, reprit Catherine; consultez l'esprit, je le prierai pour vous.

— L'esprit? dit la dame; de quel esprit voulez-vous parler?

— D'un esprit qui a le pouvoir de changer ici-bas tout l'ordre de la nature, à qui tout est possible s'il le veut, et que j'ai seule le droit d'évoquer dans le monde. Lui seul pourra vous satisfaire en changeant la loi de votre destinée, si s'est sa volonté.

— Je dois donc vous dire, madame, le motif qui m'amène, afin que vous le consultiez, dit la dame avec un peu de trouble.

— Non, madame, non, je ne veux rien savoir; car c'est un esprit jaloux, qui ne veut point qu'on entre dans ses secrets. C'est entre vous et lui que les choses doivent se passer; moi, je ne les saurai que s'il juge convenable de m'en instruire. Tout ce que je puis faire, c'est de le prier pour vous et de lui obéir dans ce qu'il m'ordonnera pour vous satisfaire. Voici du papier charmé, écrivez-lui sans me montrer la lettre.

A ces mots la Voisin apporta à la dame une feuille de papier, et lui désignant une table sur laquelle il y avait des plumes et de l'encre, lui fit signe de s'asseoir. La dame, avant de le faire, lui remit une bourse qui contenait cinquante louis. La Voisin, au poids de la bourse, jugea la somme qu'elle contenait, et regardant la dame, qui hésitait encore, dit en elle-même : Je ne me trompais pas, c'est un crime que veut cette femme, puisqu'elle paye aussi cher.

Pendant ce temps la dame s'était décidée à écrire, et une fois qu'elle eut fini en avertit la Voisin; celle-ci prit alors une boule de cire vierge, et la donnant à la dame, lui dit de cacheter sa lettre après l'avoir pliée de la manière dont elle le lui indiquait; puis, la prenant de ses mains, elle fut la jeter devant elle dans le trépied; la lettre s'enflamma et dans peu d'instants fut réduite en cendres aux yeux de cette dame. La Voisin lui dit alors : L'esprit sait déjà ce que vous lui demandez. Dans trois jours au plus tard, c'est le plus bref délai que j'aie pu obtenir de lui, vous aurez sa réponse.

— Où et comment? demanda la dame.

— Je l'ignore, et lui seul le sait. S'il juge nécessair de m'instruire de ce que vous lui confiez, il me le dira et s'il m'ordonne de vous servir, j'obéirai.

A ces mots, elle frappa sur un timbre. Destinelli parut, portant un simple habit bourgeois, et sur un sign significatif de la Voisin, reconduisit la dame par un passage secret qui donnait issue sur une autre rue que cell par laquelle elle était entrée.

La dame s'enfuit précipitamment, et, rentrée chez elle s'enferma pour réfléchir sur ce quelle venait de faire e sur ce dont elle avait été témoin. Cette dame était madame Brunet, riche bourgeoise, jeune et belle encore, comme on l'a déjà vu, mère d'une fille de seize ans e femme d'un vieux mari. M. Brunet avait résolu de marier sa fille à Philibert, le fameux joueur de flûte, qui, de concert avec des Coteaux, faisait encore les délices de la cour. Philibert n'avait vu dans ce mariage qu'une bonne affaire, par la dot considérable de la demoiselle, et l'épousait plutôt par ce motif que par amour, car il avait à peine aperçu sa future ; comme toutes les riches demoiselles de cette époque, elle était encore au couvent. Or, il advint que madame Brunet, déjà connue par les galanteries si communes à cette époque aux riches bourgeoises comme aux femmes de qualité, s'éprit d'une folle passion pour son futur gendre. Elle la combattit d'abord, mais ne put la vaincre. Elle chercha à rompre le mariage, et ne put y parvenir. Son mari, faible dans toute autre occasion, devint inébranlable dans celle-ci. Alors cette femme, prenant en haine son époux, ne pouvant voir sans effroi celui qu'elle aimait passer dans les bras de sa fille, voulut avoir recours, dans son désespoir, à la femme dont le pouvoir surnaturel était, disait-on, sans bornes pour ces sortes d'affaires. Elle courut chez la Voisin, décidée à tout faire pour arriver à son but. La réponse de la devineresse l'avait d'abord déconcertée; mais, fortement émue, et crédule d'ailleurs comme les gens de cette époque, elle s'était décidée à écrire à l'esprit, et se bornait à lui demander si ce mariage devait se faire, et comment on pouvait agir pour l'empêcher et rendre le calme à son âme. Rentrée chez elle, elle commença à regretter sa démarche, et avait peine à croire que la réponse à sa lettre lui parvînt jamais. Cependant, elle passa deux jours dans une cruelle incertitude; le troisième, elle trouva sur son lit, le matin en se réveillant, un billet plié comme celui qu'elle avait écrit, et cacheté de même. Elle l'ouvrit avec anxiété, et lut ce qui suit: *Mariage sans amour. — Amour plus tard. — Existence désespérée. — Une apoplexie foudroyante. — Le couvent au lieu de l'autel. — L'autel au lieu du veuvage.*

Madame Brunet ne comprit rien à cette réponse, qui lui parut une énigme, et courut chez la Voisin pour la lui faire expliquer. Elle entra comme la première fois, et fut introduite plus vite qu'à l'ordinaire, avec les cérémonies d'usage. La Voisin joua l'étonnement en la voyant, et lui dit: Que voulez-vous encore, madame; l'Esprit ne vous a-t-il pas répondu?

— Si, madame, dit madame Brunet; mais je n'ai pas

compris sa réponse, et je viens vous prier de me l'expliquer.

— Elle est pourtant bien claire, dit la Voisin après l'avoir lue. Voici d'abord ce qui doit arriver dans le cours des choses naturelles : *Mariage sans amour, amour plus tard, vie désespérée.* Le mariage de votre fille, car c'est de votre fille qu'il s'agit, je le sais par l'esprit, ce mariage, dis-je, se fera sans amour de la part de son époux. Plus tard, il l'aimera, et vous, car c'est vous qui aimez cet homme, je le sais encore, passerez le reste de vos jours dans le désespoir et dans les larmes. Maintenant, voici ce que l'esprit peut accorder à mes prières pour changer votre destinée : *Apoplexie foudroyante, le couvent au lieu de l'autel, l'autel au lieu du veuvage.* L'apoplexie foudroyante indique le genre de mort de votre mari, le couvent est pour votre fille, et l'autel est pour vous unir à celui que vous aimez.

Après ces paroles, il se fit un grand silence, pendant lequel la Voisin prit une attitude sombre et méditative. Madame Brunet, pâle et très-émue, n'osait lever les yeux, et on lisait sur ses traits et dans le tremblement convulsif de ses lèvres le combat qu'elle se livrait dans son âme.

— Mes moments sont comptés, dit enfin la Voisin. Acceptez-vous?

— Pour cela que faut-il faire?

— Votre offrande à l'esprit, qui me donne les moyens de faire la conjuration terrible qui doit amener ce résultat.

— Est-ce assez de cinq mille livres?

— Ce n'est pas trop.

— Dans une heure vous en aurez sept.

— Dans une heure je commencerai la conjuration.

— Le mariage doit se faire après-demain.

— Demain vous serez veuve.

A ces mots, elle la congédia comme la première fois.

Le lendemain, en effet, M. Brunet fut trouvé mort dans son lit, frappé d'une apoplexie foudroyante : trois mois après, la veuve Brunet épousait Philibert, et la fille prenait le voile.

Ce fut un des empoisonnements relatés sur le fameux registre de la Voisin, et sur lequel la chambre ardente ne crut pas devoir garder le secret, sans doute parce qu'il avait été commis par une bourgeoise. A la suite du supplice de la Voisin, madame Brunet fut pendue en place de Grève. Quand à Philibert, soupçonné d'abord de complicité, il se constitua prisonnier de lui-même, et fut entièrement lavé de toute participation à ce crime.

C'était ainsi que la Voisin opérait pour l'ordinaire. On se rendait habituellement plusieurs fois chez elle avant de pouvoir être reçu ; cela lui donnait le temps, en faisant suivre les personnes, d'apprendre qui elles étaient, et de connaître leur position. Quand elle reçut madame Brunet, elle savait déjà son nom, et était sur la voie du motif qui l'attirait chez elle. Cet esprit et cette manière de correspondre avec lui, qu'elle avait inventée, était surtout d'une utilité extrême pour savoir ce qu'elle devait avoir l'air d'ignorer, et répondre ce qu'elle jugerait convenable; lorsque l'on venait d'écrire à l'esprit et lorsqu'elle vous remettait la boule de cire vierge en vous priant de plier la lettre d'une certaine manière, elle avait déjà dans la main un papier de la même couleur, écrit, plié et cacheté de même, et au moment de jeter la lettre dans le brasier, elle substituait adroitement l'une à l'autre, et la personne croyait voir consumer son écrit sous ses yeux. Pendant les trois jours qu'elle demandait ordinairement, elle avait le temps de calculer la réponse à la lettre qu'elle avait en sa possession, et le troisième un de ses gens avait noué dans la maison quelque intrigue qui lui permettait de faire parvenir la réponse mystérieuse sans qu'on sût d'où elle venait. Ces réponses étaient toujours conçues de manière à ce qu'on eût encore besoin de retourner chez elle, parce que chaque visite lui rapportait de l'argent. Cette ruse, qui nous paraît si grossière aujourd'hui, n'était pas même soupçonnée par le plus grand nombre à cette époque, et l'on trouvait une foule de gens qui croyaient fermement à l'esprit familier de la Voisin. D'autres, mais le petit nombre, faisaient semblant d'en être la dupe, et ne prenaient cette précaution que pour ne pas confier directement à une pareille femme leurs projets criminels. Alors la Voisin, entrant franchement dans leurs idées, prédisait la mort de la personne dont ils avaient intérêt à se défaire. Cette mort devait être toujours précédée de quelque accident arrivé dans la maison. C'était une bouteille cassée, une glace brisée, des porcelaines renversées ; l'accident arrivait toujours à point nommé, causé par quelques gens qu'elle avait gagnés, et comme elle était parvenue à une telle perfection de poisons qu'elle pouvait calculer pour ainsi dire l'heure de la mort en le faisant prendre même longtemps à l'avance, sa prédiction ne manquait jamais de s'accomplir. Elle tentait de mêler à tout hasard des choses surnaturelles à tout ce qu'elle faisait, dans le doute où elle était des personnes qui venaient la consulter. Elle joignait à cela une grande habileté pour lire sur les physionomies, pour deviner les passions et les flatter. Elle exerçait d'ailleurs une supériorité marquée sur tous ceux qui venaient la consulter, car la plupart avaient à rougir devant elle. Les relations qu'elle s'était créées par l'espionnage continuel de ses gens, les bruits sans importance qu'on lui rapportait et qu'elle consignait fidèlement, la mettaient quelquefois au fait du motif d'une visite avant que la personne eût ouvert la bouche pour l'en instruire. Elle en profitait avec adresse et promptitude. Souvent ses clients eux-mêmes lui ont servi de compères dans des choses qu'ils voulaient voir réussir, et c'était la partie la plus agréable et peut-être la plus lucrative de son état, parce que ces compères ne cessaient de payer son silence toutes les fois que, même les choses accomplies, elle leur faisait demander de l'argent. Un épisode de ce genre va nous faire connaître la Voisin et sa maison sous une autre face.

Un lieutenant des mousquetaires gris était amoureux fou d'une jeune baronne veuve avant l'âge et dans une haute position à la cour. La baronne avait l'esprit romanesque et superstitieux, et était allée plusieurs fois consulter la Voisin en secret sur la sécurité qu'elle pouvait avoir de l'amour de son mousquetaire. Les mousquetaires, de tout temps, ont été très-suspects sous le rapport de la constance; c'étaient les lions du grand siècle. De son côté, le lieutenant, ayant appris que sa belle se rendait chez la Voisin, était allé la consulter aussi, et il avait été facile à une femme aussi habile que cette devineresse, possédant les secrets des deux, de prédire des choses vraies et de savoir des choses secrètes. Pourtant la veuve hésitait encore à épouser le mousquetaire, craignant pour son avenir, et un jour, par un caprice de femme, elle se brouilla avec lui et le congédia. Le mousquetaire partit le soir même, et se rendit à vingt lieues de Paris, d'où il lui écrivit qu'il voyait bien que tout espoir était perdu, et qu'il allait faire tous ses efforts pour renoncer à elle. A la lecture de cette lettre, la baronne, qui commençait à regretter ce qu'elle avait fait, sentit au fond de son cœur des mouvements de jalousie, et dans son trouble se rendit chez la Voisin, qu'elle avait déjà consultée dans des occasions pareilles.

La baronne fut introduite par un autre chemin que madame Brunet. Elle trouva au bas d'un petit escalier tout couvert de tentures élégantes la Vigoureux, qui, parée elle-même avec tout le luxe du temps, la reçut le sourire sur les lèvres; elle pénétra dans un premier salon richement meublé, où des domestiques en livrée l'escortèrent un flambeau à la main jusqu'à la salle d'attente; elle s'assit et refusa de toucher aux fruits et aux rafraîchissements que les valets s'empressaient de lui présenter pendant que la Vigoureux était allée prévenir sa maîtresse. Au bout de peu d'instants, la Vigoureux vint la chercher, et la fit passer dans le cabinet de la Voisin, où elle la laissa seule. Cette pièce, moins vaste que celle que nous avons décrite, était comme l'autre partagée en deux par un rideau; mais ce rideau était de velours cramoisi, garni de glands à torsades, et brodé en argent; au-dessus un petit amour doré, le bandeau sur les yeux, étendait ses ailes d'azur, et tenait à sa main un flambeau dont la lueur douteuse et molle éclairait l'appartement. Une belle tapisserie représentait les pythonisses de l'antiquité, et notamment *Cassandre*, qui les dominait toutes par sa taille gigantesque et semblait rendre des oracles sur les ruines de Troie; sur la cheminée étaient deux vases de porphyre dans lesquels brûlaient des parfums. Le rideau s'ouvrit encore de lui-même, et laissa voir la Voisin dans une toilette aussi galante que recherchée. Elle avait à ses pieds un trépied d'or, et toujours sa baguette d'ivoire à la main; devant elle était une table avec le même attirail que dans l'autre pièce, et dans le fond de l'estrade un miroir voilé d'une gaze d'argent. C'était le fameux miroir magique dont elle tirait tant de parti. La baronne s'approcha sans crainte de la devineresse, et lui dit de l'air d'une femme qui paraissait connaître les habitudes du lieu :

— Le présent?

A ces mots la Voisin, avec une dextérité extrême, fit trois paquets de cartes avec sa baguette, trois signes de croix à rebours avec sa main gauche, et ayant retourné les cartes, les interrogea en silence. Au bout de quelques minutes, elle prit la parole, et regardant tour à tour la baronne et les cartes, dit d'une voix grave :

— Il est absent... à quinze... à vingt lieues de Paris, dit-elle en comptant les cartes. Cette absence vous tourmente, vous chagrine, vous inquiète ; vous craignez qu'il ne vous oublie, qu'il ne coure après d'autres conquêtes... vous êtes jalouse.

— Moi? dit la baronne avec un accent de dépit.

— Vous-même, ajouta la Voisin d'un ton impitoyable ; jamais les cartes n'ont été si positives.

— Je vous assure qu'elles vous trompent. Moi, jalouse de ce petit lieutenant?... allons donc !

— Si vous avez vraiment la conviction que les cartes me trompent, madame, pourquoi venir les consulter?

— Je ne sais... une fantaisie... un caprice.

— L'esprit qui préside à toutes mes opérations et qui m'a inspiré l'art que je professe me défend de le profaner en obéissant aux caprices. Il exige que je ne traite qu'avec des personnes qui croient sérieusement à ma science ; ne trouvez donc pas mauvais que je cesse à l'instant ma séance avec vous.

— Vous êtes aujourd'hui d'une humeur bien hargneuse, madame. Eh bien, soit, je suis jalouse... continuez.

— Et vous voudriez savoir s'il vous aime toujours, s'il n'a pas exécuté la menace qu'il vous a faite en partant, celle de vous oublier auprès d'une autre femme.

— En vérité, on dirait que ma pensée est de verre avec vous... tout cela est vrai, et si vous pouviez me dire ce qu'il en est... ce qu'il fait... ce qu'il pense en ce moment...

— Vous allez le voir de vos yeux, madame.

— D'ici?

— D'ici même, dans le miroir magique, si l'esprit se rend à mes prières.

A ces mots, tombant à genoux et se prosternant la face contre terre, la Voisin s'écria :

— Esprit éternel, qui daignes protéger la faible créature qui t'est soumise, par le magique alphabet que j'épelle avec toi, par les nombres sacramentels que je compte, par les mots sacrés que je prononce, exauce ma prière et fais voir ta puissance.

Puis elle prononça trois mots barbares et se releva. Au même instant, une lueur d'azur éclaira l'alcôve où était l'estrade ; la gaze d'argent s'écarta, et l'on vit reflétée dans le miroir magique l'image du mousquetaire baisant un portrait qu'à sa forme la baronne reconnut pour être le sien. Cette apparition dura une demi-minute. La gaze d'argent s'abaissa de nouveau et la lueur s'éteignit.

— Vous l'avez vu, madame, dit la Voisin.

— Oui, répondit la baronne émue et tremblante de cette apparition.

— Il vous aime encore ; mais ces cartes me disent que si, avant deux heures, il n'a pas la preuve que vous l'aimez aussi, il vous sera infidèle pour toujours.

— Infidèle !... lui !... et dans ce moment où plus que jamais je sens que je l'aime... ah ! comment faire?

— Écrivez-lui de revenir, et que vous consentez à l'épouser.

— Mais ma lettre ne lui saurait parvenir avant deux

heures, et si dans deux heures il doit, comme vous le dites...

— Écrivez toujours, je me charge de la lui faire parvenir sur-le-champ.

La baronne, sous le poids du regard magnétique de la devineresse, s'approcha d'une table sur laquelle était un élégant pupitre de velours amaranthe, prit une plume d'or, et traça quelques lignes sur un papier azuré que la Voisin lui présenta. Quand elle eut fini, celle-ci lui donna, selon son usage, la boule de cire vierge, lui dit de cacheter la lettre de la manière dont elle le lui indiqua et la prit de sa main. La baronne alors ne pouvant maintenir sa curiosité plus longtemps, s'écria :

— Et vous êtes sûre de la faire parvenir avant deux heures ?

— Dans moins d'un quart d'heure vous la verrez entre ses mains.

— Quel est donc le messager assez rapide?

— Le feu, répondit la Voisin ; et en même temps elle jeta le billet dans le trépied. La flamme s'éleva aussitôt, et une odeur parfumée se répandit dans la chambre. Pendant que la lettre se consumait, la devineresse se prosterna de nouveau et fit une seconde conjuration, à la fin de laquelle la gaze d'argent s'écarta encore et laissa voir le mousquetaire lisant la lettre de la baronne. Cette apparition ne fut pas plus longue que la première, et tout rentra dans l'ordre habituel.

— Maintenant, madame, dit la Voisin, le temps de faire la route, et il est à vos pieds.

— Oh ! je ne puis croire à tant de prodiges, repartit la baronne.

— Vous l'avez vu de vos yeux.

— Si tout cela n'est pas une illusion ou un rêve, s'il revient ce soir, s'il a reçu ma lettre, s'il me la représente, je vous donne deux cents louis.

La baronne s'enfuit précipitamment à ces mots, guidée de nouveau par la Vigoureux, qui venait d'entrer. A peine était-elle partie, que le mousquetaire sortit de derrière le miroir et dit à son tour à la Voisin :

— Et moi, je vous en donne quatre cents si mon mariage se fait.

— Il se fera, il sera heureux, répondit la Voisin, si vous gardez éternellement le secret sur la manière dont nous nous sommes entendus ensemble.

— Je ne révélerais pas ce secret à mon ombre, de peur que la baronne ne vînt à l'apprendre et ne me détestât aussi cordialement qu'elle paraît m'aimer maintenant.

— J'y compte. C'est pour vous complaire que j'ai consenti à jouer cette comédie indigne de moi, quand je pouvais, à l'aide de mon art, divulguer toute la vérité à la baronne et vous montrer dans le miroir magique vous cachant à Paris. N'oubliez pas ce que j'ai fait pour vous ; sans cela, je m'en souviendrai, moi.

— Les menaces sont inutiles ; mon intérêt vous répond de moi, vous dis-je... Mais la lettre qu'elle m'a écrite et qu'elle me demandera à voir peut-être ?...

— La voilà.

— Vraiment!... Ah! vous êtes toujours magicienne[1].

Le mousquetaire quitta ainsi la Voisin et arriva vers minuit en chaise de poste à l'hôtel de la baronne. Ils furent mariés dans le mois, et la devineresse toucha six cents louis de cette affaire, qui lui avait donné peu de mal.

Telle était l'autre manière de la Voisin de faire des dupes; telle était encore la manière dont elle recevait les personnes auxquelles elle ne croyait pas nécessaire d'inspirer de la terreur. Ces deux anecdotes font assez connaître les mystères qui se passaient dans la maison de la Voisin, sans que nous ayons besoin d'en citer d'autres, ce que ne nous permettent pas les bornes de cet ouvrage. Maintenant nous allons mentionner d'une manière rapide les révélations secrètes faites à la police, parce qu'elles s'appliquent à des personnages historiques de cette époque, et tout en formant le complément de la vie de cette empoisonneuse, font connaître les mœurs, la corruption et la superstition de ces temps-là.

Sainte-Croix était mort et avait entraîné la perte de la marquise de Brinvilliers par la découverte de la fameuse cassette qu'on trouva chez lui. La Brinvilliers connaissait la Voisin, mais surtout Davaux, Lesage et Destinelli, qui, liés avec Sainte-Croix, confectionnaient ensemble des poisons. Elle fit quelques révélations qui mirent sur la trace M. de la Reynie, alors lieutenant général de police. Celui-ci mit en campagne tous ses limiers; mais la Voisin et ses complices, aussi rusés que lui, avertis d'ailleurs

[1] Cette scène historique a été mise dans la comédie de Thomas Corneille et Visé faite sur la Voisin, dont je parlerai plus tard.

par le supplice de la Brinvilliers, échappèrent à toutes les recherches. Ce ne fut qu'au bout de quelques années que le lieutenant de police parvint à avoir des preuves de tous les crimes commis dans la maison de la rue Maubuée. Un cadet de famille, appartenant à une des premières noblesses du royaume, chevalier de Malte de naissance, était perdu de débauches, de dettes et d'actions qui, s'il eût été simple bourgois, l'auraient conduit aux galères ou en place de Grève. Il était recherché dans tout Paris pour aller finir ses jours à la Bastille ou dans tout autre château royal, lorsqu'on apprit qu'il était réfugié chez la Voisin, où il était caché à l'insu de celle-ci par une nommée Rose, jeune fille du peuple qui avait conçu pour lui le plus vif attachement. M. de la Reynie fit attirer le chevalier de Malte hors de la maison où il se cachait, le fit arrêter et conduire devant lui. Là il lui proposa une amnistie complète, une réhabilitation et de l'or, s'il pouvait obtenir de Rose, sa maîtresse, des révélations sur tout ce qu'elle savait depuis dix ans qu'elle était au service de la Voisin. Celui-ci y consentit avec joie, et fit au lieutenant de police plusieurs rapports dictés par Rose, qui motivèrent l'arrestation de la Voisin et de ses complices. C'est la partie de ces rapports que M. de la Reynie ne communiqua pas à la chambre ardente et garda soigneusement devers lui, qui, retrouvée depuis peu, nous met à même de révéler ce qui va suivre.

Monsieur, duc d'Orléans, se présenta un soir déguisé chez la Voisin, accompagné du chevalier de Lorraine, du marquis d'Effiat et du comte de Beuvron, ses confidents et ses favoris. Il demanda à la devineresse, qui l'avait reconnu tout d'abord ou était peut-être instruite de sa visite, si elle pouvait, n'importe par quel moyen, lui procurer la bague de Turpin. Cette bague, comme on le sait, avait le pouvoir de faire aimer du roi et de le dominer la personne qui la possédait. Une maîtresse de Charlemagne étant morte avec cet anneau, l'empereur ne pouvait s'éloigner de sa tombe. Turpin, archevêque de Reims, se doutant de quelque magie, exorcisa le cadavre et finit par découvrir sous sa langue la bague, dont il s'empara. Dès cet instant l'amour du roi passa à l'archevêque, qui, ne voulant pas devoir sa faveur à un moyen diabolique, jeta le talisman dans un lac. Charlemagne, ne pouvant pas s'en éloigner, fit bâtir sur le bord Aix-la-Chapelle, où il ordonna qu'on l'enterrât. Telle était la vertu de la bague que le duc d'Orléans venait demander à la Voisin. La devineresse renouvela devant lui la cérémonie de la lettre à l'esprit, et trois jours après, le duc d'Orléans eut la réponse, qui portait que Satan seul pouvait donner cette bague. Le duc pria alors la Voisin de l'évoquer; celle-ci y consentit moyennant quelques jours de délai et la somme de quinze mille livres. Au jour dit, en effet, elle fit paraître dans le miroir magique, avec les cérémonies les plus terribles, une figure de diable, et le ventriloque Davaux déclara que la bague de Turpin ne pouvait être d'aucune utilité au duc d'Orléans, attendu que Louis XIV avait un talisman qui ne permettait à personne de le dominer. Les quinze mille livres étaient acquises à la Voisin.

Le duc d'Orléans ne s'en tint pas là ; il voulut encore connaître le sort d'un enfant mâle dont sa femme Henriette d'Angleterre était accouchée à Londres en 1668. Cet enfant était mort au berceau, disait-on. La Voisin envoya en Angleterre un de ses cousins, nommé Beauvillard, qui découvrit l'existence de l'enfant, que le roi d'Angleterre allait voir souvent en cachette. A cette nouvelle, la fureur de Monsieur éclata d'autant plus forte, qu'il prétendait que Louis XIV était le père. Néanmoins il envoya à la Voisin cinq cents demi-louis pour la récompenser. La Voisin, outrée de la modicité de la somme, la donna aux gens qui la lui avaient apportée, en faisant dire à Monsieur que s'il avait besoin du double, elle le lui prêterait. Monsieur se hâta d'envoyer dire qu'il n'avait voulu payer par là que les frais du voyage, et donna cette fois quatre mille pistoles, un diamant et deux rangs de perles qui furent vendus douze mille livres tournois. Comment était-il possible que la Voisin ne fût pas encouragée dans ce honteux métier quand le premier prince du sang supportait ses insolences et payait si cher ses fourberies ?

Plus tard, ce fut le tour du cardinal de Bouillon, grand aumônier de France. Ce prince de l'Église ayant appris l'évocation de Mazarin, se rendit chez la Voisin, et lui demanda si elle pourrait également évoquer l'ombre du maréchal de Turenne. Neveu et héritier de ce grand homme, le cardinal n'avait trouvé à sa mort qu'une succession trop minime pour son ambition et son avarice. Il ne pouvait croire qu'un homme qui avait commandé en chef des armées, avait fait capituler tant de villes et signé la paix à la prière de tant de monarques, n laissât pour tout héritage que la fortune d'un gentil homme. Il supposa que son oncle, qui d'ailleurs avai mené toute sa vie un train très-modeste, avait cach quelque part un trésor, fruit de ses nombreuses campagnes. Il communiqua son idée à quelques-uns de ses familiers, qui s'empressèrent de la corroborer, et dans peu il eut la conviction intime que le trésor existait. Mais où était-il caché? Turenne seul pouvait le dire, et c'est pour le faire sortir de sa tombe et le forcer à parler qu'il étai allé trouver la devineresse. Celle-ci consentit à tout, et voici le pacte qui fut fait entre eux. Elle demanda dix-sept jours pour se préparer. L'évocation devait être faite pendant la nuit, sur le tombeau même de Turenne, à Saint-Denis, dont le cardinal devait se faire ouvrir secrètement les caveaux. On donnait d'avance à la Voisin vingt-cinq mille livres, et vingt-cinq mille autres devaient être déposées entre les mains de l'abbé de Choisy, pour lui être livrées après la cérémonie, si elle faisait paraître et parler l'ombre de Turenne. Dans le cas où le trésor serait découvert, elle devait avoir deux cent mille livres. Le cardinal insista beaucoup pour amener avec lui du monde; mais la Voisin ne voulut lui permettre d'avoir à ses côtés que deux militaires qu'il fit armer de toutes pièces.

Le cardinal n'eut pas de peine à obtenir du sacristain de le laisser introduire, lui et sa société, dans les caveaux de Saint-Denis, sous prétexte de passer la nuit en prières sur le tombeau du maréchal; et un vendredi, treize du mois, à onze heures du soir, la Voisin, Davaux, Lesage, Destinelli, Joachino et Rose pénétrèrent dans les caveaux pour faire les préparatifs nécessaires. A minuit, le cardinal s'y rendit escorté de ses deux gardes du corps, et alors commença la cérémonie sacrilége de la messe au rebours, dite par Lesage et servie par Destinelli.

Un autel funéraire, avec les emblèmes les plus hideux de la mort, était dressé devant le tombeau de Turenne et cachait entièrement le mausolée. Le Christ, le calice, le ciboire et le livre de messe étaient renversés. La chasuble, l'étole et le surplis que portait Lesage étaient mis à l'envers; la sonnette était fêlée, l'hostie couleur de feu, et les burettes contenaient une liqueur enflammée. Les signes de croix se faisaient tous de la main gauche. Au lieu du Christ, on invoquait Satan. Cinq cierges de cire noire éclairaient cette scène impie à laquelle un prince de l'Église ne craignait pas d'assister. Au moment de l'élévation, un bruit d'orage qui retentissait jusque sous les voûtes des caveaux éclata tout-à-coup. A travers les vitraux, on aperçut les éclairs qui se succédaient avec rapidité; on entendit un tonnerre lointain qui se rapprocha peu à peu et s'accrut à mesure que les invocations de Lesage devinrent plus terribles. Enfin, la troisième fois qu'il prononça ces mots : — Le mort vient! — un bruit pareil à celui de la foudre qui tombe éclata subitement, et l'on vit, à travers une lueur sanglante, le corps du maréchal secouant son linceul et se dressant derrière l'autel. Aussitôt tous les assistants se prosternèrent la face contre terre; une voix forte et vibrante s'écria : — Avare impie et sacrilége, mon trésor, c'est ma gloire et ma réputation ; c'est le seul que j'aie laissé à des héritiers indignes de mon nom et de ma renommée. Au lieu d'amasser de l'or, j'ai gagné des batailles; au lieu de cacher des richesses, j'ai illustré ma maison au grand jour. Mon trésor, c'est le nom que j'ai laissé, il n'en existe pas d'autre; mais ce nom est trop lourd pour vous, son poids vous écrase, il vous étouffera bientôt, et avec vous s'éteindra ma race, que personne n'est digne de continuer en ce monde. — A ces mots un nouveau coup de tonnerre annonça la disparition du fantôme; la lueur sanglante s'éteignit et fit place à celle des lugubres bougies. Quelques personnes relevèrent la tête; mais le cardinal resta dans la même position : aux premiers mots prononcés par le fantôme, il avait perdu connaissance. Les deux militaires le transportèrent jusqu'à sa voiture et le ramenèrent à Paris. La Voisin se rendit le lendemain chez l'abbé de Choisy, toucha les vingt-cinq mille francs, selon le pacte qui avait été fait, et se félicita surtout cette fois d'avoir humilié la noblesse et l'Église dans la personne du cardinal.

Il n'y a plus qu'un mot à ajouter pour l'intelligence de cette scène; c'est que Rose déclare avoir vu venir plusieurs fois chez la Voisin le sacristain de l'abbaye de Saint-Denis.

Au dire du même rapport, la comtesse de Soissons se rendit plus de trente fois chez la Voisin sous divers déguisements. Elle voulait la succession entière du cardinal

Mazarin, et en demandait les moyens, que l'empoisonneuse pouvait lui fournir facilement. Elle demandait en outre un breuvage qui lui ramenât le roi, dont elle avait été la première passion. Elle fournit à la Voisin des cheveux, deux chemises, des bas, un col, et jusqu'à du sang de Louis XIV. De tout cela on composa ce qu'on appelait une poupée d'amour, pour faire sur elle les essais les plus obscènes.

Madame de Montespan vint aussi chez la Voisin et se fit donner un philtre, qu'elle prit trois fois sans que son charme pût opérer. La troisième fois, elle menaça de sa colère la Voisin, qui lui répondit par son registre; tandis que la reine de France elle-même, dans une entrevue qu'elle eut avec la devineresse, refusa un philtre que cette dernière lui offrait, l'assurant qu'il serait assez puissant pour lui faire obtenir l'amour du roi son époux, et s'écria avec indignation : — J'aime mieux pleurer l'abandon du roi toute ma vie que de devoir son affection à de pareils moyens. Lauzun, outre son mariage avec Mademoiselle, qu'il voulait faire reconnaître, réclamait les moyens d'être toujours aimé de la femme que le roi aimerait. Enfin, le comte de Bussy-Rabutin demandait un philtre qui le fît aimer de madame de Sévigné, sa cousine.

Telles sont les principales révélations qu'ont fournies les archives secrètes de la police. C'est à la suite de ce rapport, comme nous l'avons dit, que la Voisin fut arrêtée au moment où elle s'y attendait le moins. Cette arrestation eut lieu le 5 avril 1679, et dès le 7 le roi créa par lettres patentes la chambre ardente, entièrement séparée du parlement, et devant tenir ses séances à l'Arsenal. Il attribua à cette juridiction exceptionnelle la connaissance de tous les crimes d'empoisonnement, dont on croyait avoir découvert la source chez la Voisin. On suppose que la Reynie ayant communiqué au roi les révélations qu'il tenait de Rose, ce dernier craignit de faire paraître au grand jour des noms illustres ou puissants accusés de pareils crimes. Il ordonna en conséquence de soustraire à la connaissance de la chambre ardente les parties du rapport qui les compromettaient, et redoutant malgré cela les révélations de la Voisin et de ses complices, il enjoignit des débats secrets et composa ce tribunal de juges sur la discrétion desquels il pouvait compter. Il en nomma la Reynie lui-même président, et voulut qu'après la sentence toutes les pièces fussent brûlées, afin qu'aucun des noms qu'il protégait ne fussent atteints de la moindre accusation. Mais les précautions de Louis XIV ont été vaines, comme on le voit, puisqu'une partie de ces noms sont livrés aujourd'hui à la publicité. Cependant beaucoup demeurèrent un mystère. Le registre sur lequel la Voisin les avait inscrits et ses propres révélations embarrassèrent d'abord les juges, qui finirent par s'en rapporter au roi. Louis XIV, ne voulant pas avoir l'air d'éteindre tout à fait la justice, consentit à ce qu'on suivît contre certaines personnes de la noblesse que l'opinion publique désignait surtout; mais il eut soin de les faire prévenir assez à temps pour qu'elles pussent se mettre à l'abri. De ce nombre étaient les comtesses de Soissons et de Bouillon, et le maréchal de Luxembourg. La première quitta précipitamment la France à minuit, un soir qu'elle avait du monde à souper, laissant ses convives ébahis de sa fuite. La seconde parut devant la chambre ardente, refusa de reconnaître ce tribunal comme ayant pouvoir de la juger, et fut exilée à Nérac, dans les Pyrénées, par ordre exprès de Louis XIV. Quant au maréchal de Luxembourg, fort de son innocence, et ne voyant dans cette affaire qu'une tracasserie de Louvois, son ennemi déclaré, il se constitua lui-même prisonnier à la Bastille et réclama des juges. Il avait été compromis dans une intrigue à laquelle s'était mêlé Lesage, qui, espérant se sauver à l'abri de ce nom, avait prétendu avoir fait avec lui un pacte diabolique. Le maréchal fut jugé, comme il le demandait, et acquitté par arrêt de la chambre ardente du 14 mai 1680. Il paraît cependant constant que M. de Luxembourg eut la fantaisie de voir le diable, et qu'il s'adressa à la Voisin. Celle-ci, que rien n'embarrassait, lui fit voir sous cette figure le prêtre Davaux, que le maréchal faillit à tuer d'un coup d'épée, riant de tout son cœur quand le misérable se jeta à ses pieds et demanda grâce. Les rapports secrets de la police contestent cette assertion et disent que le maréchal a voulu voir le diable et *en a eu peur*.

Cependant des arrestations sérieuses avaient eu lieu en même temps que celle de la Voisin. Plus de quarante de ses complices, au nombre desquels étaient Lesage, Davaux, Destinelli, Vigoureux et sa sœur, furent enfermés soit à la Bastille, soit à Vincennes. Joachino seul échappa par miracle; il parvint à se cacher pendant trois jours dans la maison même que les gens de justice visitaient en tout sens; le quatrième, il en sortit pendant la nuit et disparut.

Dès les premiers interrogatoires, la Voisin répondit avec audace et cynisme à toutes les questions qui lui étaient faites, révélant des complices dans les premiers rangs de la société, citant à l'appui son registre, où les noms et les dates étaient inscrits, et demandant la confrontation. Le bruit de ce registre et la manière régulière dont il était tenu se répandit dans Paris. Dès ce moment beaucoup d'hommes et un plus grand nombre de femmes qui étaient allés chez la devineresse commencèrent à trembler. L'arrestation du maréchal de Luxembourg et la fuite des comtesses de Bouillon et de Soissons portèrent l'effroi dans bien des cœurs. Autant on s'était vanté autrefois, par amour de la mode, d'avoir fait visite à la sorcière, autant on s'en défendait dans ce moment. Chaque jour de nouvelles personnes disparaissaient de la société, et leurs amis ne savaient si leurs vœux devaient les accompagner à l'étranger ou dans les cachots secrets et impénétrables de la Bastille ou de Vincennes. Les juges de la chambre ardente gardaient le plus profond secret sur leurs opérations ; le roi était impénétrable, et tant de gens se croyaient compromis dans cette affaire, que la terreur panique régnait dans Paris.

« La pauvre petite madame Talon, dit madame Dunoyer dans sa lette LXVIII [1], eut une terrible alarme

[1] Lettres historiques et galantes de madame Dunoyer.

lorsque son époux vint lui dire qu'elle était sur la liste. Quoiqu'elle n'eût point été chez la Voisin dans des intentions criminelles, elle ne laissa pas d'avoir peur à son quartier, et il arriva une aventure qui pensa la faire mourir; car, dans le temps qu'elle était si fort effrayée de cette nouvelle, on vint lui dire qu'il y avait en bas un homme qui demandait à lui parler. — Allez savoir son nom, s'écria-t-elle toute tremblante. Mais, ciel! quelle fut sa surprise quand cet homme répondit qu'on n'avait qu'à dire à madame que c'était *Desgrais*. Vous savez sans doute, madame, que Desgrais était un exempt de la maréchaussée, fameux par les captures qu'il faisait tous les jours, et la terreur des pauvres huguenots aussi bien que des autres criminels. Ce fut alors que madame Talon se crut tout de bon perdue. Elle barricada toutes les avenues de son appartement et courut tout éplorée au cabinet de son mari : — Sauvez-moi la vie, lui dit-elle en se jetant à ses pieds ; il est vrai que j'ai été une seule fois chez la Voisin; mais ce n'était que pour la prier de me faire venir de la gorge : je ne lui ai jamais demandé autre chose [1]. Le procureur général, content de sa confession, lui dit

[1] Il paraît que madame Talon n'était pas la seule qui eût fait cette demande à la Voisin. Un des principaux motifs apparents de la prévention de la comtesse de Bouillon était ce petit billet d'elle qu'on trouva dans les papiers de la devineresse. *J'ai beau frotter, rien ne paraît.* La comtesse expliqua plus tard que c'était un onguent que lui avait vendu la Voisin en lui disant de s'en frotter la poitrine et que le spécifique n'opérait pas. Du reste, les vrais motifs, déguisés par les juges, étaient la demande de poison que la comtesse devait faire prendre à son mari, afin que, devenue veuve, elle pût épouser M. de Vendôme.

qu'elle n'avait rien à craindre, et comme elle assurai toujours que Desgrais était en bas pour la prendre, e qu'elle cherchait à se jeter par les fenêtres, il crut qu la peur lui avait fait perdre l'esprit. On fut voir ce qu c'était que ce Desgrais, et il se trouva qu'au lieu d'être celui qu'elle craignait, c'était un tapissier de même non qu'elle avait envoyé chercher quelques jours auparavant, et auquel sa prévention ne lui avait pas permis de penser. On rit beaucoup de ce quiproquo, et il y a dans la comédie de *Madame Jobin ou la Devineresse*, une scène où l'on fait allusion à cette aventure, et où l'on donne une idée de la manière dont la Voisin dupait le public avec ses prétendues intelligences diaboliques. »

En effet, une chose à remarquer, c'est qu'au milieu de cet effroi général, au moment où l'on faisait chaque jour le récit d'un nouveau crime commis par la Voisin ou ses complices, on fit représenter, le 19 novembre 1679, une comédie en cinq actes et en prose de Visé et Thomas Corneille, intitulée *Madame Jobin ou la Devineresse*. C'était une allusion continuelle à la Voisin. Cette pièce, qui est venue jusqu'à nous, est pleine d'esprit et de saillies. L'actrice qui jouait le rôle de madame Jobin avait copié les traits et le costume de la Voisin de manière à être reconnue de tous ceux qui l'avaient visitée. La foule se porta à ces représentations. Il est peu d'exemples de succès pareils au théâtre. A une époque où la grande vogue des pièces n'allait pas au delà de vingt représentations de suite, celle-ci en obtint quarante-sept, et l'envie de la voir était telle, qu'on la représenta deux fois par jour dans les dix-huit premiers. Ainsi, ce qui était le matin un objet de crainte et de terreur devenait le soir un objet de gaieté et d'amusement.

Le procès de la Voisin s'instruisit donc dans le plus grand secret, et la Reynie en dirigea les débats, seul instruit avec le roi de toute la vérité; car, à mesure que des révélations de la Voisin ou de ses complices venaient entacher une personne protégée en haut lieu, on détournait l'accusation d'empoisonnement en accusation de magie, et on acquittait ou même on cessait toute poursuite en prenant en pitié la faiblesse et la superstition de l'individu. C'est à cela que fait allusion le passage suivant de la lettre CCCCXCII de madame de Sévigné :

« Il est un homme qui n'est point nommé, qui dit à » M. de la Reynie : Mais, monsieur, à ce que je vois, » nous ne travaillons ici que sur des sorcelleries et des » diableries dont le parlement de Paris ne reçoit point les » accusations. Notre commission est pour les poisons, » d'où vient que nous écoutons autre chose? La Reynie » fut surpris, et lui dit : Monsieur, j'ai des ordres secrets. » Monsieur, dit l'autre, faites-nous-en une loi, et nous » obéirons comme vous; mais n'ayant pas vos lumières, » je crois parler selon la justice et la raison, et dire ce » que je dois.—Je pense que vous ne blâmez pas la droi- » ture de cet homme, qui pourtant ne veut pas être » connu. Il y a tant d'honnêtes gens dans cette chambre » ardente, que vous aurez peine à le deviner. »

Il est malheureux que madame de Sévigné, au lieu de céder au plaisir d'écrire une épigramme, n'ait pas consigné dans sa lettre le nom du magistrat qui fut peut-être le seul de cette chambre qui sût mettre de la conscience dans ses fonctions.

L'instruction et les débats du procès de la Voisin durèrent plus de six mois, au bout desquels intervint l'arrêt qui la condamna à être brûlée vive après avoir fait amende honorable, subi la question ordinaire et extraordinaire, et avoir eu la main coupée et plantée au poteau comme empoisonneuse. Elle n'épargna pas les révélations de toute espèce, et raconta avec une horrible franchise toute sa vie et tous ses crimes. Elle était heureuse toutes les fois qu'elle pouvait désigner comme complice un grand seigneur ou une noble dame, et accomplir ainsi sa vengeance jusqu'au bout. A mesure que ces révélations avançaient et qu'elle voyait les juges ne pas y donner suite, elle sentait l'espérance renaître dans son âme, et disait à ses gardiens qu'elle était sûre d'être sauvée et d'aller jouir de sa fortune en pays étranger. Pourtant, cet espoir l'abandonna peu de jours avant son supplice. Celui de la Vigoureux l'avait précédé. Cette femme, se défiant des juges, avait pris le système contraire à celui de la Voisin. Elle s'était adressée à M. de Louvois, et avait offert de révéler les choses les plus graves, s'il lui promettait la vie. Celui-ci refusa, en disant que *la question saurait lui délier la langue*; mais la Vigoureux déclara qu'aucune douleur ne saurait lui arracher un mot. En effet, elle subit les deux questions avec une constance qui étonna tout le monde. Les bourreaux avaient cependant poussé si loin les tortures, que le médecin déclara que si l'on continuait, la patiente allait expirer. On s'arrêta; elle n'avait pas prononcé une parole. Conduite aussitôt en place de Grève pour y être pendue, elle demanda à parler aux magistrats, et lorsqu'elle fut devant eux, elle leur dit avec orgueil : Messieurs, assurez M. de Louvois que je suis sa servante, et que je lui ai tenu parole mieux qu'il ne l'aurait fait lui-même peut-être. Puis, se tournant vers les bourreaux : Allons, qu'on achève, dit-elle, et elle marcha vers la potence.

Le récit de cet horrible trait de courage éclaira la Voisin sur sa position : Je la reconnais bien là, s'écria-t-elle en parlant de la Vigoureux; je la reçonnais bien là, cette bonne fille, qui a cent fois plus de courage que tous les nobles qui nous jugent, et qui n'osent condamner avec nous leurs confrères que j'ai dénoncés. Les misérables ! je croyais au moins que dans le sanctuaire des lois ils conserveraient assez de pudeur pour rendre une justice à peu près égale, et que, faisant grâce aux autres, ils nous la feraient à nous, qui sommes moins coupables. Je me suis trompée. Je ne les ai pas assez méprisés, voilà ma faute; et pourtant je devais savoir de quoi ils sont capables. A présent, je vois que tout est fini; l'exemple de cette bonne Vigoureux ne sera pas perdu pour moi. Elle n'a pas voulu parler, je parlerai, moi; je les ferai rougir, eux et toute leur race. La Vigoureux a supporté la question en silence ; je veux chanter, moi, pendant qu'on me l'appliquera : elle est morte en se résignant; je veux mourir en maudissant les hommes et en blasphémant Dieu, qui permet de si atroces injustices...

Dès ce moment, un rire frénétique qui ne l'abandonna plus s'empara d'elle. Dès qu'elle connut son arrêt, elle s'emporta en imprécations et en menaces terribles. Ce fut un spectacle affreux que la torture qu'on lui fit subir. Son supplice fut plus affreux encore. Elle fut exécutée le 22 février 1680. Nous ne pouvons mieux faire, pour donner une idée exacte de ce qui se passa, que de copier la relation que madame de Sévigné a écrite à sa fille, et dont la simplicité fait frissonner[1] :

« La Voisin savait son arrêt dès lundi, chose fort extraordinaire, dit-elle. Le soir, elle dit à ses gardes : Quoi ! nous ne ferons point *médianoche !* Elle mangea avec eux à minuit par fantaisie, car il n'était point jour maigre. Elle but beaucoup de vin, elle chanta vingt chansons à boire. Le mardi, elle eut la question ordinaire et extraordinaire ; elle avait dîné et dormi huit heures. Elle fut confrontée sur le matelas à mesdames de Dreux et de Féron et à plusieurs autres. On ne parle point encore de ce qu'elle a dit. On croit toujours que l'on verra des choses étranges. Elle soupa le soir, et recommença, toute brisée qu'elle était, à faire la débauche avec scandale. On lui en fit honte, et on lui dit qu'elle ferait bien mieux de penser à Dieu et de chanter un *Ave, maris stella,* ou un *Salve,* que toutes ces chansons. Elle chanta l'un et l'autre en ridicule. Elle dormit ensuite. Le mercredi se passa de même en confrontations et débauches et chansons. Elle ne voulut point voir le confesseur. Enfin, le jeudi, qui était

[1] Lettre CCCCXCV.

hier, on ne voulut lui donner qu'un bouillon; elle en gronda, craignant de n'avoir pas la force de parler à ces messieurs. Elle vint en carrosse de Vincennes à Paris; elle étouffa un peu et fut embarrassée; on la voulut faire confesser, point de nouvelles. A cinq heures on la lia, et, avec une torche à la main, elle parut dans le tombereau, habillée de blanc; c'est une sorte d'habit pour être brûlée. Elle était fort rouge, et l'on voyait qu'elle repoussait le confesseur et le crucifix avec violence. Nous la vîmes passer à l'hôtel de Sully, madame de Chaulnes, madame de Sully, la comtesse, et bien d'autres. A Notre-Dame, elle ne voulut jamais prononcer l'amende honorable, et à la Grève, elle se défendit autant qu'elle put de sortir du tombereau. On l'en tira de force, on la mit sur le bûcher, assise et liée avec du fer. On la couvrit de paille; elle jura beaucoup; elle repoussa la paille cinq ou six fois; mais enfin le feu s'augmenta, et on la perdit de vue. Ses cendres sont en l'air présentement. Voilà la mort de madame Voisin, célèbre par ses crimes et par son impiété. »

Le soir de cette exécution, vers les onze heures, un homme, enveloppé d'un large manteau qui lui cachait le visage, s'acheminait rapidement vers une maison isolée, située à une portée de fusil des murs de Paris. Arrivé à cette maison, il frappa d'une manière particulière, et la porte s'ouvrit aussitôt. Il entra et trouva un domestique qui le conduisit dans une salle basse, où était un homme endormi d'un profond sommeil. Le domestique s'approcha de son maître et le réveilla en lui montrant le nouveau venu, puis il sortit. Quand ces deux homme furent seuls, celui qui venait d'entrer jeta son mantea et dit au maître de la maison :

— Où sont-elles ?

— Là, répondit l'autre en montrant une urne de grè posée sur la table. Et votre or? reprit-il.

— Le voici, dit l'arrivant en présentant une bourse mais vous m'assurez que ce sont bien elles qui sont dans ce vase ?

— Sur mon honneur !

— Je vous crois... A vous cet or.

— A vous les cendres de la Voisin.

Ce pacte était conclu entre le bourreau et Joachino, le nègre, qui, échappé à toutes les recherches de la police, n'avait pu rien faire pour sauver sa maîtresse, et voulait du moins posséder les cendres de celle qu'il aimait encore. Il se jeta à genoux devant cette urne, resta longtemps muet et immobile, les lèvres collées dessus, et s'écria en se relevant : « Bonne maîtresse, je l'avais dit, que ta mort même ne pourrait nous séparer ; et je ne t'ai pas trompée, moi, car je t'emporte pour te garder toujours. » Puis, se tournant vers le bourreau, il ajouta en lui tendant la main : — Merci, camarade. Ce n'est pas tout, et je te donne le fond de ma bourse si tu veux me promettre une dernière chose.

— Parle.

— Si nous avons jamais affaire ensemble, si je dois passer par tes mains, jure-moi de faire enterrer ces cendres avec mon corps si je suis pendu ; de les mêler aux miennes si je suis brûlé.

— Donne le fond de ta bourse.

— Le voilà.

— Je te le jure.

Et ces deux hommes se séparèrent. Mais Joachino ne passa pas par les mains du bourreau; on n'entendit jamais parler de lui.

Trois jours après, un gentilhomme parcourait tête nue, au milieu d'une pluie battante, la rue Maubuée. Il s'arrêta devant la maison de la Voisin, déserte encore et entièrement close, et se mit à frapper à coups redoublés. Au bruit qu'il faisait, plusieurs voisins se mirent aux fenêtres, et l'un d'eux lui cria :

— Que demandez-vous donc, mon gentilhomme?

— La Voisin, répondit celui-ci; est-ce qu'elle est sortie avec tous ses gens?

— La Voisin? répéta avec étonnement l'homme qui avait pris la parole; d'où venez-vous donc, monseigneur?

— De Château-Thierry, où j'ai passé six mois.

— Eh bien, si vous avez fait le voyage de Paris pour voir cette sorcière, vous pouvez revenir d'où vous arrivez, car vous ne la verrez pas; elle a été brûlée il y a trois jours en place de Grève.

— Brûlée... elle... La maladroite!... pourquoi ne s'était-elle pas prédit ça?... Et moi qui venais lui demander à dîner! Ah ça, où dînerai-je donc aujourd'hui?

Un grand éclat de rire accueillit cette réponse, et le

gentilhomme, sans y faire attention, se remit en route en continuant de rêver.

C'était la Fontaine, qui venait de faire en ces termes l'oraison funèbre de la Voisin.

E. Alboize.

MARIE CAPPELLE,

VEUVE LAFARGE.

Le procès de Marie Cappelle a occupé l'Europe toute entière pendant plus d'une année. En effet, on chercherait en vain dans nos annales judiciaires une affaire plus curieuse par ses détails, plus obscure par le fond, plus émouvante par ses péripéties. Une femme jeune, spirituelle, intelligente, haut placée, est tout à coup accusée de deux crimes, dont l'un est atroce, l'autre bas et vil. A cette nouvelle, tout le monde se lève, les uns pour la perdre, les autres pour la sauver. Jamais lutte d'opinion publique ne fut plus acharnée. Partisans et ennemis marchent également du même pas, usent des mêmes ressources, emploient le même fanatisme. Les cris de vengeance et d'absolution, de culpabilité et d'innocence, de haine et d'amour, de mépris et d'admiration, s'entremêlent dans les écrits, sur les places publiques, jusque dans le sanctuaire de la justice. Pendant vingt-deux mois, ce combat n'a pas cessé un instant. Les débats judiciaires eux-mêmes ont servi tour à tour les espérances des uns et des autres. Pendant deux jours la science a absous Marie Cappelle; le troisième, elle l'a condamnée.

Il était impossible que notre recueil ne contînt pas ce procès. On le cherchait, on le demandait de tous côtés; nous nous sommes rendus à ces demandes avec d'autant plus de facilité, qu'aujourd'hui les passions sont éteintes dans cette affaire. Marie Cappelle dort dans sa tombe légale, et tout dort aussi autour d'elle, amis et ennemis. Notre intention est de ne réveiller personne. Sourds aux opinions diverses que nous avons entendues bourdonner à nos oreilles, nous bornons notre rôle à celui d'historien, et nous raconterons les faits comme s'ils se fussent passés il y a cent ans. Seulement, pour être moins arides qu'on ne l'est en pareille matière, nous chercherons à conserver à cette cause toute la vérité du drame et toute la réalité du roman qui s'y trouve. Nous ferons d'abord connaître Marie Cappelle telle qu'elle s'est dépeinte elle-même, et ensuite telle que l'ont dépeinte ses accusateurs, et nous nous arrêterons devant les bornes posées à l'écrivain par l'autorité de la chose jugée. Pour cela, nous avons deux choses à consulter, les Mémoires de Marie Cappelle, qui sont sa véritable défense; sa correspondance, qui a date certaine, et son journal, d'une part; et de l'autre, l'acte d'accusation. Nous allons mettre en face ces deux choses sous les yeux du lecteur; et la rapide esquisse des débats, dans ce qu'ils ont eu de plus saillant, viendra compléter notre travail.

Marie Cappelle naquit en 1816, le jour de la fête de son père. Fille d'un colonel d'artillerie et de mademoiselle Collard, elle fut tenue sur les fonts de baptême par M. de Brack et la riche mademoiselle Destillières, et par une bizarrerie du sort, qui semble se jouer de notre vie, elle reçut le prénom de *Fortunée.*

Cinq ans après, sa mère lui donna une sœur, Antonine, aujourd'hui madame de Violaine. Les caractères de ces deux enfants étaient parfaitement opposés l'un à l'autre. Marie, déjà jalouse de l'excessive tendresse que sa mère reportait sur la plus jeune de ses enfants, concentrait en elle ses petits mouvements de dépit; trop fière pour les laisser apercevoir, elle étouffait les larmes qu'elle était prête à répandre. Antonine, tout entière au bonheur d'être aimée, avait rassemblé toutes ses affections sur sa mère; Marie, toutes les siennes sur son père. Ainsi se passa son enfance, jusqu'au jour où, pour rompre son caractère, qui devenait d'une indépendance effrayante, on la fit entrer, en qualité de pensionnaire, dans la maison royale de Saint-Denis. Mais, s'il faut en croire le récit que fait Marie Cappelle du système d'éducation et du régime de cette maison, rien n'est moins propre à développer les bons sentiments et à éteindre les mauvais. Il eût fallu, pour connaître ceux de cette jeune fille, aller sonder jusque dans les plus profonds replis de son cœur, les dégager de cette enveloppe de fierté et d'amour-propre blessé qui les recouvrait, et les rendre à leur nature première. Mais madame de Bourgoing, « excellente femme, fort digne sous le cordon de la Légion d'honneur, et s'occupant très-peu de son administration, » dit Marie Cappelle, ne songea pas à faire cette étude sur la jeune élève; aussi cette dernière se roidit de plus en plus, se considéra comme abandonnée, exilée du toit paternel, et il s'ensuivit une grave maladie, à la fin de laquelle sa mère lui fit quitter pour toujours cet asile, qui avait excité tout son désespoir; elle la ramena au sein de sa famille. Marie n'emporta de cette maison que l'amitié de mademoiselle Dauménil, la fille du brave défenseur de Vincennes.

Marie retrouva son père avec bonheur, et plus que jamais se livra à sa tendresse et à son affection pour lui. Elle en réservait pourtant une part pour son grand-père, M. Collard, qui, tous les étés, réunissait sa famille à sa belle terre de Villers-Hellon, située en Picardie. Ce dernier, aussi indulgent que le colonel Cappelle pour le caractère de Marie, gâtait sa petite-fille en véritable *bon papa*, et trouvait en elle tout charmant, jusqu'à ses caprices. Son père lui donnait tout le temps dont il pouvait disposer, et ce temps était employé à apprendre à sa fille à faire des armes, à monter à cheval et à voir l'exercice à feu. Ce genre d'éducation, pour lequel le reste n'était pas néanmoins négligé, ne servit qu'à développer davantage chez Marie l'indépendance, la sauvagerie et la témérité de son caractère. Ce fut au moment où, plus que jamais, elle voyait dans son père son seul guide, son seul protecteur, où elle s'appuyait dans l'avenir sur son affection et ses conseils, que, blessé à la chasse par un fusil qui éclata dans ses mains, le colonel Cappelle succomba au bout de quelques jours. Ce fut la première des trois circonstances fatales qui frappèrent douloureusement la jeunesse de Marie et la laissèrent abandonnée à elle-même. Elle s'exprime en ces termes dans ses Mémoires sur cette mort inattendue :

« Mon Dieu ! quelle douleur profonde pour ma première douleur !... pourquoi m'arracher si jeune ma force et mon guide, lorsque vous prépariez à ma vie de si rudes sentiers ?... pourquoi ?... craigniez-vous qu'avec lui la terre me fût trop douce ?... l'avez-vous mis au ciel pour que j'y reporte mes pensées et mes espérances ?... Oh ! Seigneur, je ne sonderai pas l'abîme de vos desseins ; mais, par pitié, si je n'ai pas faibli sous le faix de ma croix, rendez-moi mon père dans l'éternité. »

Marie se crut un moment seule au monde ; mais voyant sa mère qui partageait ses douleurs, elle se reprit à l'aimer et voulut faire d'elle ce qu'elle avait fait de son père ; elle commençait à y parvenir, malgré la contrainte qu'elle avait éprouvée auprès d'elle dès ses premières années, lorsqu'une circonstance fortuite lui révéla le projet de sa mère de se remarier avec M. de Coëhorn. Cette découverte, qui la blessa *dans la plus chère religion de son cœur,* arrêta ses élans de tendresse et lui ôta tout son courage pour surmonter la crainte que sa mère lui inspirait. Elle se confia en pleurant à une amie de sa famille, lui dit ses douleurs et ses peines, et versa des larmes que cette dernière essuya en cherchant à la calmer et donnant tort à sa mère. Le lendemain, Marie entendit cette même amie qui conseillait à madame Capelle d'éloigner d'elle sa fille, pour faire tranquillement son mariage. Ce conseil révolta le jeune cœur de Marie, et voici les conséquences qu'elle tire de tout cela dans ses Mémoires :

« J'ai parlé bien en détail de ces événements, dit-elle; ils ont décidé de ma vie, en formant, par leur amertume, mon caractère et mes croyances. La mort de mon bien-aimé père m'avait appris la douleur; madame de T.... m'apprenait la société. Je me sentis isolée au monde. L'affection et le devoir me faisaient une loi de cacher mes secrètes amertumes; je ne pouvais dire à ma mère que je souffrais, et je ne devais pas le confier à l'amie la plus intime.

» Jamais je ne pus dompter mes premiers mouvements; mais je parvins peu à peu à ne pas faire peser mes souffrances sur ceux qui m'entouraient et à les ensevelir au fond de mon âme. Je partageais mes joies avec ceux que j'aimais : je pleurais avec les malheureux; mais j'aurais été honteuse d'une larme surprise dans mes yeux lorsqu'elle coulait sur moi-même. L'orgueil, l'habitude, la volonté, me firent forte et recueillie quand venait l'orage, et si ma tête ne savait pas se courber, ma bouche sut toujours sourire pour rassurer mes amis et me garder de la pitié des indifférents. »

Cependant M. de Coëhorn s'adressa directement à Marie, et lui dit de lui ouvrir son cœur. Celle-ci répondit à cette première avance avec la franchise de son âge, et son futur beau-père lui témoigna dès ce jour autant d'estime que d'affection ; mais ces manifestations, toutes loyales et sincères qu'elles fussent, ne pouvaient remplacer la tendresse et l'amour d'une mère, que le cœur de Marie demandait surtout; elle craignait même de témoigner trop de reconnaissance à celui qui allait remplacer son père dans le cœur et les affections de madame Cappelle, et ce fut avec la plus profonde douleur, avec le sentiment de son abandon et de son isolement, qu'elle vit sa mère changer le nom du colonel qui lui avait donné la vie, contre celui de M. de Coëhorn, qui, malgré sa bienveillante amitié, usurpait aux yeux de Marie une place dans sa famille. Dès ce jour, une gêne excessive, une tendresse cérémonieuse, régna dans toutes les relations de la mère et de la fille, et cette dernière sentit la nécessité de concentrer plus que jamais en elle-même ses pensées et ses sentiments. Une circonstance pourtant parut lui offrir l'occasion de donner essor à tout ce qu'elle ressentait dans son âme; mais cette circonstance fut de courte durée, et devint éphémère comme celles qui s'étaient déjà présentées. Nous puisons encore dans ses mémoires le récit qu'elle en fait elle-même :

« Au mois de mars ma mère fut dangereusement souffrante ; M. de Coëhorn était allé en Alsace surveiller quelques affaires, et ce fut moi qui soignai notre pauvre malade. Je passais les jours à son chevet, les nuits à ses pieds sur des coussins. Seule j'avais *le droit* de lui donner à boire, de soulever sa tête, de brûler ses pauvres pieds dans l'eau sinapisée. Moi seule recevais ses remercîments, ses sourires; j'avais de longs baisers. Je surprenais ses yeux, qui me suivaient avec tendresse; enfin elle m'aimait autant que j'avais pu le rêver, et *je l'adorais.*

» Six semaines se passèrent ainsi; mais lorsque M. de Coëhorn revint, il fallut lui rendre ses droits et revenir à l'affection froide et sévère du passé.

» Mon cœur, qui s'était ouvert à d'intimes épanchements, fut donc encore une fois tristement déçu et se replia sur lui-même. Toute son indépendance, toutes ses pensées bizarres se réveillèrent, et mon imagination, qui s'était déjà créé une vie d'affection partagée, redescendit avec peine aux mesquines réalités de l'existence. Je n'avais alors aucune expérience des choses et des hommes. Je crois que le mobile de mes actions était noble, mais j'étais irréfléchie, imprudente, voulant agir comme je rêvais, ne prenant jamais le sentier frayé par l'opinion, préférant un précipice à une ornière. Ne m'occupant pas des indifférents, sans le vouloir je dérangeais leurs combinaisons, ou souvent les miennes allaient se heurter contre elles; enfin, je marchais dans la vie la tête levée, sans regarder à mes pieds, voyant le plus petit nuage dans le ciel de mes pensées, n'apercevant pas les pierres et les dangers qui s'amoncelaient sur le chemin de la réalité, et obéissant toujours à mon premier mouvement. Mon esprit est entêté, volontaire, orgueilleux; mon cœur seul le domine, et c'est par lui que je puis me diriger. »

Telle fut la nouvelle déception que lui fit éprouver la seconde fatalité qui pesa sur sa vie, le mariage de sa mère en secondes noces. C'est dans ces dispositions d'esprit qu'elle acheva son éducation, et que son caractère et ses idées ne firent que croître dans la voie où les circonstances l'avaient jetée. Elle a soin de nous en instruire elle-même en nous disant : « Je devenais une grande personne, et cependant plus que jamais on me traitait en enfant, on encourageait mes folles gaietés, et toutes les petites actions bizarres dans lesquelles je dépensais la vie qui bouillonnait en moi. A cheval, je cherchais, je créais, je bravais mille dangers; dans mes promenades à pied, je ne résistais pas au plaisir de sauter une haie, de franchir un ruisseau sans autre but que celui de protester contre une barrière ou un obstacle, et lorsqu'on me pardonnait cette incroyable et entière liberté de mouvements, on ne tolérait pas la moindre indépendance dans mes opinions, on blessait sans cesse l'amour-propre de ma pensée pour la comprimer et l'éteindre. Tous ces moyens étaient inutiles. Si je consentais à être trouvée laide, je me révoltais contre la supposition d'être trouvée sotte ; puisqu'on l'exigeait, je me taisais; mais j'écrivais, mais je lisais avec ardeur, j'habituais mon intelligence à poétiser les plus minutieux détails de la vie, et je la préservais avec une sollicitude infinie de tous contacts vulgaires ou trivials. J'ajoutais à cela le tort de parer la réalité pour la rendre aimable à mon imagination, celui plus grand encore de sentir l'amour du beau, peut-être davantage que l'amour du bien, de remplir plus facilement l'excès du devoir que les devoirs mêmes, et de préférer en tout l'impossible au possible. »

Quelques années après son union avec M. de Coëhorn, la mère de Marie mourut. Ce fut pour cette dernière un nouveau coup qui la frappa aussi douloureusement que les autres, malgré la manière dont elle vivait avec elle. Sa mère l'appela à son lit de mort, et lui dit en la baisant au front : *Pauvre enfant, je t'aimais!* Ces paroles laissèrent au cœur de Marie une espèce de remords. Prosternée devant le corps inanimé de sa mère, elle s'écriait : Ma mère, pardonne-moi, je ne t'ai pas assez adorée!

« Hélas! hélas! ajouta-t-elle ensuite, pendant que je la possédais j'avais murmuré contre sa sévérité, j'avais dans mon esprit combattu ses ordres et ses conseils; j'avais aimé, plus que je ne l'aimais, le souvenir de mon père; pour lui j'avais été malheureuse de son bonheur; c'étaient d'irréparables jours qui pesaient sur mon souvenir comme des regrets mortels. »

Elle sentit plus que jamais son isolement sur la terre, et se réfugia cette fois toute entière dans la tendresse de son grand-père, auprès de qui elle alla vivre à Villers-Hellon; mais ce temps de calme et de bonheur ne fut pas à son tour de longue durée. Le grand âge de M. Collard, sur lequel Marie cherchait à s'aveugler, arriva au terme marqué par la nature, et son grand-père la quitta comme les autres.

« J'adorais mon grand-père, écrit-elle; les larmes que j'avais refoulées sur mon cœur pour les épargner à ses derniers moments, cette douleur cachée, ces angoisses réprimées, me causèrent des crises nerveuses épouvantables. Je restai sans mouvement, sans paroles, sans pensées, jusqu'au jour où ma tante Garat, arrivant au désespoir, me rendit la faculté de souffrir et de pleurer, pour souffrir et pleurer avec elle. Cette tombe, qui venait de s'ouvrir pour m'enlever mon dernier appui, avait rouvert deux autres tombes dans mon cœur. Il me semblait avoir perdu dans un seul jour mon père, ma mère et mon grand-père. » Ce fut la troisième fatalité qui l'atteignit, dit-elle. Fatalité, en effet, que cette existence de jeune fille, qui se rattache à son père, mort avant l'âge ; puis à sa mère, qui, dans le sein d'un autre mariage, semble chercher l'abnégation et l'oubli des devoirs maternels ; enfin à son aïeul, celui qui, par l'âge, devait partir le premier, et qui, survivant à tous, meurt au moment où Marie, appelée à jouer un rôle dans le monde, avait besoin d'un guide pour assurer ses premiers pas.

Cependant Marie avait déjà paru dans le monde avant la mort de son grand-père. Livrée aux soins de mesdames de Martens et Garat, ses tantes, elle était venue passer plusieurs hivers à Paris, et quitta définitivement Villers-Hellon quand M. Collard eut cessé de vivre.

Les diverses citations que nous avons faites de ce qu'elle a écrit sur son caractère la font assez connaître maintenant. A mesure qu'elle avança dans la vie, ses qualités et ses défauts se développèrent. Ainsi, nous devons nous la représenter dans le monde légère et aimante, spirituelle et romanesque, caustique et gracieuse, dévouée et bonne, et par-dessus tout bizarre, mais bizarre avec esprit, originalité, et souvent avec sentiment. Livrée à elle-même dès l'âge où l'on commence à sentir et à penser, elle n'eut pour guide, au milieu des éléments d'une éducation manquée, que sa tête et son cœur. L'une et l'autre l'égarèrent parfois, car la tête la rendait imprudente et le cœur poétisait tout.

Lancée à Paris dans la société des deux aristocraties, celle de la noblesse et celle de l'argent, elle vivait dans l'intimité de mesdames de Valence, de Montesquiou, de Nicolaï, Lehon, Gauthier, Vatry, du maréchal Gérard, de MM. de Mornay, de l'Aigle, Caumont, de Celles, etc. Elle était toujours remarquée, tant par ses manières gracieuses que par son esprit, attirait autour d'elle par les charmes de sa conservation, et étonnait tout le monde par ses idées d'indépendance, si finement émises, qu'elles paraissaient toutes naturelles, même chez une jeune fille de vingt ans. Passionnée pour la musique, elle faisait partager son enthousiasme à ses auditeurs quand elle se mettait au piano, et que sa brillante exécution venait éblouir l'assemblée. Rieuse et mordante, elle faisait les frais de ces causeries intimes des petits cercles où l'on pense tout haut; enfin elle était plus recherchée dans le monde que sa position et sa fortune ne pouvaient le lui faire espérer. Pourtant, soit qu'elle dédaignât de choisir parmi ceux qu'elle voyait dans sa société, et que son esprit romanesque ne fût pas satisfait d'un mariage tel qu'on le fait habituellement, soit que les jeunes gens qui l'entouraient tournassent leurs vues ailleurs, elle ne contracta dans le monde aucun engagement sérieux. Elle dévoile dans ses mémoires deux intrigues qu'elle eut avant son mariage, et qui se bornèrent à une correspondance et à des projets d'union. Toutes deux rentraient dans ses idées par leur bizarrerie et leur romanesque.

La première fut avec un jeune homme qui s'était borné d'abord à la suivre respectueusement, et qui, plus tard, parvint à lui écrire. « La tournure, la figure, la toilette du monsieur, dit-elle, révélaient infailliblement un gentilhomme. Grand, élancé, assez pâle pour qu'on pût lui prêter une passion incomprise, ou tout au moins une petite maladie de poitrine; ayant des yeux expressifs; des bottes vernies, des gants jaunes de la couleur la plus comme il faut, etc. » Tel est le portrait qu'elle trace du bel inconnu, aux lettres duquel elle ne tarda pas à répondre, et qu'elle finit par aimer de tout le premier amour d'une jeune fille. Cette passion ne fut pourtant pas dangereuse. Sa tante Garat découvrit la correspondance, et ne trouva d'autre moyen d'arrêter le scandale que de forcer les deux amoureux à un mariage. Marie y consentit pour sa part. Madame Garat prit des informations sur le jeune homme aux gants jaunes, et vint annoncer à sa nièce que son *héros* n'était qu'un *garçon apothicaire*, fils d'un apothicaire-droguiste. Cette nouvelle consterna Marie et la fit rougir de honte et de dépit. Pendant huit jours elle rêva de *M. de Pourceaugnac*, du *Malade imaginaire*, et de leurs fantômes menaçants qui se dressaient autour d'elle (1). Le ridicule triompha de cette première intrigue en donnant une leçon; mais la seconde intrigue fut plus sérieuse et la leçon plus cruelle.

Parmi les voisins de campagne de Villers-Hellon, était un jeune homme, le comte Ch..., cité pour ses désordres de toute espèce, par le cynisme de ses mœurs et ses folies de tout genre. Il vit Marie et sentit d'abord pour elle de l'estime, puis de la confiance, enfin de l'amour. Marie, de son côté, ayant deviné en lui les qualités d'un noble cœur, se laissa aller au même penchant et entreprit de le ramener à des sentiments meilleurs et de le rendre à la société, en devenant d'abord son conseiller, son amie, puis enfin sa future. Une année était le terme prescrit pour le mariage, afin de donner au comte Ch.... le temps d'arranger ses affaires et de se séparer d'une femme mariée avec laquelle il vivait. Toute cette intrigue est semée d'épisodes charmants, que je regrette de ne pouvoir rapporter ici, par rapport aux bornes étroites de cette notice. Tantôt des conversations intimes sur la pauvre femme mariée, dont Marie veut faire assurer l'avenir; tantôt un entretien, pendant lequel elle apprend à M. Ch... les prières de l'Église, qu'il ignore et qu'il doit savoir pour être parrain; tantôt enfin, c'est M. Ch..... qui, déchirant dans le livre la messe du mariage, s'écrie : — Vous ne la lirez plus sans moi. Voici, du reste, en quels termes Marie parle de son amour pour lui :

« Ce sentiment qui s'était emparé de mon existence ne l'absorbait pas, mais la remplissait. Loin d'oublier mes devoirs pour rêver à lui, je les accomplissais plus strictement pour me rendre digne de son amour. Depuis que je l'aimais, je priais Dieu bien davantage ; je récitais mes prières du soir et du matin une fois en son nom, une fois au mien. Je l'avais associé à mes bonnes actions pour qu'il partageât les bénédictions qu'elles appelaient sur ma vie ; enfin, lorsque tout nous séparait, je vivais encore uniquement en lui et pour lui. »

Tel était l'état des choses lorsque M. Collard vint à mourir. Forcée de quitter Villers-Hellon pour aller à Paris avec ses tantes, Marie voulut annoncer son départ à M. Ch..., qui, depuis quelque temps, semblait éviter de se trouver seul avec elle ; elle voulait savoir en outre si rien n'était changé à ses dispositions. Ils eurent ensemble un dernier entretien, où M. Ch... rejeta sur le mauvais état de ses affaires l'impossibilité de l'épouser, ne voulant pas entraîner une jeune femme qu'il aimait dans sa ruine. Marie fut atterrée de ces paroles, qu'elle prit pour un prétexte, et cet entretien se termina ainsi :

« Il s'était mis à genoux devant moi, et couvrait de ses baisers mes mains, avec lesquelles je voulais cacher ma tête ; puis je sentis ses lèvres se poser sur une larme qui roulait lentement le long de ma joue.

» — Quoi ! m'écriai-je, vous voulez obtenir maintenant ce que vous n'obteniez pas lorsque je devais être votre femme ? Ah ! c'est bien indigne, monsieur, c'est bien lâche !

» Je me levai, je sonnai avec force un domestique, et je lui ordonnai d'éclairer M. Ch....., qui voulait se retirer dans sa chambre ; puis, lorsque la porte se fut fermée, je me trouvai mal ; je passai toute la nuit à genoux, la tête appuyée sur les deux mains de ma pauvre Antonine, qui était comme moi morne, désespérée.

» Vers le matin, j'entendis le pas d'un cheval ; c'était le sien !... En passant sous mes fenêtres, ses yeux me cherchaient; mais il ne put rencontrer les miens, qui le suivaient cependant... Trois fois il retourna la tête, trois fois j'eus besoin de rassembler tout mon courage. Enfin il lança son cheval au galop; je ne le vis plus... je ne l'ai pas revu.

» Je fus longtemps bien malheureuse, mais sans désespoir, sans larmes. Je m'étais brisée contre l'amitié, contre l'amour, contre tout ce que j'avais admiré, rêvé, désiré dans ma vie. Le réveil fut cruel. Je rentrais dans la réalité, découragée, insouciante, résolue à faire ce que tout le monde faisait, à souffrir les communes souffrances, à penser les communes pensées, ne comprenant plus dans les bonheurs de l'existence que celui de faire le bien et celui de s'étourdir au bruit des plaisirs des autres.

» Je savais que l'affection avouée de M. Ch... m'avait attiré le blâme de ces personnes peu charitables qui semblent se créer des vertus avec les fautes du prochain; je n'en fus ni étonnée ni malheureuse. En apprenant la fragilité de toutes les choses de ce monde, j'appris aussi la joie toute puissante et toute stable d'une bonne conscience. »

Quand Marie Cappelle parle de son amitié brisée, elle fait allusion à celle qui l'unissait à mademoiselle de Nicolaï. Nous n'avons pas encore parlé de cet événement, l'un des plus importants par ses conséquences dans la vie de madame Lafarge, afin de le rapporter tout entier.

Marie Cappelle avait vu plusieurs fois mademoiselle de Nicolaï chez madame de Valence ; ces deux jeunes filles, rapprochées par l'âge, les goûts et la société, se lièrent étroitement, et devinrent bientôt inséparables. Toutes deux, gracieuses, élégantes, légères et coquettes, attirèrent les regards des jeunes gens qui se trouvaient sur leur passage. Mademoiselle de Nicolaï surtout, héritière d'un noble nom et d'une grande fortune, qui, par ses manières et sa beauté, annonçait sa naissance et son rang, fixait l'attention générale. Elle avait fait à Marie une foule de ces confidences que se font les jeunes filles entre elles, et lui avait donné comme un *grand secret* une intrigue commencée, par les regards seulement, avec un bel étranger qu'elle croyait Espagnol et qui la suivait partout. C'était à Saint-Philippe du Roule qu'avait eu lieu cette intrigue innocente, qui se continuait aux Champs-Élysées, aux musées et dans les lieux publics où les jeunes filles se rendaient ordinairement.

« Un matin, dit Marie Cappelle, je reçus d'elle (mademoiselle de Nicolaï) un petit billet qui me priait d'aller la trouver sur-le-champ; car elle était souffrante, inquiète, malheureuse. A peine étais-je entrée dans sa chambre, que Marie (c'est aussi le nom de mademoiselle de Nicolaï) me raconta qu'ayant blessé par des regards d'indifférence l'orgueil de M. Clavé (c'était le nom du beau jeune homme, qui n'était pas du tout Espagnol), elle ne l'avait plus revu; qu'elle était désespérée de rester dans son souvenir comme une légère et vaniteuse jeune fille; qu'elle voulait lui faire comprendre qu'elle sacrifiait ses idées à celles de sa famille, son affection à un devoir; qu'il était nécessaire, qu'il était indispensable qu'elle le rencontrât encore une dernière fois, et qu'elle était décidée à lui écrire! J'avoue que loin de dissuader Marie de cette résolution imprudente, je l'y encourageai; j'avoue même que je lui prêtai mon écriture pour ces deux lignes insignifiantes : *Pour la santé, une promenade aux Champs-Élysées, à deux heures; pour le salut, une prière à Saint-Philippe du Roule.* Ils se retrouvèrent en effet là. »

Le lendemain, mademoiselle de Nicolaï reçut par la petite poste une lettre d'actions de grâces qui n'était pas signée et qui venait de Clavé. Effrayée des conséquences que cela pourrait avoir pour elle si on découvrait cette correspondance, elle répondit à M. Clavé pour lui dire de ne pas lui écrire, et d'adresser ses lettres à Marie Cappelle. Alors commença une correspondance suivie entre Marie Cappelle et lui, correspondance toujours soumise à mademoiselle de Nicolaï. Les choses continuèrent ainsi jusqu'au jour d'un bal donné à Tivoli pour les pensionnaires de la liste civile. M. Clavé et les deux Marie se rencontrèrent et se parlèrent à ce bal. Peu après, mademoiselle de Nicolaï partit pour la campagne, et Marie Cappelle, ignorant ce qui se passa depuis, ne reçut qu'à de rares intervalles des nouvelles de M. Clavé. Peu après, mademoiselle de Nicolaï épousa M. de Léautaud, et M. Clavé partit pour l'Afrique. Avant de se marier, mademoiselle de Nicolaï réclama de Marie Cappelle toute la correspondance de M. Clavé dans laquelle il était question d'elle; et après quelques difficultés, cette dernière consentit à la lui rendre.

Les choses étaient en cet état, lorsque madame de

Léautaud invita Marie à venir passer quelque temps à sa maison de campagne de Busagny. Là, madame de Léautaud fit part à son amie des craintes que lui inspirait M. Clavé, qu'elle prétendait ne pas être en Afrique. — J'ai fait prendre des renseignements fort exacts sur sa position, lui disait-elle ; ses affaires sont très-mauvaises : ses créanciers le poursuivent. Il veut entrer dans le monde ; il est homme à se servir d'une intrigue éclatante pour s'en ouvrir les portes ; il montrera nos lettres, il nous perdra. — Elle ajouta que le seul moyen d'acheter son silence était de lui donner une somme d'argent ; mais elle ne pouvait en disposer sans exciter les soupçons de sa famille. Elle proposa à Marie d'épouser M. Delvaux, le frère de sa gouvernante, qui était sous-préfet. Elle lui aurait alors remis ses diamants, que ce dernier, tout dévoué à madame de Léautaud, aurait vendu, et le prix en aurait été envoyé à M. Clavé. Mais, pour remettre ces diamants, il fallait en motiver la disparition d'entre les mains de madame de Léautaud d'une manière vraisemblable. Celle-ci résolut de se voler elle-même, en rendant l'accusation du vol impossible pour qui que ce fût. Une circonstance favorable se présenta. Le jour de la Fête-Dieu, la conversation tomba sur la corbeille de mariage de mademoiselle de Beauvoir ; on parla de diamants : une discussion s'établit, et madame de Léautaud courut chercher son écrin et le montra comme terme de comparaison. Puis, étant restée seule avec Marie et M. Delvaux, qui s'occupait de faire sa cour, elle tira furtivement les diamants de leur étui, les emporta dans sa chambre, redescendit et remit l'étui vide sur une petite table à côté d'une croisée ouverte, où les pauvres venaient habituellement demander l'aumône. Ensuite elle quitta le salon avec Marie et laissa tout à l'abandon. Le soir, elle reporta l'écrin vide dans son tiroir. Quelques jours après, elle voulut qu'on découvrît le prétendu vol. Marie, pour se prêter aux désirs de son amie, prétendit qu'il était impossible de reconnaître la différence du strass et du diamant, et pour preuve apporta les boutons de son livre de messe, qui étaient en pierres fausses. On voulut de nouveau faire la comparaison : madame de Léautaud chercha son écrin, l'ouvrit et parut consternée en le voyant vide. On chercha dans tous les coins, on s'informa à tout le monde, on interrogea tous les domestiques, et on n'arriva à aucun résultat. Pendant ce temps, les diamants avaient été apportés par madame de Léautaud dans la chambre de Marie, et là toutes deux, après les avoir démontés à l'aide de ciseaux, les mirent dans un sachet pour les dérober plus facilement aux recherches qu'on devait faire. Madame de Léautaud profita de cette circonstance pour faire cadeau à Marie de plusieurs perles comme présent de noces à propos de son futur mariage avec le sous-préfet; mais ce mariage ne s'accomplit pas. D'une part, Marie n'aimait pas son prétendu; de l'autre, elle n'avait pas confiance dans son avenir administratif. Madame de Léautaud, contrariée de ce refus de mariage de Marie qui détruisait tous ses projets, la pria de garder encore les diamants, qu'il était dangereux pour elle d'avoir en sa possession, jusqu'au moment où les circonstances feraient naître l'occasion de s'en défaire. Marie y consentit et supporta par dévouement pour son amie les recherches judiciaires qu'on vint faire au château. Une seule chose faillit à la faire trahir, ce fut la menace qui fut faite de chasser un domestique qu'on soupçonnait violemment. Marie ne fut pas alors maîtresse d'elle-même, et fit dire à ce domestique qu'elle lui procurerait une autre place s'il perdait la sienne auprès de M. de Léautaud. Puis, ayant gardé les diamants, elle repartit peu de temps après pour Paris, et enfin épousa M. Lafarge. Elle écrivit alors à madame de Léautaud, pour savoir ce qu'elle devait faire des diamants, n'en eut pas de réponse, et confia toute cette affaire à M. Lafarge, devenu son mari.

Tels sont les faits racontés avec beaucoup de détails par Marie Cappelle, et sur lesquels nous reviendrons quand la suite des événements nous y aura ramené.

Maintenant, en nous représentant Marie Cappelle telle qu'elle s'est dépeinte elle-même, en nous rappelant cette tête rêveuse et poétique, ce caractère ambitieux, ce cœur froissé et trop plein, et cette espèce de résignation dont elle avait senti la nécessité dans son isolement, nous allons continuer à la citer elle-même, lorsque, cédant aux vœux de sa famille, elle consentit à épouser M. Lafarge. Deux lettres qu'elle a écrites à cette époque nous donnent les détails les plus circontanciés sur la situation de son esprit et sur son mariage.

La première est à M. Elmore. La voici :

« Je veux vous écrire une grande nouvelle, mon cher monsieur Elmore, une nouvelle que je ne crois guère, qui m'étonne plus qu'elle ne vous étonnera. Enfin, moi, si difficile, si réfléchissante aux mauvais côtés de toutes choses, je me marie en poste.

» Mercredi je vois un monsieur chez Musard ; je lui plais, et il ne me plaît pas beaucoup. Jeudi il se fait présenter chez ma tante ; il se montre si soigneux, si bon, que je le trouve mieux. Vendredi il me demande officiellement. Samedi, je ne dis pas oui, mais je ne dis pas non, et dimanche, aujourd'hui, les bans sont publiés.

» J'étouffe de mille sentiments divers. C'est fini... Voici les détails que je puis vous donner. M. Lafarge a vingt-huit ans, une assez laide figure, une tournure et des manières très-sauvages, mais de très-belles dents, un air de bonhomie, une réputation excellente; il est maître de forges, a des propriétés dans le Limousin, à cent trente lieues de Paris, une belle fortune, un joli château, autant que je puis en juger par un plan qu'il m'a donné. Il revient tous les ans à Paris pour ses affaires. Du reste, il m'adore, ce qui me semble assez doux. Il aime les chevaux. Le haras de Pompadour est à une demi-lieue de Glandier ; et c'est à cause de ces belles courses, qui ont lieu le 17 août, qu'il désire cette excessive presse qui me fera marier avant cette époque.

» Si cela vous est presque impossible, je vous attends sur-le-champ, car je veux aussi votre prière en cette circonstance : sinon, répondez-moi sur-le-champ, et promettez-moi qu'après avoir ouvert la chasse à Villers-Hellon, vous viendrez la fermer chez nous. Notre chasse est superbe, car je m'en suis informée de suite à votre souvenir et intention ; on trouve des lièvres à chaque pas, des loups, des sangliers ; on chasse à cheval très-souvent. Vous m'amènerez mon fidèle Pyrame, n'est-ce pas ? Je veux lui faire dignement les honneurs de chez moi.

» Je suis ravie de cette possibilité de vous recevoir chez moi, etc. »

Dans la seconde lettre à la vieille Ursule, sa gouvernante, elle s'exprime ainsi :

« Mon mari n'est pas très-bien, mais parfaitement bon. Il m'adore, et me comble déjà de soins et d'attentions délicates. . . . .

» *Mon mari futur* adore de monter à cheval ; il a deux chevaux de selle et deux de voiture. Il me donne un délicieux habit vert. J'ai le dessin de mon petit château, qui est charmant : il y a de belles mines dans le jardin, une rivière qui passe sous les fenêtres ; c'est à peu près grand comme Villers-Hellon.

» M. Lafarge aime à recevoir du monde chez lui, il en a très-souvent ; vous viendrez me voir, je l'espère bien. Ce sera un voyage très-sain pour la santé de Valentine, et rien ne me rendra plus heureuse que la possibilité de recevoir ceux qui m'ont si bien reçue. Ma bonne Marie aura de l'excellent café qui l'attendra ; je me brouille avec elle si elle ne vient pas bientôt.

» On m'a déjà donné un délicieux piano de Pleyel, qui est dans le salon de ma tante, et qui va partir pour le Glandier, afin de me recevoir. N'est-ce pas que c'est une aimable attention ? Sachant que j'aime les bains, il a écrit sur-le-champ pour que je trouve une salle de bains toute prête qui fasse mon cabinet de toilette ; il en est de tout ainsi ; je ne puis pas former un désir qui ne soit accompli ou promis. C'est le contraire de tous les mariages Chaque jour nous découvre quelque chose de mieux en caractère, fortune, etc. Je n'ai pas perdu pour attendre. . . . . »

Comme on le voit, si d'un côté Marie Cappelle cherchait à se trouver très-heureuse de ce mariage, de l'autre M. Lafarge employait tous les moyens de séduction *maritale* pour lui faire aimer par avance l'avenir qu'il lui promettait. Le Glandier était un château gothique bâti sur les ruines d'une antique abbaye ; une rivière en baignait les murs, des prairies l'entouraient, des sites sauvages et pittoresques couronnaient les montagnes environnantes ; la forge rapportait trente-cinq mille livres de rente ; le haras de Pompadour promettait ses fêtes, les châteaux voisins une aimable société. Enfin tout s'accordait à ressusciter pour Marie le temps de la plus fabuleuse féodalité, et elle allait régner au Glandier en véritable châtelaine.

Il ne fallait rien moins que cela pour arracher un consentement à cette tête romanesque, qui ne voyait pas dans M. Lafarge le héros qu'elle avait constamment rêvé. Marie donna donc sa parole en cherchant à se faire illusion à elle-même sur la personne de son futur, qu'elle voulait aimer de très-bonne foi. Au milieu de ses efforts, une circonstance, légère en apparence, mais grave sans doute pour une femme telle que Marie Cappelle, vint arrêter son élan. Sa tante Garat lui dit à la veille du mariage : « Mon enfant, un peu de raison; j'ai à t'apprendre une nouvelle assez naturelle, mais qui te fera mal : M. Lafarge est veuf. »

« Ce fut un coup de foudre, écrit Marie ; de tout temps j'avais attaché une idée sinistre à un second mariage ; j'avais dit dans mon cœur, souvent aussi j'avais dit tout haut, que je n'aurais jamais la pensée et le courage d'épouser un veuf, et cependant dans trois jours on devait signer mon contrat! Dans trois jours je devais remplacer la froide épousée qui dormait dans son cercueil! Mon premier mouvement fut de tout rompre, mon second de fondre en larmes sous les caresses et les exhortations de mes tantes ; elles comprenaient de la surprise et du mécontentement, mais traitèrent de folie un désespoir assez profond pour faire retirer une promesse donnée. Je ne savais que leur dire pour m'excuser ; mes douleurs n'étaient pas de celles que l'on avoue, mais elles étouffaient mon cœur comme un pressentiment................ Depuis ce moment, je repris rarement mon insouciante tranquillité ; cependant, je n'essayai pas de reculer le mariage : ma parole était sacrée. »

Dès ce moment, en effet, Marie Cappelle paraît plutôt une victime qu'une jeune fille obéissante et résignée. Ses mémoires ne contiennent aucune réflexion à cet égard ; mais le ton d'amertume qui règne dans le récit de son mariage semble trahir sa pensée malgré elle.

« Le samedi 10 août, dit-elle, à midi, les notaires et la partie masculine de la famille se réunirent pour arrêter les articles du contrat. Ne comprenant rien à tous ces termes de loi, je ne me crus pas obligée de les écouter, et, retirée dans l'embrasure d'une fenêtre, je causai littérature avec M. de Chambine, mon ancien notaire, qui était très-inoccupé, car son esprit original avait depuis peu secoué le joug des contrats et des testaments.

» Un moment de silence m'avertit que le marché était terminé, accepté de part et d'autre ; et quand on me fit signer cet acte dans lequel deux intelligences notariales avaient mis tout leur bon sens, l'un à vendre le plus cher possible, l'autre à acheter au plus grand rabais une créature faite à l'image de Dieu, j'eus un sourire de mépris, et la honte vint rougir mon front............. Sans me donner le temps de la réflexion, on me pare de la plus jolie toilette de mon trousseau, on me fait monter en voiture, entrer dans une petite chambre bien noire, où un greffier, enfermé dans une cage de fer à l'instar des hôtes du jardin des Plantes, nous grimaça un accueil gracieux. Il ouvrit de gros registres, sur lesquels nos témoins écrivirent leurs noms, et surtout leurs titres ; ensuite on nous conduisit à travers de sombres corridors dans un salon aux draperies sales, surmontées du coq gaulois, où nous fûmes reçus gravement par un gros homme entouré d'une écharpe tricolore, et qui tenait un Code à la main. Jusque-là j'avais observé les ridicules qui m'entouraient, suivi machinalement dans une glace les ondoyants balancements de la grande plume qui ombrageait mon chapeau, pendant qu'on m'adressait des compliments de circonstance que je n'écoutais pas ; mais quand il fallut dire oui, quand, sortant d'une insensibilité léthargique, je compris que je donnais ma vie, que cette mesquine comédie de la loi allait enchaîner ma pensée, ma volonté, mon cœur... les larmes que je voulus cacher m'étouffèrent, et je faillis me trouver mal dans les bras de ma sœur. »

Le mariage à l'église se fit trois jours après, et le lendemain, après avoir passé la nuit en qualité de garde-malade auprès de sa femme qui était souffrante, M. Lafarge monta en chaise de poste avec elle pour se rendre au Glandier. A peine avait-on quitté Paris, qu'il dormait profondément à ses côtés.

« Je me mis à rêver, dit Marie Cappelle ; jusqu'à ce jour ma vie, qui avait été isolée au milieu d'affections intimes, mais secondaires, allait donc devenir le premier mobile, la première joie, la première espérance d'une autre vie! J'allais être bien-aimée ; le sentiment d'inutilité qui avait pesé si lourdement sur mon passé allait faire place au sentiment du devoir! et chacune de mes actions, de mes paroles, pourrait honorer et charmer un honnête homme qui m'avait donné son nom. M. Lafarge semblait m'adorer; je n'avais pas encore appris à l'aimer, mais on dit que cela vient vite; l'amour dans un mariage de convenance n'est guère qu'une tendre estime, et je me sentais déjà dans le cœur tout ce qui peut inspirer ce sentiment. Tandis que la raison me parlait ainsi, mon imagination soufflait à ma pensée les mots passionnés et délicats qui allaient me bercer tout ce jour; le premier baiser sur le front, un second, un troisième que je rendrais peut-être; puis un bras qui viendrait soutenir ma taille, que la fatigue pourrait courber, une voix qui dirait : « Je vous aime, » et qui, plus tard, avec la première étoile de la nuit, murmurerait : « Mon ange, m'aimes-tu?... »

» Un cahot réveilla M. Lafarge; il étendit les bras avec un bâillement sonore et prolongé, m'embrassa sur les deux joues, et me dit : « Allons, ma petite femme, déjeunons. »

» Il y avait un poulet froid dans la voiture; M. Lafarge le saisit par les deux ailes, et le partageant en deux, m'en offrit la moitié. Je refusai avec un peu de dégoût, etc. »

Certes, il y avait là de quoi désillusionner la femme la moins poétique pour le premier tête-à-tête qu'elle avait avec son époux. Marie Cappelle fut obligée de quitter la voiture et de finir la route sur le siége jusqu'à Orléans. Là, elle demanda un bain pour y *chercher un peu de fraîcheur et de repos.*

« J'étais à peine entrée dans ma baignoire, continue-t-elle, que la porte fut vivement ébranlée.

» — Madame est au bain, dit Clémentine.

» — Je le sais, ouvrez-moi.

» — Mais, monsieur, la baignoire est découverte ; madame ne peut vous recevoir.

» — Madame est ma femme ; que le diable emporte les cérémonies !

» — Je vous en prie, ne criez pas si haut; attendez un instant. Dans un quart d'heure je serai habillée, lui disje avec un peu de dépit.

» — C'est précisément parce que vous n'êtes pas habillée que je veux entrer. Me prenez-vous pour un imbécile? Croyez-vous que je me laisse jouer plus longtemps par une bégueule de Parisienne?

» — J'ai peur, disait tout bas Clémentine. Monsieur, soyez donc galant, pour le premier jour, lui criait-elle tout haut.

» — Marie, je t'ordonne d'ouvrir la porte, ou je vais l'enfoncer, entends-tu?

» — Vous êtes le maître d'enfoncer la porte, mais je ne l'ouvrirai pas. La force est impuissante sur ma volonté. Sachez-le bien aussi, une fois pour toutes. »

» Après quelques jurements si grossiers qu'ils me firent pâlir, et que ma plume ne saurait les répéter, il s'en alla. J'étais atterrée dans mon bain; ma bonne Clémentine, épouvantée, vint faire couler mes larmes en baisant mille fois ma main pour me consoler; puis, quand elle me vit plus calme, elle sortit et fut trouver M. Lafarge. Elle essaya vainement de lui faire comprendre ses torts, et, comme elle lui disait que j'étais souffrante, et qu'il me tuerait avec des scènes de ce genre : « Soit, dit-il, je me tairai cette fois; mais, arrivée au Glandier, je saurai bien la mettre à la raison. »

» Je revis M. Lafarge sans prononcer une parole; il me demanda tout d'abord si mes *singeries* étaient finies; puis, voyant ma pâleur, il redevint bon et empressé; je ne voulus pas aller dîner; je pris une tasse de thé, et je passai une heure sur un balcon, comprenant la profondeur de l'abîme et reculant à l'idée de le sonder froidement. »

Le voyage se continua encore triste et monotone. Quelques membres de la famille Lafarge, que Marie vit à Châteauroux, ne contribuèrent pas à la rendre plus tranquille sur son avenir; mais elle espérait surtout dans le séjour du Glandier, qu'on lui avait peint si agréable et si poétique; elle espérait dans le cœur de son mari, qu'elle pourrait façonner à son gré au sein de son aimable solitude, et ramener à des sentiments moins sauvages; c'est dans cette situation d'esprit qu'elle arriva à ce château, qu'on lui avait présenté comme une résidence princière. Nous allons la laisser parler elle-même.

« Après trois heures d'un pénible trajet, dit-elle, nous descendîmes à pic dans un chemin creux. On me montra quelques toits enfumés qui sortaient du brouillard, qu'on me dit appartenir aux bâtiments de la forge, et au bout d'une petite allée de peupliers, la voiture s'arrêta.

» Je sautai de la voiture dans les bras de deux femmes; je traversai une longue voûte noire, froide, humide; je montai un petit escalier aux marches de pierres brutes toutes sales, toutes gluantes sous les gouttes de pluie que laissait échapper un toit délabré; j'entrai enfin dans une grande chambre, qui est appelée le salon de compagnie, et je me laissai tomber sur une chaise, regardant d'un air hébété autour de moi.

» Ma belle-mère avait pris une de mes mains, et me considérait avec un regard curieux. Madame Buffières, petite femme rose et fraîche, aux mouvements perpétuels et communs, m'accablait de caresses, de questions, et voulait secouer mon amère stupéfaction, qu'elle prenait pour de la timidité. M. Lafarge vint nous retrouver ; il essaya de m'asseoir sur ses genoux, et comme je le repoussais avec un refus positif, il dit tout haut, en riant, que je ne savais le *câliner que dans le tête-à-tête.*

» Maman, ajouta-t-il, tu ne saurais croire combien elle m'aime, cette petite *cane!* Allons, *ma biche,* avoue que tu m'aimes diablement.

» En même temps, pour ajouter l'action à la parole, il me serrait la taille, me pinçait le nez et m'embrassait. Mon amour-propre se réveillait à ces mots, à ces gestes, et je me sentais tressaillir d'indignation en écoutant ces petits noms d'amitié qui faisaient si poliment de moi une ou plusieurs bêtes. Ne pouvant supporter plus longtemps ce supplice, je prétextai une fatigue excessive, des lettres à écrire, et on me conduisit dans une chambre avec Clémentine.

» Ma chambre, aussi grande que le salon, était entièrement démeublée. Deux lits, une table, quatre chaises, erraient dans cette solitude. J'avais demandé un encrier, on m'apporta un pot de confitures cassé, dans lequel un morceau de coton nageait dans une eau grise, une vieille plume et du papier bleu de ciel. Clémentine voulait me déshabiller ; il m'eût été impossible de rester sur mon lit. Je la fis coucher près de moi, car il me semblait que, tout en étant endormie, cette bonne créature serait ma sauvegarde, et j'essayai d'écrire. Je ne pus rassembler une idée. J'étais sous le poids d'une déception terrible. Je reculai à la pensée de jeter si vite la douleur parmi les miens; ma tendresse se refusait à leur donner la moitié de mes angoisses; mon orgueil, à commencer si vite un rôle de victime... puis, cent lieues nous séparaient... Il faudrait des jours bien longs pour les amener près de moi... Que deviendrais-je pendant ces longs jours?... Que faire, mon Dieu, que faire?

» La teinte grise du ciel, qui devenait plus sombre aux approches de la nuit, ajoutait à l'indignation que j'éprouvais en me sentant trompée, à la peur plus grande et plus intime du tête-à-tête nocturne, que je craignais tant, que je ne pouvais plus éviter. Je n'ai jamais connu la rancune; mais, quand on me blesse au cœur, je suis impuissante à maîtriser mon indignation. En ce moment, je me serais trouvée mal si M. Lafarge m'eût baisé la main; dans ses bras, je serais morte.

» Tout à coup mon parti fut pris; je résolus de partir, d'aller au bout du monde, surtout de ne point passer la nuit dans ces sombres murs. Cette ferme résolution me rendit un peu de calme; mais il fallait songer au moyen de l'exécuter, et mon imagination vint à mon aide. Je résolus d'obtenir de M. Lafarge même un ordre de départ, de blesser son amour-propre, sa jalousie, son honneur; de rendre un rapprochement impossible, de lui dire que je ne l'aimais pas, que j'en aimais un autre, et que, trahissant mes nouveaux serments, j'avais vu son rival à Orléans, à Uzerches; de lui dire enfin que toutes mes pensées d'épouse avaient été adultères! Jamais je n'aurais osé dire ce mot effrayant, jamais je n'aurais eu le courage de faire de vive voix tous ces humiliants mensonges; mais le papier ne rougit pas, et je lui confiai, avec toute l'amertume de mon cœur, le soin de ma délivrance. »

Et c'est sous le poids de ces impressions qu'elle écrivit la lettre suivante :

« Charles, je viens vous demander pardon à genoux! Je vous ai indignement trompé... je ne vous aime pas et j'en aime un autre!... Mon Dieu! j'ai tant souffert!... Laissez-moi mourir, vous que j'estime de tout mon cœur. Dites-moi : Meurs et je te pardonnerai; et je n'existerai plus demain. Ma tête se brise; viendrez-vous à mon aide? Écoutez-moi, par pitié, écoutez-moi! Il s'appelle Charles aussi; il est beau, il est noble, il a été élevé près de moi. Nous nous sommes aimés depuis que nous pouvons aimer. Il y a un an, une autre femme m'enleva son cœur. Je crus que j'allais en mourir. Par dépit, je voulus me marier. Hélas! je vous vis. J'ignorais les mystères du mariage. J'avais tressailli de bonheur en serrant ta main! Malheureuse, je crus qu'un baiser sur le front seul te serait dû; que vous seriez comme un père. Comprenez-vous ce que j'ai souffert dans ces trois jours? Comprenez-vous que si vous ne me sauvez pas, il faut que je meure? Tenez, je vais vous avouer tout. Je vous estime de toute mon âme, je vous vénère; mais les habitudes, l'éducation ont mis entre nous une barrière immense. A la place de ces doux mots d'amour, de ces épanchements du cœur et de l'esprit, rien que les sens qui parlent en vous, qui se révoltent en moi! Et puis il se repent. Je l'ai vu à Orléans. Vous dîniez. Il était sur un balcon vis-à-vis du mien. Ici même il est caché à Uzerches. Mais je serai adultère malgré moi, malgré vous, si vous ne me sauvez pas. Charles, que j'offense si terriblement, arrachez-moi à vous et à lui. Ce soir, dites-moi que vous y consentez; ayez-moi des chevaux, dites le chemin de Brives; je prendrai le courrier de Bordeaux, je m'embarquerai pour Smyrne. Je vous laisserai ma fortune : Dieu permettra qu'elle vous prospère; vous le méritez. Moi, je vivrai du produit de mon travail et de mes leçons. Je vous prie de ne laisser jamais soupçonner que j'existe. Si vous le voulez, je jetterai mon manteau dans un de vos précipices, et tout sera fini. Si vous le voulez, je prendrai de l'arsenic, j'en ai : tout sera dit. Vous avez été si bon que je puis, en vous refusant mon affection, vous donner ma vie; mais recevoir vos caresses, jamais. Au nom de l'honneur de votre mère, ne me refusez pas. Au nom de Dieu, pardonnez-moi. J'attends votre réponse comme un criminel attend son arrêt. Oh! hélas! si je ne l'aimais pas plus que la vie, j'aurais pu vous aimer à force de vous estimer : comme cela vos caresses me dégoûtent. Tuez-moi, je le mérite; et cependant j'espère en vous. Faites passer un papier sous ma porte, ce soir; sinon, demain je serai morte. Ne vous occupez pas de moi. J'irai à pied jusqu'à Brives, s'il le faut. Restez ici à jamais. Votre mère si tendre, votre sœur si douce, tout cela m'accable, je me fais horreur à moi-même. Oh! soyez généreux! sauvez-moi de me donner la mort. A qui me confier, si ce n'est à vous? M'adresserai-je à lui? Jamais. Je ne serai pas à vous, je ne serai pas à lui : je suis morte pour les affections. Soyez homme; vous ne m'aimez pas encore : pardonnez-moi. Des chevaux feraient découvrir nos traces; ayez-moi deux sales costumes de vos paysannes. Pardon! que Dieu vous récompense du mal que je vous fais.

» Je n'emporterai que quelques bijoux de mes amis comme souvenirs : du reste de ce que j'ai, vous m'enverrez à Smyrne ce que vous daignez permettre que je conserve de votre main. Tout est à vous.

» Ne m'accusez pas de fausseté : depuis lundi, depuis l'heure où je sus que je serais autre chose pour vous qu'une sœur, que mes tantes m'apprirent ce que c'était que de se donner à un homme, je jurai de mourir. Je pris du poison en trop petite dose... encore à Orléans. Je le vomis hier. Le pistolet armé, c'est moi qui le gardai sur ma tempe pendant les cahots, et j'eus peur. Aujourd'hui tout dépend de vous ; je ne reculerai plus.

» Sauvez-moi. Soyez le bon ange de la pauvre orpheline, ou bien tuez-la, ou dites-lui de se tuer. Écrivez-moi ; car, sans votre parole d'honneur, et je crois en vous, sans elle écrite, je n'ouvrirai pas ma porte.

» Marie. »

Cette lettre, dans laquelle règne le désordre, le désespoir, le délire, la folie, dans laquelle toutes les passions semblent s'entrechoquer, produisit un effet terrible sur Lafarge et toute sa famille, à laquelle elle fut communiquée sur-le-champ. Dès cet instant, Marie, entourée de prières, de supplications, de promesses, se vit dans l'impuissance d'exécuter le projet insensé qui avait traversé son cerveau. Elle posa des conditions, on les accepta; elle ordonna, on obéit. Elle consentit à essayer quelques jours de la vie qu'on lui promettait; elle fut entourée d'attentions, de soins, de prévenances, *et elle reçut son piano.* Le surlendemain, pour lui procurer une nouvelle distraction, on proposa un déjeuner sur l'herbe avec les voisins invités de tous côtés.

« Le temps était beau, dit-elle, quoiqu'un peu orageux, et les convives très-gais, de cette gaieté bruyante qui fait de l'esprit à force de bêtises, qui étourdit et qui attriste péniblement les personnes qui sont inhabiles à les partager. Il n'y avait pas d'assiettes, il fallut s'en passer et se servir adroitement de ses mains; il y avait très-peu de verres; mais c'était une jouissance discrètement ménagée; on faisait de si jolis commentaires sur les pensées découvertes au bord du cristal indiscret qui avait reçu avant les vôtres les lèvres d'un voisin!...

» Un aimable plaisant cacha un limaçon dans les beignets de sa belle; grands cris et applaudissements; un autre, par distraction, avala toute la provision des vins étrangers; la plaisanterie fut trouvée de mauvais goût et allongea quelques figures, même féminines; un troisième mit une tarte sur sa tête; enfin un quatrième entonna une chanson grivoise. Le refrain avait pour accompagnement indispensable le choc des verres et le choc des baisers, ce qui eut un grand succès auprès de quelques cousines, qui riaient sous leur crêpe et rougissaient ostensiblement de l'obligation d'embrasser un tout petit cousin de leur âge. »

MARIE CAPPELLE.

Marie, habituée à ces fêtes champêtres qu'on donne près de Paris, et auxquelles on apporte le luxe et le confortable des villes, la gaieté et l'esprit des salons de la capitale, ne put trouver dans celle-ci un grand attrait et une extrême assurance pour cette vie agréable qu'on lui promettait dans l'avenir; mais à défaut, de larges concessions lui avaient été faites par M. Lafarge, toujours bon et prévenant. Elle pouvait changer la distribution des appartements, les meubler à sa fantaisie, faire reconstruire le château tout entier si elle le désirait, et désormais elle seule, au lieu de madame Lafarge mère, devait diriger la maison.

« M. Pontier, ajoute-t-elle, avait de son côté fait comprendre à M. Lafarge que la chambre d'une femme devait être un sanctuaire où elle était reine et toute-puissante; il lui disait que l'amour ne pouvait exister sans des voiles mystérieux et pudiques; qu'une grande délicatesse de paroles, de pensées, d'actions, gagnerait ma confiance, mon estime, peut-être mon affection. Clémentine s'était chargée de reformer la toilette et la mise de M. Lafarge; connaissant tous mes goûts, peut-être toutes mes manies, elle lui disait les couleurs que je préférais, lui faisait mettre la cravate qui devait me plaire, prohiber le gilet aux couleurs tranchantes qui m'aurait semblé de mauvais goût. M. Lafarge faisait, d'après ses conseils, sa barbe tous les jours, soignait ses cheveux, sa chaussure, mettait de gros gants pour aller à la forge, et éloignait de ma vie intérieure deux grandes calamités insupportables, les pantoufles traînantes et les ongles en grand deuil, qui sont, je crois, les préservatifs infaillibles contre l'amour. »

Parisienne dans l'âme, Marie Cappelle s'arrêtait surtout à tous ces dehors de la vie, qui pour elle sans doute en ce moment étaient la vie réelle, à défaut d'autres charmes qu'elle ne pouvait espérer. Ces réformes lui firent prendre patience, et la conduisirent jusqu'au jour où elle promit à M. Lafarge de ne plus chercher à se séparer de lui. Voici ce qu'elle dit à ce sujet :

« Un soir, ayant été assister à la coulée de la fonte, je me sentais un peu fatiguée ; M. Lafarge me proposa de rentrer en bateau. Il était assez tard.... La terre silencieuse laissait souffler une brise légère qui frissonnait dans les grands arbres, et, balançant mollement les fleurs endormies, empruntait à ces belles filles de la lumière leurs délicieux parfums. Parfois une cigale étourdie chantait une petite chanson grivoise qui allait éveiller toute une république d'austères fourmis. Une grenouille, peut-être incomprise, laissait tomber un soupir croassant ; puis tout à coup, une note aiguë, vibrante, interrompait soupirs et chansons, et le rossignol ordonnait le silence pour donner une sérénade à la plus jeune des roses, sa maîtresse adorée... Dans le ciel, toutes les étoiles brillaient, et la lune, en mirant dans les eaux sa pâle et divine image, souriait à sa beauté.

» M. Lafarge ramait quelques coups faibles et éloignés... il m'entourait d'un de ses bras, car je m'étais penchée sur le bord de la barque, abandonnant une de mes mains à la vague qui la rafraîchissait, et regardant couler la petite rivière qui n'avait pas une ride et bien des murmures mystérieux.

» Un beau nénuphar flottait devant nous; je fis un mouvement brusque pour le saisir, et M. Lafarge jeta un cri d'effroi.

» — Ah! lui dis-je en riant, je suis sûre que vous êtes encore poursuivi par vos idées de suicide! Rassurez-vous, la raison est revenue, et mon imagination, parfois un peu folle, n'est jamais souveraine, *femme et despote*, que pendant quelques minutes.

» — Vous ne nous quitterez donc plus?

» — Mais... cela dépend de vous.

» — Vous savez, Marie, que tout mon désir est de vous obéir et de vous plaire.

» — Eh bien, promettez-moi de me laisser *beaucoup* votre sœur et très-peu votre femme. Vous vous taisez?... Allons, acceptez ma charte; vous verrez que je suis une fort aimable sœur.

» — Mais quelquefois ne pourrai-je pas vous aimer un peu comme ma femme?

» — Nous verrons!... les grands jours, quand vous aurez été bien aimable... et puis, quand vous m'aurez donné un grand courage; car, je vous l'avoue, j'ai peur, mais une peur affreuse!

» — J'accepte tout ce que vous voulez, petite originale. Je vous aime comme un fou!... m'aimez-vous un peu?

» — Pas encore; mais je sens que cela viendra avec l'aide de la grâce de Dieu et *surtout de la vôtre*. Tenez, pour commencer, je vous permets de m'embrasser trois fois; ce seront les trois signatures obligées, je crois, pour rendre un contrat très-valable.

» Les trois fois se seraient peut-être multipliées à l'infini; heureusement, j'avais pour me défendre mon beau nénuphar, qui recélait toute une artillerie de grandes gouttes d'eau; et puis nous étions dans le port, il fallut débarquer. . . . .
. . . . . .

» A partir de ce moment, j'ordonnai à mes pensées de ne pas s'arrêter sur le passé, mais de vivre exclusivement sur le domaine des améliorations à venir, et je secouai loin de moi la faiblesse et l'ennui. Parfois mon cœur se serrait encore sous une douleur vague, indéfinie; parfois je pleurais sans sujet des larmes dont l'amertume brûlait mes joues; mais cette douleur, ces larmes me rendaient honteuse, et je les cachais soigneusement en me rappelant que *je devais*, que *je voulais* être heureuse. »

Ce fut à cette époque seulement qu'elle se décida à écrire à sa famille et à ses amis. Ses lettres, qui ont une date certaine, et dont nous allons transcrire quelques-unes, nous montreront sa véritable situation d'esprit et les progrès que faisait en elle cette résolution d'accepter l'existence conjugale, en se la faisant aussi douce que possible. Ces lettres sont précieuses, tant par le naturel et l'élégance qui les distinguent, que par ce fait, qu'elles ont été écrites sans la prévision qu'elles pourraient être un jour publiées. C'est la pensée intime d'une nièce à sa tante, d'une amie à son amie, et c'est par conséquent dans ces lettres que le lecteur pourra surtout puiser une conviction. La première est adressée à madame Garat, sa tante, à la date du 22 août 1839.

« Tu as voulu que j'attendisse pour t'écrire, chère petite tante; j'ai attendu, je suis heureuse.

» Car la première impression avait été aussi défavorable que possible; et toi, qui aurais partagé avec moi ma tristesse, tu aurais vraiment souffert de mon découragement.

» Figure-toi un voyage étouffant, un accès de fièvre qui me fait rester cinq heures à Orléans et manquer notre arrivée partout où nous étions attendus; enfin un orage affreux, des chemins devenus torrents, et une arrivée au milieu de la nuit dans une maison limousine... ce qui se traduit en français par sale, déserte, atrocement froide, sans meubles, ni portes ni fenêtres fermantes. Je me crus la plus malheureuse des créatures, et je me mis à fondre en larmes en entrant dans le beau salon, qui est une vaste chambre à alcôve, avec cinq chaises parsemées le long d'un papier qui réunit toutes les nuances jaunes existantes; une commode couverte d'un tapis de pied, rehausssé par cinq belles oranges monstres; une cheminée avec deux flambeaux, contenant une belle chandelle luxueusement intacte, et une lampe de nuit où Adam et Ève s'entrelacent orgueilleusement sans péché, mais aussi sans feuilles.

» Mon désespoir désespéra mon mari; il n'était pas gracieux, mais naturel. Enfin, je demeurai bouleversée pendant vingt-quatre heures. Alors je me secouai, je regardai autour de moi, j'étais mariée; j'avais adopté cette position; elle se trouvait extérieurement fort déplaisante; mais avec de la force, de la patience et l'amour de mon mari, je pouvais en sortir. Aussi je pris mon parti de bonne grâce, et aujourd'hui je suis déjà avec les maçons, les charpentiers; je bouscule, je fais tout ce qui peut me convenir, et Charles devine mes idées, à croire qu'elles deviennent les siennes aussitôt que je les ai pensées.

» Je ne veux pas essayer de faire l'impossible, et ce serait vouloir cela que de rêver l'exécution d'une maison qui rappelle une de celles de Picardie, mais je serai proprement, agréablement, et chaque année me donnera une jouissance nouvelle que je me serai créée. Charles m'adore, et moi, je suis profondément touchée de cette vénération affectueuse qui me suit. Il m'a proposé, de lui-même, de me donner le frère d'André pour domestique, afin de me rendre plus faciles mes engagements, etc. »

Ici une foule de commissions qu'elle donne à madame Garat pour rendre le Glandier habitable; puis elle continue :

« Ma belle-mère est une excellente femme, rien moins que brillante, mais nullement sotte, et me comblant de caresses et d'attentions; ma sœur est gentille et aimable petite femme; mon beau-frère est un jeune homme très-bien; toute ma nouvelle famille est délicieusement bonne pour moi : on m'adore, on m'admire; j'ai toujours parfaitement raison. J'ai déjà vu un peu de monde, et mes toilettes font l'admiration. Charles est comme un enfant; il voudrait que je misse toutes mes jolies choses à la fois;

il est fier de mes succès, et quand notre bon piano attire l'étonnement de nos bons voisins, qu'on m'écoute avec l'attention et le plaisir qu'on prêterait à Listz ou à Chopin, il se trouve le plus heureux des hommes. Le pays est admirable : des eaux superbes, les plus belles prairies, des bois, les plus délicieux mouvements de terrain. La forge est ravissante et semble considérable; autour de nous, tous ces jolis sites nous appartiennent.

» Je n'ai pas été à Pompadour, étant mortellement fatiguée. La cuisine est la seule chose civilisée; on mange d'excellentes choses et en abondance; le poisson est exquis, la volaille et le gibier abondants et excellents. Ma cuisinière est vraiment bonne; et quand elle mettra du goût dans son érudition, je pourrai dignement te recevoir.

» C'est horrible; mais enfin, quand ce sera propre, je ne renonce pas à l'espoir de te voir bien près de nous. Je me suis sur-le-champ improvisé un salon. Je suis bien la femme la plus maîtresse et la plus obéie de France et de Navarre.

» Imagine-toi que tout est arriéré de deux cents ans. On est bon, hospitalier avant tout. A mon arrivée, tous les paysans nos voisins sont venus en procession me souhaiter la bienvenue; les hommes m'apportent des gerbes, des volailles, du poisson; les femmes des fruits, du lait, des fromages. On a élevé ensuite un mai immense couronné de fleurs, etc. »

La seconde lettre est écrite à madame de Montbreton, son amie, à la date du 25 août.

« Chère madame, ne plaignez que moi de mon silence, et sans m'accuser d'un oubli impossible, dites-vous que j'ai si doublement vécu depuis quelques jours, qu'il m'a fallu donner tout mon temps au présent et ne laisser au passé que mon souvenir et mon cœur. Je suis à Glandier, c'est-à-dire dans le lieu le plus sauvage, le mieux partagé de la nature, le plus oublié par la civilisation. Imaginez-vous quelque chose qui n'a ni portes, ni fenêtres, ni fauteuils, rien en un mot, et cependant étant un des plus commodes séjours du Limousin.

» Le malheur de cette vie est qu'on y rêve avant de vivre, et que rien n'est triste comme la déception. Enfin, si l'arrivée me serra fortement le cœur, je suis plus forte maintenant, et je m'institue gaiement le Robinson de mon petit domaine. Lorsque je sens une larme qui coule froide sur mes joues, alors que, seule dans une grande chambre déserte, je pense à ceux que j'aime, je mets vite un chapeau, et je vais admirer les plus belles prairies, les sites les plus délicieux qui m'entourent, qui sont à moi, avec leur verdure et leurs torrents. J'ai de petites montagnes, des vallées, une rivière, et pas une bonne chaise, pas une table, rien de ce que les hommes ont fait. Tout me vient directement de la main de Dieu.

» Charles est l'homme le plus correspondant à ce qui m'entoure, cachant sous une enveloppe sauvage et inculte un noble cœur, m'aimant par-dessus tout, et mettant toutes ses pensées à me rendre heureuse. Il m'adore, me révère. Sa mère est une excellente femme, qui se mettrait au feu pour son fils, qui m'accable de caresses, qui a de l'esprit et de l'éducation étouffés sous les soins minutieux du ménage. Tout cela doit me donner joies et peines. Vous comprenez, n'est-ce pas?

» En fait de voisinage, j'en ai vu fort peu, et tous sont à voir le plus rarement possible, excepté quelques personnes fort bien de la famille et un jeune homme, ami de Charles, qui est aussi bien qu'on le désirerait en Picardie. On me traite en reine, ce qui me semble inouï, et ce qui rend mon ami d'une fierté amusante. Je vais demain à un bal que m'offrent les jeunes gens d'Uzerches, et de là passer trois jours en dîners et fêtes. Mon estomac va étonnamment bien, ce qui est fort heureux pour ces ennuyeux repas de cérémonie où on ne m'aurait pas pardonné une complète abstinence.

» J'ai déjà des maçons, des charpentiers, non pour faire de jolies choses, ni même de commodes choses, mais pour me fermer dans mon grand grand trou. Fort heureusement je fais ce que je veux; ma belle-mère ne comprend pas que je ne trouve pas tout parfaitement admirable; mais elle me laisse faire sans prendre trop de soucis ou de regrets. La forge, par exception, est tout entière ravissante, et dans un bon état de rapport.

» Adieu, chère madame; tout cela pour vous, pour vous seule. Laissez-moi toujours vous envoyer mes impressions. La vie est une sérieuse épreuve, et je prends pour devise : *Fais ce que dois, advienne que pourra.*

(Une partie de la lettre est ici déchirée.)

» Nous avons ici des légendes charmantes, les mœurs les plus primitives et les plus originales. Les hommes se marient à dix-huit ans, et les femmes de quinze à seize. On a des enfants annuellement, comme un revenu ; on boit beaucoup, on mange immensément, et l'on va droit au ciel par un chemin aussi long qu'ennuyeux.

» Adieu ; je vous embrasse, et je vous aime autant que je vous regrette.

» MARIE. »

La troisième est écrite à M. Elmore.

« Bonjour, mon cher monsieur Elmore ; comment vous portez-vous ?... Si votre mémoire d'amitié est bonne, vous lirez dans ce bonjour que je ne vous oublie pas, que je vous désire, que je vous veux. Quoique mariée, fort heureuse femme gâtée, adorée, cependant je ne veux pas perdre mes anciens droits, et je viens les réclamer, s'ils existent encore. Jadis nous faisions des châteaux en Espagne ; maintenant que j'en ai un en Limousin, vous y êtes attendu et désiré. Mon mari sait que vous êtes un stable et dévoué ami de ma famille et de moi ; il sera très-heureux de vous recevoir, et si vous ne voulez pas vous brouiller avec votre vieille amie et renoncer à une nouvelle affection qui vous est toute acquise, vous m'écrirez que vous nous arrivez incessamment et pour longtemps.

» Je suis très-habituée dans notre sauvage pays ; vous ne vous figurez guère cette enfance de civilisation, et vous l'étudierez à loisir dans mon pauvre Glandier, qui jouit de la plus belle nature, et qui est, du reste, affreux. Je ne doute pas que vous vous y trouviez bien, quoique fort mal en réalité ; mais vous y serez reçu avec plaisir ;

vous y serez entièrement libre; chez vous enfin. Je monte à cheval souvent, sans avoir de chevaux à moi. Je vous attends pour m'éclairer de vos lumières dans mon choix. La race limousine est élégante, et surtout adroite et solide des jambes, ce qui est nécessaire dans ce pays, où les chemins sont inconnus, et où on ne peut aller en voiture, même muni de la ferme volonté de dévouer son cou.

» Toute ma nouvelle famille est parfaite pour moi; on m'accable de prévenances et de soins. Je suis aussi fort bien reçue partout et très à la mode dans nos déserts. Les femmes ne se voient pas entre elles, mais les hommes voisinent assez, et quelques-uns sont bien et aimables. Ma santé est excellente; je me porte aussi bien au moral qu'au physique. Enfin, je suis, grâce à Dieu, chez moi, aimée, tranquille, heureuse.

» Adieu; répondez-moi vite, et n'oubliez pas que je vous attends avec impatience. »

Enfin une seconde lettre à madame Garat. Celle-ci est du mois d'octobre. Il y avait déjà plus de deux mois que Marie Cappelle habitait le Glandier, aussi cette lettre est-elle plus explicite que les autres.

« Ce mercredi, octobre 1839.

. . . .

» . . . . . Je suis toujours une heureuse et gâtée personne; Charles me fait la cour assidue d'un prétendant, m'accable de tendresse, de soin, d'adoration; ma belle-mère, *idem*. Je suis allée au bal cette semaine. J'avais une robe de mousseline faite à double jupe, dont la dernière était toute garnie de marguerites; dans les manches, sur ma tête, les mêmes fleurs; c'était charmant; et, comme on m'a trouvée fort bien, j'ai trouvé ce bal fort amusant. Charles m'a fait en même temps la surprise d'une jolie jument gris-pommelé, mon rêve de dix ans! C'est ma possession : seule je la monte, et cet empire unique m'enchante. Je suis allée faire beaucoup de visites dans le voisinage, et de jolies parties de cheval; on me reçoit avec une grâce et un empressement fort agréables, et dont Charles est surtout bien heureux. Vraiment, je remercie Dieu du fond de mon âme, et de Charles qu'il m'a donné, et de la vie qu'il a ouverte devant moi. Seule vous me manquez, et encore je sens que je veux souvent et que j'aurai plus besoin de raison pour refuser ce bonheur que de prières pour l'obtenir.

» Je suis toujours dans les maçons; ils n'avancent guère, sont odieux comme tous les ouvriers existants. Du reste, mon ménage va très-bien : je suis toujours approuvée par ma belle-mère, toujours devancée et devinée par mon mari. Mes domestiques sont, sinon parfaits, du moins empressés, gais et contents. Clémentine est une excellente fille qui travaille bien, oublie presque tout, mais répare sans grognerie, et se laisse bourrer sans allonger la mine.

» Adieu, ma chère petite tante; je t'écris comme un chat, je t'aime comme un chien. »

Ce tableau de bonheur tranquille que fait Marie ne fut troublé que par une scène plus violente que celle d'Orléans, scène qui eut lieu à Uzerches, et à l'issue de laquelle M. Lafarge eut une violente attaque de nerfs, qui révéla la cause de ce qui venait de se passer ; mais, à force de soins et de tendresse, Lafarge parvint à faire tout oublier, et chercha à donner à Marie toutes les distractions qui étaient en son pouvoir. Fier de sa femme, il voulait la produire partout, et jouissait de ses triomphes. Dans leurs excursions, ils furent jusqu'à Tulle, et c'est ici le cas d'emprunter aux mémoires de Marie Cappelle la rencontre qu'elle fit du jeune avocat qui, peu de temps après, devait remplir si noblement auprès d'elle sa tâche de défenseur.

« Après avoir fait une visite au préfet et à quelques amis, dit-elle, M. Pontier me fit admirer à Souliac la manufacture d'armes ; puis, malgré sa volonté, et poussée par une impulsion irrésistible, je voulus voir la prison, le cimetière, je voulus entrer au tribunal.

» C'était l'époque des assises. On jugeait une pauvre fille accusée d'infanticide, et je fus frappée d'étonnement en voyant pour la première fois cet appareil de la justice humaine, si peu imposant et si tristement sinistre. Il n'y avait ni préoccupation ni intelligence sur le front des jurés, nulle dignité sur le front des juges ; et j'allais quitter bien vite ce terrible palais, lorsque je fus retenue par la parole éloquente et pleine de pensées du jeune avocat qui défendait l'accusée.

» La pauvre jeune fille avait été acquittée ; et le soir, au moment où M. Pontier se disposait à me faire escalader un des rochers à pic qui dominent Tulle, je fus heureuse de rencontrer le jeune défenseur qui le matin m'avait fait éprouver une émotion profonde; je fus heureuse que mon oncle nous le présentât, heureuse qu'il se joignît à notre excursion, et que le compliment bien sincère que je lui adressai parût être recueilli par son cœur, bien plutôt que par sa vanité.

» La nuit, enveloppée dans ses légers voiles de brouillard, n'avait pas encore attaché sur son front sa couronne d'étoiles; le travail avait cessé; l'*Angelus* vibrait au loin; quelques oiseaux dormaient déjà; d'autres, penchés au-dessus de leurs nids, berçaient leurs compagnes d'une chanson douce et monotone. Nous suivions un sentier étroit qui ne permettait pas d'accepter le secours d'un bras ni de suivre une conversation; seulement, lorsque le vaste panorama qui se déroulait à mes pieds me donnait une impression nouvelle, je me tournais vers mes deux guides pour la leur faire partager, et je surprenais le regard de M. Lachaud, qui, attaché sur moi, semblait m'interroger, m'étudier, me deviner. Ce regard soupçonneux et sévère, au moment de notre promenade, exprimait au retour une sympathique tristesse; il semblait me protéger, me défendre, me promettre un ami pour l'avenir.

» Je ne revis plus M. Lachaud; mais aux jours de la douleur, il fut le premier près de moi, et je l'attendais! »

On peut croire parfois dans ce monde à des rencontres providentielles.

Quelque temps après, Marie Cappelle éprouva une indisposition si violente, qu'elle resta longtemps sans connaissance. M. Lafarge ne quitta le chevet de son lit ni nuit ni jour, l'entourant des soins les plus empressés, et manifestant la plus vive douleur. Quand Marie revint à elle, elle le vit à ses côtés.

« Ce désespoir, ces témoignages d'amour et de bonheur qui saluaient mon retour à la vie, me touchèrent profondément, dit-elle; mes yeux, mes paroles l'exprimèrent, et je fus heureuse de revivre, me sentant si bien aimée.

» Je n'ai jamais craint la mort, mais je fus frappée de la pensée de mourir sans ma sœur, loin de tous ceux que j'aimais, sans avoir le temps de leur léguer tout mon amour et toutes mes dernières pensées. Je sentais surtout que la terre me serait lourde dans un pays étranger, parmi tant de morts inconnus. Je fis jurer à M. Lafarge de m'envoyer dormir du sommeil éternel auprès de mon cher grand-père, à l'ombre des prières, des pensées et des fleurs qui me seraient données dans le cimetière de Villers-Hellon. »

Le lendemain, Lafarge envoya à sa femme son testament, qu'il avait fait en sa faveur pendant la nuit. Interrogé par Marie sur l'acte prématuré qu'il avait cru devoir faire, il répondit qu'il avait été effrayé par son propre exemple de la fragilité de la vie. Ce testament était fait en termes tendres et affectueux pour Marie. Celle-ci crut devoir imiter son mari, et lui rendre générosité pour générosité, et fit aussi un testament dans lequel elle donnait l'usufruit de ses biens à son mari, et la nue-propriété à la fille de sa sœur. Elle remit ce testament à sa belle-mère.

Ce fut aussi à cette époque que M. Lafarge, ayant eu besoin d'un diamant pour couper un carreau, Marie lui en prêta un pris dans ceux de madame de Léautaud, qui lui étaient restés en dépôt. Elle confia à son mari toute l'histoire des diamants, en lui recommandant le silence. Lafarge le promit et le garda ; mais, par *gloriole* et vanité, s'empressa de dire que sa femme avait pour plus de trente mille francs de diamants.

Cependant Lafarge, tout occupé des améliorations de son commerce, était parvenu à une découverte qui devait faire sa fortune; mais pour cela il fallait d'abord prendre un brevet d'invention, et puis emprunter l'argent nécessaire pour l'exploiter. Associant sa femme à ses projets d'ambition et de fortune, il combina avec elle un voyage à Paris, où, par ses relations d'affaire, et surtout par la protection de la famille de Marie, il devait trouver les capitaux nécessaires à sa grande exploitation. Il partit donc du Glandier avec M. et madame de Sabatié, parents de Marie, qui étaient venus la voir dans sa solitude, et se rendit à Paris pour mener à bonne fin cette importante affaire.

Marie resta seule au Glandier avec sa belle-mère, les domestiques et un nommé Denis Barbier, être mystérieux que M. Lafarge avait fait venir de Paris pour être son premier commis, et dont il avait fait son homme de confiance. Ce Denis, qui avait voulu d'abord acquérir aussi la confiance de Marie, et qui s'y était pris avec une familiarité blessante, fut remis à sa place et écarté par elle. Il se rejeta alors sur madame Lafarge mère, qu'il ne quittait pas d'un instant, et à l'ombre de son autorité, il régna en maître à la forge, et commanda à la maison toutes les fois que Marie, ignorant ses ordres, ne venait pas les détruire. Il fit même plusieurs absences assez prolongées, sur lesquelles il refusa de s'expliquer, prétendant qu'il n'en devait compte qu'à M. Lafarge, aux ordres duquel il avait d'ailleurs obéi. Dès ces premières relations, une aversion sourde et mal comprimée s'était manifestée entre Marie Cappelle et lui. Dès les premiers jours de son isolement, Marie avait appelé auprès d'elle la jeune Emma Pontier, sa cousine, qui, par sa tendresse naïve et sa vive amitié, charmait la solitude du Glandier.

Cependant la correspondance la plus active régnait entre M. Lafarge et sa femme; cette correspondance, quand elle n'était pas relative aux affaires, était d'une tendresse extrême des deux parts. De la part de Lafarge, cela ne doit nullement surprendre, on sait qu'il était amoureux d'elle comme un Limousin peut l'être d'une gracieuse Parisienne; mais de la part de Marie, qui nous a fait connaître les sentiments les plus intimes de son cœur pour son mari, cela doit paraître étrange. Voici les motifs qu'elle en donne dans ses mémoires :

« Son absence, dit-elle, m'avait laissé un grand vide, et je comprenais le prix de son affection, de ses soins, en souffrant de leur privation. Ce ne sont pas seulement les affections que l'on donne qui remplissent la vie, ce sont aussi celles que l'on reçoit, et le ciel sous lequel on est bien aimé ne peut rester longtemps un ciel d'exil.

» En recevant chaque jour les lettres passionnées de M. Lafarge, j'étais doucement émue. J'aurais voulu qu'il se mêlât à mon estime quelque peu de passion qui répondît à la sienne; je m'indignais, je me méprisais presque d'avoir le cœur si froid, et quand j'avais repassé dans mon esprit toutes les paroles d'amour, tous les nobles procédés, toute l'affectueuse confiance de mon mari, j'étais heureuse de trouver aussi des expressions bien tendres qui pussent, en franchissant la distance, porter du bonheur à celui qui savait tant et si bien m'adorer. Vraiment, quand on n'a pas peur de la nuit, cette nuit si longue, si triste, si noire, si froide pour ceux qui doivent aimer de par la loi, il est très-facile de se former avec de l'amitié, de l'estime, de la reconnaissance, un amour tendre et sincère. . . . . Avec bonne foi, je m'efforçais alors de trouver les expressions qui pouvaient être douces à un absent, je commandais à mes pensées d'être tendres et affectueuses; puis je les envoyais à M. Lafarge dans mes lettres, comme une expiation de mes torts involontaires. Si je réussissais à imprégner ma correspondance de tendresse et d'estime, heureuse je confiais ma lettre au courrier. Si, au contraire, je croyais avoir laissé deviner mes tristesses, mes découragements, j'étais mécontente; quelquefois encore, en lisant ces expressions que j'avais imposées à ma plume, il me prenait des remords de cette quasi-fausseté, et des larmes amères brûlaient mes yeux et mon cœur. »

A cela, nous ajouterons que Marie Cappelle se crut grosse, ou du moins désira ardemment le devenir, et que les rêves les plus heureux de jeune mère venaient bercer sa tête et son cœur. Elle ne crut pourtant pas devoir en instruire son mari, craignant de lui donner une fausse espérance; mais elle en parla dans ses lettres à d'autres personnes. Du reste, la première lettre de Lafarge à sa femme prouve que l'interdiction de la chambre à coucher avait enfin été levée quand il partit pour Paris.

Nous allons donner un extrait de la correspondance des deux époux, où il est à la fois question d'affaires et d'amour; cela est, nous le pensons, indispensable pour pouvoir bien apprécier le grand drame qui commence à se dérouler.

« Limoges, lundi soir, 20 novembre 1839.

» Il est dix heures, bonne petite Marie, et tu sais que c'est l'instant de ne songer à rien plus qu'à l'amour que nous avons l'un pour l'autre; je suis éloigné de seize lieues de toi, et cette nuit va me laisser bien de la tristesse, lorsque, cherchant à mes côtés, ma main ne rencontrera plus l'objet de mes rêves et de mes pensées. Oui, mon ange, je te le répète, c'est un bien grand sacrifice pour moi que celui de ne pas t'avoir; penser à toi, la récréation est douce et suave; penser que je t'aime, que je t'adore, rend mon cœur content, mais tu me manques... Me dire à moi-même qu'à l'heure où je t'écris tu m'aimes, que tu es toute à moi, ah! chère Marie, que cette pensée me rend heureux! Dans deux heures d'ici, tu m'apparaîtras pendant mon sommeil. Comme je vais t'embrasser, te serrer dans mes bras!

» Adieu, etc. CH. LAFARGE. »

MARIE CAPPELLE A M. LAFARGE.

« Ce jeudi...

» Samedi soir, je revenais au Glandier; je dormis pe et je pensai beaucoup à toi, mon bon Charles; tu vois qu nos cœurs se comprennent et qu'ils défient la distance Repose-toi toujours sur celui de Marie; il renferme c lui d'intimes affections, inaltérables, dévouées, qui, pou ne pas être exprimées en caresses ou en paroles, n'en son que plus concentrées et plus tiennes. Tout ce qui es mystérieux est beau, et la parole a sa modestie pour gar der les doux mystères de l'âme; ce que tu me dis me fai plaisir et espoir. J'aime M. de Sahune, j'aime le chef d bureau, j'aime tous ceux qui abrégent ton absence. Seu lement, mon ami, mets de la prudence alors qu'il s'agir du retour; ta présence peut tout hâter, tout obtenir, e si l'on vous oublie présent à Paris, juge si les absents on tort. La difficulté des affaires d'argent m'effraye horriblement, mais courage! avec la volonté ferme, l'homme es tout-puissant; plus que personne tu sais vaincre.

» D'après ma lettre, tu auras été chez madame Wels; je doute que tu y aies réussi, mais tu n'as pas oublié sans doute de tenter M. de Rothschild par l'entremise de mon oncle de Martens. Tu auras pris des renseignements sur la possibilité d'exploiter ton brevet à l'étranger ou chez les maîtres de forges français; enfin, tu devrais voir des arrangements possibles avec un associé; il faut tenter de tout et avoir plusieurs cordes à son arc. Il me semble impossible que tu reviennes ici sans une décision sur ce point;

sans fonds, tu ne peux tirer avantage de ton brevet. A Tulle et à Limoges, ils sont sans le sou. M. Elmore ne connaît personne à qui il puisse s'adresser ; aussi, je crois inutile de lui en écrire.

» N'oublie pas que pour mes affaires de Villers-Hellon tu es le maître ; ce que j'ai est à toi : emprunte, vends, j'approuve tout d'avance. Il me semble que 30,000 francs sur-le-champ seraient indispensables pour acheter des bois.

» J'ai été hier dîner et coucher au Vizois, et je suis revenue ce matin sans accident ni fatigue. Madame Fleignat a été excessivement reconnaissante de ma venue ; j'avais une jolie toilette, et j'étais assez passable pour flatter leur amour-propre de petite ville et de parents. Je fus fêtée par tous et particulièrement par MM. Goudal et Duchaland. Madame L... est une grande femme qui se pose en *saule pleureur* dans le coin de la cheminée, regrette Limoges, s'ennuie à mourir dans sa nouvelle famille, a de beaux yeux, de *superbes manières*, une vilaine bouche, beaucoup de nullité dans l'esprit, une jolie taille, beaucoup de vanité ; j'affichai autant de bonhomie qu'elle mettait de roideur ; elle se fit victime, moi heureuse ; enfin je voulus *écraser* ses airs de princesse, et on dit que j'ai bien réussi. M. Ferdinand lui-même se fit un peu moins que grosse et lourde b... pour me plaire ! Miracle des miracles !

» Adieu, mon cher seigneur et maître ; je dépose mes petits succès à vos pieds. Aimez-moi, car je vous aime ; regrettez-moi, car je vous regrette ; embrassez-moi, car je vous embrasse de toute mon âme. Bonsoir. Je baisse ma tête pour que tu me donnes un tendre baiser sur mes yeux; en voici deux pour les tiens. »

M. LAFARGE A SA FEMME.

« 3 décembre 1839.

» Mon brevet, mon amie, je ne crois pas que je puisse manquer de l'obtenir : je presse autant que je peux. La plus grande difficulté pour moi, c'est de trouver des fonds *absolument indispensables*. Cependant il ne s'agit que d'un peu de bonne volonté pour nous procurer notre bien-être à venir. Une recommandation seule de M. Garat, faisant mon éloge sur ma conduite, sur ma moralité, l'amour du travail que j'ai et mon désir d'acquérir de la fortune, suffirait. En affaires, on n'aime pas les trembleurs; on veut voir parler franchement et sans crainte sur la personne présentée. Une fois bien assis sur la moralité de la personne, une bonne hypothèque répond du reste. Il me semble qu'ici rien ne saurait répugner à faire une semblable démarche; mais si elle est faite avec tâtonnement et par détour, on ne peut plus inspirer que de la défiance; alors plus d'affaires possibles : il vaudrait mieux rester chez soi.

» Si ton oncle Paul voulait me présenter chez plusieurs banquiers, et convenablement, je suis sûr que sur trois j'en trouverais au moins un. Tous les agents d'affaires que j'ai vus me disent cela, et paraissent même étonnés de ce que je n'ai personne avec moi. Je dis bien assez de prendre des renseignements; la première impression passée, c'est fini. Ainsi, ma chère amie, je crois que tout de suite il faut que tu écrives la plus belle lettre que tu aies écrite de ta vie à ton oncle Paul, lui parler de moi sur tous les points qui peuvent me faire inspirer de la confiance. Je crois que ta famille me croit léger, novateur, aimant à me lancer dans le nouveau sans rien calculer. . . . .

» . . . Écris donc tes lettres dans le sens qu'il faut, puisque nous connaissons le faible de la chose.

» Dis-leur de consulter Édouard sur la propriété; écris deux mots à ce dernier, en lui disant que tu comptes sur lui, sur son activité, pour m'aider à expédier mes affaires ; recommande-lui de me presser à chaque jour ; tu flatteras son amour-propre ; je m'aperçois qu'il n'en manque pas, et toi qui as tant de tact, ça ne t'a pas échappé non plus. Adieu, ma chère petite; écris vite, je voudrais tant en finir pour aller te serrer dans mes bras ; tu pourras copier beaucoup de choses dans ma lettre pour les transmettre, car impossible que tu comprennes des affaires de ce genre ; je te mets bien à la torture. Adieu. »

MARIE CAPPELLE A SON MARI.

« Ce jeudi...

» Oh ! la vilaine procuration qui m'arrive sans un baiser de mon ami ! Je déteste les affaires qui nous séparent ; le temps me semble un siècle loin de toi. Je t'aime, mon Charles, je te le dis, parce que je le sens de tout mon cœur, parce que le dépit, en recevant cette grosse lettre vide de toi et d'amour, me l'a prouvé à moi-même. Pour t'écrire ce soir, j'ai fait *la toilette ;* mes cheveux flottent, mes yeux brillent de souvenirs qui se rapportent tous à toi. Tu m'aimerais! mon miroir me l'a dit, et je l'en remercie, car il est doux d'espérer plaire à ce qu'on aime. J'ai lu ta lettre d'hier à notre mère ; elle t'embrasse, et nous nous sommes un peu encouragées en lisant tes expressions plus calmes et espérantes.

» Emma est repartie. J'en suis fâchée ; car elle est gentille et nous aime bien. J'ai eu ce matin la visite de M. D... Il passa deux heures à causer assez lourdement. Je lui ai trouvé un *rhume de cerveau dans l'esprit*, et il m'a *éternué* quelques grosses naïvetés. (S'il n'avait fait trois lieues pour me voir, je dirais bêtises.)

» M. Denis n'est pas encore de retour. La forge va bien ; mais on craint une pénurie prochaine de charbon. MM. Magnaud et Léon nous tiennent rigueur. Je crois plus en la persuasion truffée qu'en celle épistolaire, et j'espère dans les estomacs bourrés par tes soins. Je t'en prie, ne reviens pas sans avoir tranché d'une manière ou d'une autre la difficulté d'argent.

» Quoique je ne sois pas malade, j'ai ce soir une petite migraine qui me fait fermer les yeux et qui m'empêche de t'écrire plus longuement, sans faire cependant que je t'aime moins. Je vais me coucher et me soigner pour toi. Il faut que j'aie cette raison pour que je te quitte si vite, quand je t'aime si bien. Adieu trois fois du fond de l'âme. »

C'est vers cette époque que Marie conçut et exécuta

le projet d'envoyer son portrait à son mari. Voici comment elle raconte la chose :

« Il désirait passionnément mon portrait. Avant de partir, il avait voulu le faire faire ; mais le temps lui avait manqué. Il n'avait su où trouver une jeune personne qu'on lui avait recommandée comme ayant un talent passable. Voulant réaliser les vœux du pauvre absent et calmer le découragement et l'impatience qui le gagnaient chaque jour, je parvins à déterrer la jeune artiste limousine ; c'était une *jeune vieille fille*, qui paraissait très-sainte, qui avait des paroles un peu gluantes du miel de la flatterie, mais assez d'instruction ; qui était malheureuse, et qui avait pour talent une boîte de couleurs, des pinceaux, de l'assurance et le genre *enseigne*. Elle me fit poser trois semaines pour faire sortir d'un ciel gros bleu une bonne physionomie rose et blanche qui, ayant comme moi une bouche, un nez, des yeux et des cheveux noirs, devait me ressembler d'une manière frappante, et qui ressemblait aussi à une de ces grosses figures joufflues qui sortent d'une corne d'abondance et sourient, du haut de la porte d'un pâtissier, aux petits enfants de la rue Saint-Denis.

» Au moment du départ de M. Lafarge pour Paris, je lui avais demandé de me rapporter un petit gâteau de chez Félix, non point que je me fisse illusion sur l'état de vétusté et de sécheresse dans lequel il arriverait, mais me faisant une joie de cette espèce de fête que je voulais donner à mes souvenirs de gourmandise et de jeunesse.

» Autrefois mes cousines et moi nous nous donnions

rendez-vous au passage des Panoramas pour nous serrer la main, échanger quelques petits secrets de la veille, pendant que nos gouvernantes nous oubliaient en savourant les gâteaux du grand pâtissier.

» M. Lafarge avait paru comprendre mon désir; je voulus lui rappeler et lui rendre le plaisir qu'il devait me procurer, en ajoutant à l'envoi de mon portrait des petits gâteaux et des châtaignes de son cher Limousin. Il fut convenu que madame Lafarge, dont la réputation de pâtissière était colossale, et qui avait l'habitude de ne céder à personne le grand œuvre des entremets, se chargerait de la confection des gâteaux, et que le jour où M. Lafarge les recevrait à Paris, elle en ferait d'autres qui seraient mangés par notre colonie. Cette seconde partie du projet, qui était tout à fait mienne, me sembla charmante, originale, et je me faisais une joie d'enfant d'un souper dont les convives, à cent lieues de distance, devaient se réunir par la pensée et par le cœur. Sachant que ma sœur devait être à Paris, je chargeai M. Lafarge de l'inviter à notre réunion. J'invitai madame Buffières à cette petite fête; mais elle me répondit qu'étant grosse, elle ne pouvait faire un voyage, et promit de faire à Faye la troisième partie de ce thé-souvenir. »

Les gâteaux furent donc faits par madame Lafarge mère, joints au portrait et envoyés à M. Lafarge à Paris. On n'a pas retrouvé la lettre d'envoi de Marie. Mais voici celle de Lafarge qui en accuse réception; elle est sans date.

« L'idée de ces deux petits gâteaux de notre mère

m'enchante, et surtout ton génie de vouloir me faire dîner avec toi. Maintenant il faut que je te dise tout bas un petit secret. Ici je compte les minutes, les heures, les jours, les quantièmes. J'ai bien peur que tu n'aies pas assisté au dîner où tu m'avais invité, et voici comment. Tu m'engages donc à manger, à minuit précis, le délicieux gâteau ; d'un autre côté, je vois dans ta lettre d'aujourd'hui que le 17 tu te proposes d'aller manger une dinde aux truffes. Ta lettre est timbrée du 17, et le 17 est précisément mardi, jour indiqué ; il est donc incontestable, ma petite femme, que tu m'auras fait faux-bon, à moins qu'il n'ait fait aussi mauvais temps qu'à Paris, car tu n'aurais pu voyager ; moi, ce jour-là, j'étais invité à un gala, j'ai refusé pour dîner avec toi. . . . .
. . . . Au moment où je t'écris, moi, ma bonne amie, je suis un peu souffrant ; j'éprouve une forte migraine ; je ne puis plus t'écrire malgré ma bonne volonté. Adieu. LAFARGE. »

Et le lendemain il écrivait de nouveau à sa femme :

« Vendredi.

» Vite, vite, je t'écris, ma bonne chère petite femme, afin que tu ne portes pas peine de moi. Hier je te disais que j'étais souffrant en t'écrivant ; en effet, depuis les onze heures du soir d'avant-hier, j'avais eu continuellement de forts vomissements et une migraine affreuse. Mon brevet va, je pense, bientôt toucher à sa fin. Il n'y a plus que cette malheureuse ouverture de crédit qui me tiendra maintenant. Que Léon se dépêche donc vite de m'envoyer les pièces que je lui ai demandées ; il doit déjà m'av envoyé par la diligence mon contrat de partage ; qu m'expédie le reste par le courrier, pour que je les r çoive vite. Hélas ! qu'il me tarde d'être dans tes bras !

» CH. LAFARGE. »

Telles sont les principales lettres de la correspondan des deux époux, auxquelles nous allons en joindre d'au tres écrites par Marie au jour de l'an, dans lesquelles el peint la situation de son âme.

A MADAME LA COMTESSE DE VALENCÉ.

« Glandier, 30 décembre 1839.

» Je ne veux pas commencer cette année sans all vous demander un souvenir, madame, et sans vous por ter mes vœux intimes. Je prie Dieu de vous garder bie longtemps l'affection de ceux qui sont fiers et heureu d'avoir une petite place dans votre pensée ; je le prie d tout mon cœur de bénir tous vos enfants, de rendre moin profond le vide qu'un de ses petits anges a laissé dan votre âme. J'ai été bien heureuse et reconnaissante de l bonne réception que vous avez bien voulu faire à mor mari, et rien ne pouvait m'être aussi doux que de le voi apprécié par vous.

» Je sens vivement le bonheur d'être aimée, et après être restée orpheline, en dehors des premières affections de tout ce qui m'entourait, j'éprouve une grande jouis-sance à être le but et le mobile des actions, des pensées d'un bon et noble cœur. L'absence de M. Lafarge, en me laissant un grand vide, m'apportait cependant les plus tendres lettres, et ce réveil de chaque matin, les soins de ma maison, des livres, mon piano, ne laissèrent pas pénétrer l'ennui dans ma solitude.

» Ma santé est assez mauvaise; mais quoique j'aie mille raisons pour ne pas espérer une gentille petite cause, je veux cependant ne fonder mes calculs que sur mon dégoût de nourriture et mes maux de cœur continuels. Je ne rêve que ma petite fille, que je vois déjà grande, presque mariée; oh! je vous en prie, chère madame, rêvez un peu avec moi à cette chère petite illusion, et accordez-lui un peu de l'affection qui rend votre Marie si reconnaissante.

» Lili serait bien gentille de m'écrire quelques bons et longs détails sur tout ce qui vous entoure; veuillez l'embrasser de ma part et me rappeler au bon souvenir de mesdames vos filles.

» Adieu, chère madame; j'embrasse vos deux mains de tout mon cœur, et je vous demande un souvenir pour ma respectueuse et tendre affection.

» MARIE LAFARGE, de Glandier. »

A SA SOEUR.

« Ce mardi, 31 décembre 1839.

» Je veux finir et commencer mon année près de toi, ma bien chère petite sœur; Dieu te comble de ses bénédictions, ma chérie; qu'il te donne un beau garçon; qu'il arrive sans trop déchirer tes pauvres entrailles; qu'il soit loyal comme son père, bon comme toi. Enfin, si tu me permets de lui donner quelque chose parmi ce que j'ai de moins mauvais, je veux lui inoculer un peu de cette ambition qui sèche mesquinement dans mon cœur de femme, mais qui serait un puissant mobile chez un homme qui pourrait donner vie à ses pensées.

» Ta lettre m'a rendue doublement heureuse en me disant d'abord que tu te portais bien, puis en me faisant part de cette lettre perdue pour laquelle mon cœur ne pouvait s'empêcher de te bouder un peu. Tu sais si bien que je prends la moitié de ce qui t'arrive, qu'il doit m'être permis de me plaindre quand tu ne m'apportes pas ma part. J'espère que cette fatigue d'un déménagement aura été plus salutaire que nuisible à ta santé. On dit que l'exercice facilite les couches; promène-toi donc chaque jour, baigne-toi quelquefois. J'ai tant de désir d'être aussi un peu ronde, que je l'espère un peu en ce moment. J'ai des maux de cœur affreux, un dégoût universel. Déjà je ne vois, je ne rêve que ma petite *Jacqueline*. Quand je ne dors pas la nuit, je la vois d'abord tétant, puis marchant, puis plus grande, puis plus belle, enfin je la marie, et je me préoccupe excessivement de son bonheur intérieur. Tu dois comprendre et connaître cette espèce de folie maternelle, et je suis sûre que ton fils ne te donne pas moins de sollicitude. Dis-moi donc son nom. J'aime à aimer jusqu'aux saints qui président à la vie de mes chers amis.

» J'attends fort impatiemment mon mari; le mal du pays me gagne, et comme je n'ai pas reçu de lettres ce matin, j'espère qu'il me surprendra ce soir. . . . . . .

. . . . Adieu, mon Tonin chéri ; je t'aime et t'embrasse de toute mon âme ; les plus tendres choses à Félix. »

M. Lafarge ne tarda pas à revenir au Glandier après avoir écrit la dernière lettre que l'on a lue. Il avait enfin obtenu son brevet. Il arriva très-souffrant, et fut obligé de se mettre au lit quelques heures après. Cette maladie, qui en apparence semblait d'abord légère, se prolongea et prit de jour en jour plus de gravité. Marie Cappelle lui céda sa chambre, plus vaste et plus commode pour soigner un malade, et se plaça dès ce jour au chevet de son lit pour lui donner les soins qu'exigeait son état. Elle remplit ce devoir avec tendresse et assiduité, veillant sans cesse auprès de lui, lui donnant de sa main les choses prescrites, écartant de lui les préoccupations et les affaires, et ne le quittant que lorsqu'un repos absolu lui était nécessaire, et plus tard, lorsque la défiance et le soupçon de la famille l'exilèrent malgré elle de la chambre de son mari.

Le premier inconvénient auquel Marie Cappelle crut devoir remédier, et dont Lafarge se plaignait surtout, fut l'abondance des rats qui pullulaient dans le vieux manoir du Glandier. Elle avait déjà cherché à détruire cette race malfaisante par plusieurs moyens qui n'avaient pas réussi. Elle consulta à cet égard M. Bardou, le premier médecin qui fut appelé auprès de Lafarge. Celui-ci lui conseilla de mêler à la mort-aux-rats de l'arsenic, et lui donna une ordonnance pour qu'un pharmacien lui en délivrât ; mais cela ne suffit pas pour les détruire, et les plaintes de M. Lafarge continuant, Marie Cappelle chargea Denis de lui en rapporter encore. Denis remplit la commission, et en apporta même une si grande quantité, que Marie en fut effrayée, et la montra à Lafarge. Ce dernier lui dit de l'employer toute entière, et Marie confia à Clémentine, sa femme de chambre, le soin d'en faire une pâtée pour les rats.

La seconde chose qui préoccupa Marie fut d'empêcher que l'on n'entretînt son mari de ses affaires, qui allaient fort mal. A l'issue de ces entretiens, il survenait toujours quelque crise alarmante. Marie s'opposa à une dernière conversation que M. Buffières, son beau-frère, voulait avoir avec son mari. Celui-ci la pria alors de signer des billets, ce qu'elle fit sans hésiter.

Enfin elle se soumettait autant que possible aux fantaisies du malade, qui devenait de jour en jour plus inquiet. Inquiète elle-même, elle réclamait d'autres médecins, qu'elle désignait sur leur réputation ; mais une volonté supérieure à la sienne, celle de sa belle-mère, dominait déjà, et c'étaient toujours les médecins qu'elle n'avait pas demandés qui arrivaient. Lafarge, encore plein de tendresse pour sa femme, voulait partager avec elle ceux de ses aliments auxquels il pouvait toucher sans danger. Ainsi, une fois qu'elle dînait près de son lit, il avait voulu goûter des truffes qu'elle mangeait ; une autre fois des méringues. Un jour, ce fut un lait de poule qu'elle venait de prendre dans son lit, et dont il la fit prier de lui envoyer la moitié. Marie avait bu tout le sien, lorsqu'on vint lui faire part de la fantaisie de son mari. Elle en fit faire un nouveau, et on attendit le réveil du malade pour le lui donner. Marie, en outre, avait l'habitude de mettre dans toutes les potions qu'elle donnait à Lafarge une pincée de gomme en poudre, qu'elle croyait très-rafraîchissante, et dont elle-même faisait un usage fréquent. Madame Lafarge mère s'en aperçut, et l'interrogea un jour à cet égard. Ce fut dès cet instant que Marie crut remarquer une défiance extrême de la part de sa belle-mère, de sa belle-sœur, et de mademoiselle Brun, qui partageait avec elle le privilége de soigner le malade. Marie, blessée de cette répulsion, insista fortement et fit valoir ses droits d'épouse jusqu'au dernier moment; mais, après dix jours de maladie, Lafarge expira. Voici comment elle rapporte ce qui se passa pour elle le dernier jour :

« Les souvenirs de ce dernier jour ont laissé de la terreur, des angoisses dans mon âme, et pas un fait bien positif dans ma mémoire. C'est un cauchemar affreux dont je me suis réveillée frissonnante, brisée, avec une souffrance réelle produite par de fantastiques tortures. Si près de la mort, on ne voit plus la vie, on la sent.

» Je sais seulement qu'Emma me revint avec bien de l'amitié et des larmes, que plusieurs fois, voulant retourner auprès du lit du malheureux Charles, un verrou vint arrêter mes pas.... Je sais que, voulant mettre à ce chevet d'où ils me chassaient le calme et l'espérance, je fis appeler un prêtre ; qu'il vint, que je m'unis à ses prières... Je sais qu'un peu plus tard la famille m'apporta des consolations, des tendresses, *un papier à signer*... Qu'il me fut permis alors d'approcher du lit de mort, mais qu'il n'y eut plus pour moi ni regard ni adieu de celui qui m'avait aimée... Je sais qu'ils m'arrachèrent jusqu'au triste droit d'humecter ses lèvres mourantes, de soulever sa pauvre tête, de réchauffer sa froide main... Je sais qu'Emma me fit sortir de cette chambre pour m'épargner tant d'épreuves et de haines.... que je fus bien malade, que vers le matin elle ne me quitta plus... qu'elle pleurait davantage, que je l'interrogeai, et qu'elle me dit, en me couvrant de baisers : Je vous aime, Marie, je vous aime pour deux. »

Lafarge était mort. En face de ce malheur, Marie Cappelle se trouvait d'autant plus à plaindre qu'elle était en ce moment seule, étrangère, au milieu d'une famille dont elle avait déjà éprouvé l'injurieuse défiance et pressenti la haine et l'aversion. Elle voulut cependant aller trouver sa belle-mère et pleurer avec elle; Emma la retint, en lui disant que sa présence réveillerait la douleur de madame Lafarge. Pendant cette journée, Marie ne vit de la famille de son mari que M. Buffières, qui lui fit signer une procuration en blanc pour arranger les affaires de la succession.

Cependant Clémentine, la cuisinière et Emma elle-même lui répétaient des choses qui se passaient autour d'elle, et qui étaient faites pour jeter l'inquiétude dans son esprit. Marie n'y voulait pas croire, mais elle finit par se rendre aux observations d'Emma, et envoya à son homme d'affaires, à Soissons, le testament que M. Lafarge avait fait en sa faveur. Le surlendemain elle eut la

Collignon — Narjot

Mme LAFARGE.

Publié par Pourrat frères

Nouvelles Causes Célèbres ou Fastes du Crime

visite de sa belle-mère. Nous allons copier le récit qu'elle en fait dans ses mémoires :

« Le mercredi matin, madame Lafarge entra dans ma chambre, et m'embrassa sans verser une larme. Elle venait me dire qu'Aména (madame Buffières), assez malade pour ne pas quitter la chambre, et désirant par-dessus tout me voir, me demandait d'aller pleurer avec elle son pauvre frère, d'aller résigner ses souffrances en les partageant.

» La porte qui communiquait de ma chambre à celle de ma belle-mère avait été ouverte ; j'entendis madame Buffières, qui criait : « Marie, ma sœur, venez, je vous en supplie. » Je sautai en bas de mon lit, et fus me précipiter dans ses bras, en jetant seulement une mantille sur mes épaules.

» Ma belle-sœur était en grand deuil, assise près du feu, mais ne me parut pas malade : elle me reçut avec des crispations de désespoir, et en criant « qu'elle se sentait mourir, qu'elle voulait mourir. » Elle me demanda le brevet, pour qu'elle *pût couvrir de baisers* cette grande œuvre de son frère, me dit que je serais bien cruelle de lui refuser cette consolation, et sembla ne pas me croire lorsque je l'assurai que je n'avais pas le brevet, que je ne savais pas ce qu'il était devenu.

» Tout à coup j'entendis des pas qui s'approchaient. Je voulus rentrer dans mon appartement : le verrou était tiré, et comme je frappais vainement en appelant Clémentine, celle-ci arriva, et me dit que ma belle-mère s'était enfermée chez moi avec un serrurier, qu'elle brisait le secrétaire et refusait d'ouvrir (2).

» — Cela ne se peut ; ce serait infâme ! m'écriai-je.

» — Ma mère est la maîtresse ici, et fait ce qu'elle veut, me répondit avec colère Aména.

» — La maîtresse ?... Alors, pourquoi voler ce qui lui appartient ?. . . . .

» Bientôt après on ouvrit la porte de ma chambre ; j'eus à peine la force d'y rentrer et de m'y cacher avec Clémentine. La pauvre fille était plus révoltée que moi-même de ces persécutions ; elle me montra le meuble secret qu'on avait fait enfoncer pour enlever les contrats, les titres, les papiers importants qui y étaient contenus. Elle me fit voir aussi qu'on avait emporté ceux de mes bijoux qui étaient dans ma chambre, le portrait de ma mère, les cheveux de mon père, tout le trésor de mes souvenirs.

» Tandis que je cherchais à me rendre compte de cette dernière déloyauté, si cruelle si on m'enviait le prix que ces objets avaient pour mon cœur, si basse si on spéculait sur celui de leur valeur matérielle, Emma entra et vint se jeter à mon cou, pâle, tremblante, sans voix. Croyant qu'elle souffrait de la nouvelle douleur qui avait déchiré mon cœur, j'essayai de la calmer, de lui cacher ce que je ressentais, en l'appelant ma sœur, mon amie, mon bon ange ; mais elle ne répondait pas, écartait mes cheveux de mon front, me regardait avec égarement, puis enfin s'écria en sanglots :

» — Marie, ils disent que vous l'avez empoisonné, que vous avez fait mourir Charles pour en épouser un autre !... »

MARIE CAPPELLE.

S'il est une chose qui puisse étonner, étourdir et paraître incroyable, c'est certes une accusation pareille sur la tête de celle dont nous venons de retracer la vie d'après ses propres écrits; et pourtant depuis quelques jours la famille Lafarge et ses amis, appelés au Glandier, avaient conçu des soupçons, et cette défiance dont on entourait Marie était le triste précurseur de l'acte d'accusation terrible qu'on allait dresser contre elle.

J'ai rapporté avec une scrupuleuse fidélité tout ce qu'a dit Marie dans ses Mémoires; j'ai déroulé sa vie, j'ai présenté sa conduite, ses motifs, les sentiments intimes qu'elle a fait connaître; avec la même fidélité je vais rapporter tous les dires de la famille Lafarge, ses soupçons, les circonstances qu'elle avait remarquées, et qui, à l'aide des investigations de la justice, ont servi de base à l'accusation portée contre Marie à la cour d'assises de la Corrèze.

Tout en reconnaissant les principales actions, en ne niant pas les principaux faits de l'existence de Marie depuis son mariage, la famille Lafarge trouvait dans ces actions et dans ces faits, que Marie présentait comme le résultat des sentiments les plus naturels et les plus purs, le résultat des sentiments les plus criminels et les plus profondément hypocrites. Ainsi, dès son arrivée au Glandier, Marie avait fait connaître à Lafarge, dans un élan de franchise désespérée, ses véritables sentiments par la fameuse lettre du 15 août. Cette lettre le menaçait d'un adultère, d'un suicide; dans cette lettre elle déclarait qu'elle avait de l'arsenic; dans cette lettre, *où le dever-*

gondage de la pensée ne le cédait qu'au cynisme des expressions, elle se flétrissait elle-même en révélant à son époux toutes les mauvaises passions dont elle était agitée (3). La famille Lafarge et Lafarge lui-même, redoublant alors d'attentions, de soumission et d'amitié, crurent pouvoir parvenir à dompter cette tête et ce cœur qu'un moment de folie n'avait fait qu'égarer ; mais il n'en était rien, et si Marie parut dans les premiers jours d'abord résignée, puis affectueuse, enfin bonne et telle qu'elle devait être, c'est que Lafarge lui ayant communiqué la découverte qu'il avait faite et qui devait le rendre riche et puissant, Marie convoitait déjà cette fortune et cette position brillante. Elle s'amenda donc dans ses manières, encouragea son mari et lui conseilla le voyage de Paris, où, avec l'aide de sa famille et de ses recommandations, il pourrait obtenir un brevet d'invention et les capitaux nécessaires à l'exploitation de sa nouvelle industrie ; de là toutes ces lettres pour des gens haut placés dans la finance et au pouvoir, toutes ces démarches, tous ces conseils, tous ces encouragements. Mais ce n'était rien pour elle que cette position brillante, s'il lui fallait garder pour époux l'homme auquel elle avait écrit la lettre du 15 août. Elle résolut dès cet instant d'hériter du brevet et de se défaire du mari. Peu de temps avant le départ de Lafarge, elle simula une maladie où celui-ci lui prodigua les soins les plus assidus. Feignant d'en être touchée outre mesure, elle se hâta de faire son testament en sa faveur, bien sûre, par l'excessive tendresse que lui portait son époux, d'être imitée par lui. En effet,

Lafarge, à son exemple, fit aussi en sa faveur un testament qu'il lui remit. Lafarge partit pour Paris, et c'est à cette époque que s'établit entre eux cette correspondance si tendre et si passionnée par laquelle elle cherchait à entretenir son mari dans ses bonnes dispositions. Lorsqu'elle fut certaine que Lafarge allait obtenir son brevet, elle résolut de le faire mourir loin d'elle, à Paris, pour éviter tout soupçon. A cet effet, sous le prétexte de détruire les rats du Glandier, elle demanda de l'arsenic au sieur Eyssartier, pharmacien à Uzerches, qui lui en envoya. En même temps elle écrivit à son mari qu'elle allait lui expédier son portrait et des gâteaux faits au Glandier, afin que le même jour, à la même heure, ils pussent souper ensemble à cent lieues de distance. Elle eut soin de faire faire les gâteaux par madame Lafarge mère; elle les mit elle-même dans la caisse. Il n'en arriva qu'un seul à Paris. Le garçon de l'hôtel déballa la caisse devant M. Lafarge, qui goûta un morceau de gâteau et passa la nuit entière atteint de vomissements. Le gâteau contenait du poison. Cependant Lafarge, par la petite quantité qu'il avait mangée, survécut à cette première tentative; mais il arriva au Glandier encore malade et ayant dans le cœur le germe de la mort. C'est là que Marie, afin de pouvoir mieux consommer le crime qui avait manqué à Paris, sous les dehors d'une tendresse affectée, ne quitta pas le chevet de son époux, et disputa aux autres le privilége de lui donner des soins et de lui faire prendre ses boissons. Deux fois encore elle demanda de l'arsenic, toujours sous le prétexte de détruire les rats. Deux fois encore on lui en envoya; mais cet arsenic ne fut pas employé ainsi qu'elle l'avait annoncé. On retrouva une partie de cette pâte confectionnée pour détruire les rats; soumise à l'analyse, elle ne donna aucune parcelle d'acide arsénieux. La dernière fois qu'on lui avait apporté du poison, elle avait chargé Clémentine, sa femme de chambre, de faire le gâteau. Celle-ci, effrayée de toucher à cela, en chargea un domestique, qui oublia le paquet dans un chapeau, et aux premiers bruits d'empoisonnement, l'enterra dans le jardin. Ce paquet, déterré et soumis aussi à l'analyse, ne contenait que du bicarbonate de soude. Que devenait donc cet arsenic acheté avec profusion par Marie Cappelle? Elle en mettait dans toutes les boissons qu'elle donnait à son mari, prétendant que c'était de la gomme en poudre dont elle affectait de faire un usage fréquent. Lorsque Lafarge demanda à partager le lait de poule de sa femme, et qu'on lui en refit un, ce lait de poule fut porté sur la table de nuit de Marie Cappelle. La demoiselle Brun, qui couchait dans la même chambre qu'elle, remarqua que Marie jetait quelque chose dans le verre et remuait avec le doigt. Ce verre fut porté dans la chambre du malade, qui dormait et qu'on n'osa réveiller pour le faire boire. On remarqua alors une poudre blanche qui surnageait. On fit analyser le breuvage et on y trouva de l'arsenic. Une autre fois, la même demoiselle Brun vit Marie mettre dans de l'eau panée une pincée de poudre blanche qu'elle tirait d'un petit pot placé dans une commode. Le petit pot contenait de l'arsenic. De l'arsenic partout et toujours!... Enfin on fit l'autopsie du cadavre de Lafarge, on recueillit l'estomac et les liquides, ils contenaient encore de l'arsenic!...

Mon Dieu! sous combien de faces peut donc être considérée la vie humaine!... Mon Dieu! à quel langage croire dans ce monde, si ce n'est à celui de Marie Cappelle dans ses lettres si simples, si naturelles, si saintement dictées par le cœur! Où découvrir l'hypocrisie dans cette première partie de sa correspondance, où elle annonce son mariage à M. Elmore et à sa vieille Lolo? Où se cache le projet du crime dans ses lettres à sa tante, à madame de Montbreton, à sa sœur Antonine? dans ses lettres où, après son arrivée au Glandier, elle paraît si noblement, si raisonnablement résignée? dans ses lettres de bonne année à sa famille et à ses amis, où elle rêve l'avenir de *sa petite Jacqueline?* On conçoit tout au plus que, d'après les intentions que lui prêtait l'acte d'accusation, l'exagération des sentiments qu'elle exprimait à son mari pendant son séjour à Paris ait pu fournir une arme contre elle, malgré les motifs qu'elle donne pour employer un langage si tendre; et pourtant il est deux circonstances que nous devons citer et qui font pencher la balance.

M. Roque, banquier, qui avait des affaires d'argent avec M. Lafarge, vint au Glandier pour s'entendre avec sa veuve. Il commença par déchirer devant elle une procuration en blanc qu'elle avait donnée à M. Buffières, et à l'aide de laquelle il pouvait la ruiner, disait-il; lui en fit faire une autre plus convenable, et promit de lui amener un avocat qui pourrait lui donner des conseils.

« M. Roque vint en effet avec son avocat, dit-elle ; il avait fait le relevé de ses livres et de ses comptes ; il m'apportait une créance de 28,000 francs, qu'il me priait de lui garantir sur ma dot. Cette somme me paraissait assez forte ; sachant qu'il y avait beaucoup d'autres créanciers, et ne voulant pas être injuste et donner tout à un seul, je demandai à M. Roque d'attendre l'arrivée d'un membre de ma famille avant de prendre ce nouvel arrangement. M. Roque me dit que ce retard le forcerait à faire des poursuites, et que mon beau-frère, M. de Violaine, se trouverait mêlé à tout cela d'une manière désagréable. Comme je ne comprenais pas l'intervention de mon beau-frère dans les affaires d'argent, il me montra une lettre... Il parut stupéfait lorsque je lui assurai que le style, l'écriture, la signature de la lettre n'étaient pas de M. de Violaine.

» Après un moment de silence, M. Roque tira de sa poche une liasse de billets et me demanda si je connaissais les noms qui y étaient écrits, et comme je lui répondis négativement, il me dit que c'était affreux, que tous ces billets étaient faux, que M. Lafarge l'avait indignement joué, que s'il n'était pas mort il l'enverrait aux bagnes.

» Je fus anéantie à ces paroles ; mais bientôt je compris la valeur de l'argent, en pouvant racheter pour 28,000 francs l'honneur du nom que je portais. Je signai, en exigeant seulement de M. Roque un silence absolu (4).

» M. Lalande, avocat de M. Roque, s'occupa alors de mes affaires....... Il me dit qu'on attendait le résultat de l'expertise pour se prononcer ; mais qu'il ne pouvait me cacher que les fréquents voyages de MM. Magnaud, Buffières et Denis m'avaient été funestes, et que si les soupçons s'affermissaient, si je devais être jugée, l'évidence ne suffirait pas devant des hommes limousins, toujours malveillants, accusateurs pour les étrangers.

» Dans ce cas, madame, ajoutait M. Lalande, il faudrait vous sauver ; je vous sauverai avant qu'on ait pris des mesures pour l'arrestation. Je serai près de vous ; j'ai un cabriolet, un bon cheval, un passe-port qui a été délivré à ma femme et qui vous servirait à merveille. Je vous en supplie, ne refusez pas mes offres ; veuillez écouter ma voix, qui est celle de la prudence et de la raison.

» Je remerciai avec émotion M. Lalande ; mais je refusai ses offres.

» Vous avez tort, me dit-il encore. Un grand magistrat a dit : Si l'on m'accusait d'avoir volé les tours de Notre-Dame, je me sauverais sans attendre le jugement.

» Je demandai à M. Lalande de ne pas affaiblir ma résolution, qui me semblait seule honorable et courageuse, et de me laisser croire en la justice comme je croyais en mon innocence. Ensuite j'acceptai avec reconnaissance les conseils qu'il pouvait me donner, non pour fuir le danger, mais pour y résister.

. . . .

» Instruite un jour à l'avance de l'arrivée au Glandier du procureur du roi et du juge d'instruction, j'avais refusé de nouvelles offres de fuite. J'étais restée par la force de ma volonté et de ma conscience, et je m'apprêtai sans trop de frayeur à subir un interrogatoire (5). »

Ainsi voilà cette femme qu'on accuse d'avoir empoisonné son mari pour être libre et jouir de sa fortune, qui n'hésite pas à sacrifier la sienne pour conserver son nom pur et sans tache. Voilà cette femme à laquelle on propose une fuite assurée devant les magistrats qui accourent pour la juger, et qui, se réfugiant dans sa conscience, reste par sa volonté et se livre à la justice des hommes.

Cette affaire, ou plutôt ce drame, est plein de contrastes pareils à chaque page. Le doute, l'incertitude, l'anxiété dominent à tel point, que si toute cette histoire n'était qu'un roman et qu'il fût entre les mains d'un auteur, ce dernier serait maître de son dénoûment tel qu'il le voudrait faire.

Marie Cappelle fut arrêtée au Glandier et conduite à la prison de Brives, le 25 janvier 1840. Pendant que la cour royale de Limoges s'occupait d'instruire l'affaire de l'empoisonnement, une nouvelle prévention vint fondre sur l'accusée. On trouva au Glandier les diamants de madame de Léautaud, et Marie fut accusée de vol. Ce sont maintenant les débats de ces deux affaires qui nous restent à retracer ; mais tout en rapportant ce qui se passa publiquement devant les tribunaux, nous allons montrer Marie dans sa prison, sa situation, ses douleurs, ses espérances, et pour cela nous allons continuer à puiser dans sa correspondance ou dans les fragments de son journal.

« En ouvrant pour la première fois les yeux dans ma prison, dit-elle, je jetai un cri de douleur et je cachai précipitamment ma tête entre mes mains pour échapper encore à la réalité. Mais je ne pouvais aussi apposer un sceau sur mes pensées ; elles me torturaient. J'appelai en vain la religion et l'espérance à mon secours. Hélas ! tout avait disparu de mon cœur, si ce n'est le souvenir de mes opprobres et celui de mon déshonneur ! . . . . Hélas ! il n'est que trop vrai, je ne m'appartiens plus, je n'ai plus de famille, je suis à la justice. Sur un soupçon, ils ont échangé pour moi la voûte du ciel pour la voûte de leurs cachots ! sur un soupçon, ils ont flétri mon passé, ils flétriront mon avenir sur un soupçon ! Demain, aujourd'hui, dans une heure peut-être ils peuvent tirer leurs verroux entre moi et mes amis, sceller mon tombeau et me vouer vivante à la mort, à l'oubli. J'étouffe. C'est en vain que j'ai ouvert ma fenêtre ; au ciel il n'y a pas une étoile, et la nuit semble peser sur la terre comme le malheur pèse sur moi ! »

Tel fut le premier cri de désespoir poussé par Marie. A ce cri succédèrent les réflexions suivantes :

« Je ne suis pas encore bien éveillée à la réalité... Je ne sais pas envisager froidement le présent, et il m'est impossible sans vertige de sonder l'abîme où des ennemis acharnés m'ont précipitée. Après des heures d'angoisses, après avoir versé des larmes amères, après avoir crié au ciel mes souffrances et leurs injustices, je ne retrouve un refuge que dans le passé ou dans un vague indéfini qui ressemble plus au calme de la folie qu'au calme de l'espoir... Je me sens souffrir sans pouvoir analyser mes souffrances. Je vis hors de moi-même, et je demande à Dieu qu'il me donne la force de descendre dans mon cœur et dans mes pensées, avec la dignité et la résignation qui conviennent à l'innocence. »

A ces réflexions succéda cette prière qu'elle récitait tous les jours :

« Mon Dieu! fortifiez ma foi. Que votre volonté soit faite! Permettez une larme à votre enfant, mais préservez-la du désespoir et de la haine. Hélas! j'ai souffert, je souffre et je souffrirai! Que votre main ne m'abandonne pas. Seigneur, vous savez que je suis innocente des crimes qui font courber ma tête ; mais vous savez aussi les faiblesses qui remplissent mon cœur, la révolte d'un esprit qui est orgueil et doute, la solitude d'un âme qui voudrait adorer!... Notre père, qui êtes aux cieux, envoyez vers moi l'ange des saintes amours : qu'il me fasse comprendre le néant des affections humaines! Être aimée, c'est le bonheur d'une vie; vous aimer, aimer Dieu, n'est-ce pas la joie suprême d'une éternité? »

Ainsi, du désespoir elle passa à une douleur réfléchie, de la douleur à la prière; car l'homme est ainsi fait que lorsque tout s'écroule sous ses pieds dans ce monde, il lève les yeux au ciel pour y lire la consolation et l'espoir.

Cependant la famille de Marie s'était émue à la nouvelle de la terrible accusation. Plusieurs de ses parents étaient accourus auprès d'elle, et on avait déjà obtenu que sa défense serait présentée par une des plus nobles voix du barreau de Paris. Me Paillet, alors bâtonnier de l'ordre, avait accepté d'aller défendre Marie devant la cour d'assises de la Corrèze. Marie Cappelle avait déjà reçu des conseils de Mes Bac et Lachaud, et ces deux avocats s'adjoignirent à lui.

C'est à cette époque qu'éclata l'accusation de vol des diamants de madame de Léautaud. Cette accusation était grave dans la circonstance par l'influence qu'elle pouvait exercer sur l'accusation d'empoisonnement. Marie seule paraissait rassurée, et, gardant le silence envers tout le monde, répétait sans cesse que madame de Léautaud elle-même la justifierait. Son interrogatoire produisit un effet affligeant sur sa famille, ses amis et ses défenseurs. Elle avait répondu au juge d'instruction qui l'avait interrogée sur la possession des diamants : *Qu'ils lui avaient été envoyés par un parent dont elle ne savait pas le nom, qui demeurait du côté de Toulouse, à ce qu'elle pensait, etc.*

« Trahir la première une amie, dit-elle dans son journal, servir peut-être les soupçons d'un mari qui pouvait, par de sourdes menées, chercher à découvrir les secrets de sa femme!... c'était une faiblesse qui révoltait tous mes sentiments d'affection, une prudence qui semblait une lâcheté. »

Marie était conséquente avec ce qu'elle a écrit dans ses Mémoires. Elle aimait mieux mentir que perdre son amie, et elle avait eu soin de faire connaître à madame de Léautaud, par son oncle et un autre de ses parents, ses réponses à l'interrogatoire, afin que cette dernière eût le temps de réfléchir aux moyens à prendre pour la justifier. Mais la procédure continuait, et madame de Léautaud gardait toujours le silence. Marie résolut alors de lui écrire et chargea Me Bac de lui apporter sa lettre à Paris. Voici cette lettre :

« Marie,

» Que Dieu ne vous rende pas tout le mal que vous m'avez fait! Hélas! je vous sais bonne, mais vous êtes faible. Vous vous êtes dit que, condamnée pour un crime atroce, je pouvais subir une accusation infâme. Je me suis tue : j'ai remis à votre honneur le soin de mon honneur! Vous n'avez pas parlé.

» Le jour de la justice est arrivé. Marie, au nom de votre conscience, de votre passé, sauvez-moi! Sans doute il est mal de tendre la main à la reconnaissance; mais il est des positions qui ordonnent dans le cœur l'oubli, et je ne sais pour quel front est la rougeur.

» Voici les faits, vous ne sauriez les nier. Lorsque je vous connus, bientôt je vous aimai, et je devins bientôt la confidente d'une intrigue commencée à Saint-Philippe, etc. »

Ici sont rappelés tous les faits déjà mentionnés dans les Mémoires, à l'appui desquels Marie invoque des lettres de madame de Léautaud, de M. Clavé, etc.; puis elle termine ainsi :

« Mais pourquoi continuer, pourquoi ne pas parler seulement à votre cœur et à votre conscience? Voudriez-vous avoir ma mort à vous reprocher? Oh! je ne survivrai pas à un doute, je saurai mourir ; mais devant le prêtre qui me déliera de mes péchés, devant mes amis, devant le Christ, je dirai que je meurs votre victime, que je suis innocente, que je veux la réhabilitation pour mon tombeau, pour ma mémoire que je léguerai au cœur de mes amis. Quand je serai morte, Marie, on me plaindra, on me vengera, votre faiblesse sera un crime et un déshonneur.

» Au lieu de cela, regardez votre fils qui vous rend fière, votre Raoul que vous aimez tant; craignez que Dieu ne me venge sur eux..... Venez m'aimer encore et me sauver.

» Il n'y a qu'une chose à faire maintenant : il faut reconnaître par un billet signé de votre main, daté du mois de juin, que vous déclarez m'avoir confié vos diamants en dépôt avec autorisation de les vendre si je le jugeais convenable : cela arrêtera l'affaire. Vous expliquerez ainsi que vous l'entendrez votre conduite à votre mari, et toutes vos lettres vous seront renvoyées, et le plus profond secret garantira votre honneur et votre repos.

» Adieu! croyez-le bien, Marie, pour vous sauver j'ai été martyre deux mois. Vous m'avez oubliée. Je pourrais vous donner ma vie; mais ma réputation, le cœur de mes amis, l'honneur de mes sœurs... jamais! »

Me Bac se rendit en effet à Paris et remplit la mission dont il était chargé auprès de madame de Léautaud; mais elle n'eut pas le résultat que Marie Cappelle en attendait. Madame de Léautaud le reçut devant sa famille, on contesta avec force toutes les assertions contenues dans cette lettre, et les poursuites continuèrent.

Me Lachaud étant forcé de se rendre à Paris, Marie le pria de tenter une nouvelle démarche dont elle n'espérait plus grand'chose, comme elle le dit elle-même dans la lettre qu'on va lire, et qui servira du reste à faire connaître sa situation d'esprit à cette époque.

Merci... Vous avez compris que je serais forte, que mes amis me devaient toute la vérité ; je suis faible contre le doute ; mais quand le malheur a courbé ma tête, Dieu m'envoie le courage de la relever. La crainte d'une adversité à venir pourrait me tuer, la certitude d'une douleur me trouve forte et résignée ; sans doute parce que j'espère dans le secours des hommes pour m'épargner la première, et que c'est plus haut que je demande les forces de lutter contre la seconde. Maintenant qu'il ne faut plus agir qu'avec toute la vérité, que je ne rends pas avec passion le mal contre le mal, mais que je me défends, que la volonté de Dieu soit faite ; qu'il donne les convictions à mes paroles, le pardon à mon cœur.

. . . .

» Je n'augure rien comme résultat de votre deuxième visite à madame de L*** ; seulement il me semble impossible qu'elle ne se trahisse pas un peu, et que vous ne trouviez pas en elle un remords et un souvenir ami. Je vous en prie, ne négligez aucun éclaircissement sur M. C***, sur la vieille bonne, sur E*** ; dites-moi tout, ne craignez pas de me faire mal. Au retour vous me trouverez forte pour suivre vos conseils, pour aider à vos dévouements..... Je ne redoute sur la terre que le reproche juste de mon cœur, ou le reproche injuste de mes amis.

» Adieu... MARIE. »

En effet la démarche de Me Lachaud ne réussit pas mieux que celle de Me Bac, et déjà des bruits de vols, précédemment commis par Marie chez sa tante Garat, circulaient de tous côtés. Elle rend compte de ses impressions à cet égard dans une lettre à Me Lachaud, qu'elle termine en ces termes :

« Mon Dieu! que j'ai souffert! Ces questions odieuses, ces impertinences! oh! c'est l'abîme qui me rejette de cette vie! Oubliez-moi; épargnez-moi l'horrible agonie de vous sentir rougir pour moi... Si vous ne le pouvez... eh bien, n'ai-je pas Dieu et la belle patrie que j'ai achetée par tant de douleurs? Laissez-moi mourir!

» Dites-moi, quelles nouvelles épreuves faut-il présumer de cet ignoble interrogatoire? Que faut-il faire, que faut-il penser? Répondez-moi froidement : qu'ai-je à craindre encore?

» Oh! par pitié, dites-moi que j'ai assez souffert, que je puis aller trouver le repos de la tombe!... Déjà vous m'avez fait du bien ; je pleure en venant à vous ; mes larmes empêchent mon cœur de se briser d'indignation et de découragement. »

Marie Cappelle a dû avoir quelquefois en effet à cette époque l'idée du suicide. Ses intentions se trahissent surtout dans les passages de deux lettres qu'elle écrivit alors.

« Je m'inquiète des démarches pénibles que vous aller faire; ne vous laissez pas abattre par le mauvais vouloir de quelques-uns, l'insouciance de quelques autres. Et puis je méprise ce monde ; Dieu me recevra là-haut avec bonté. Je lisais hier une pensée qui m'a semblé écrite pour moi;

vous en jugerez : « Il est des instants de faiblesse où je me décourage, où je m'apitoie sur mon sort comme une pauvre femme que je suis. Mais, le plus souvent, ne pouvant briser mes ennemis, je me fais forte en m'appuyant sur la mort. Eh bien, cela posé, mon honneur est en sûreté. Ma vie seule tient à un fil, à une prévention, à rien, peut-être. Qu'y faire? Quand je me désolerais, effacerais-je le passé? Nous ne pouvons arracher une seule page de notre vie, mais nous pouvons jeter le livre au feu; il est des jours où la perte de toutes mes espérances me semble tellement inévitable, que je me considère comme morte. Que la volonté de Dieu soit faite. »

. . . .

« Oh! si ma vie vous est précieuse, croyez que je saurai la disputer; mais aussi je ne marchanderai pas avec elle un instant si mon honneur ne sort pas sain et sauf de tous ces risques. Je ne suis pas assez pieuse pour accepter jamais une vie souillée, par esprit de mortification pour des fautes dont je n'eus jamais la pensée; pas assez orthodoxe pour croire la mort un crime quand on ne saurait accepter la honte... Mais je vous fais mal... Allons! Dieu viendra à mon aide. C'est folie et impiété de douter de lui dans le danger. Sommes-nous donc des athées, pour nous décourager ainsi? »

Ces idées, qui bouillonnaient dans la tête de Marie, semblèrent pourtant s'être calmées au moment de subir sa première épreuve. La procédure des diamants était complète, et le jour de l'audience fixé. Voici en quels termes Marie l'annonça à M. Lachaux :

MARIE CAPPELLE.

« C'est encore moi, c'est toujours moi! Quand l'orage gronde, je viens me réfugier dans votre affection; là seulement je sais me résigner. Le conseil de Brives s'est réuni hier, et a fixé au 9 juillet l'affaire des diamants. Ce matin, lorsqu'on m'a apporté l'acte avec ses termes crus, infamants, je pleurai bien longtemps; il me semblait que mon cœur était assez brisé pour me laisser mourir. Ce soir je suis plus calme : j'ai prié « Notre Père, qui es aux cieux; » puis je me suis dit que j'appartenais à mes amis, qu'ils m'aidaient avec toute leur activité, toute leur puissance, tout leur dévouement; que je devais les soutenir avec mon cœur, avec ma santé. Je suis forte, digne de vous. Dieu veuille me garder telle jusqu'au bout de l'épreuve!

. . . .

» Je cesse de vous écrire; je vais ouvrir mon *Imitation* et vous dire les phrases que Dieu m'y envoie :

« Jésus-Christ : Mon fils, parle ainsi toujours: Sei-
» gneur, vous voyez le désir de mon cœur; que cela se
» fasse si c'est votre volonté; que cela se fasse en votre
» nom! Donnez-moi ce que vous voulez, autant que vous
» le voulez, et quand vous le voulez. Je suis dans votre
» main : tournez-moi et retournez-moi de toutes ma-
» nières. Voilà votre serviteur prêt à tout. »

» Adieu! »

Ce fut en effet le 9 juillet que s'ouvrirent les débats de cette affaire. La veille, madame de Léautaud s'était portée partie civile.

L'affluence des spectateurs, l'empressement, la curiosité, avaient dépassé toutes les prévisions. C'était, du reste, un spectacle intéressant et dramatique que celui de ces deux femmes autrefois amies, presque sœurs, et qui maintenant venaient s'accuser réciproquement de crime et de calomnie. Mais la curiosité ne fut satisfaite qu'à moitié. Le public vit les deux femmes en présence, et le débat contradictoire ne put s'engager.

Voici en quels termes les journaux de l'époque ont rendu compte de l'apparition de ces deux dames au tribunal :

« A dix heures et demie, M. le vicomte et madame la vicomtesse de Léautaud, et la famille de Nicolaï, paraissent dans la salle. La famille de Nicolaï prend place au banc des témoins, et M. et madame de Léautaud vont s'asseoir auprès de Me Coralli, leur avocat. Madame de Léautaud est une jeune femme d'une remarquable distinction; ses yeux sont grands et noirs ; ses cheveux, noirs comme du jais, se partagent sur son front et retombent en deux grosses boucles le long de ses joues. Sa toilette, simple et élégante, se compose d'une capote blanche, d'une robe de soie grise et d'un châle de soie noire. Comme elle est souffrante, et dans un état de grossesse avancée, elle se fait apporter un oreiller, et cause avec M. de Léautaud et Me Coralli.

» A onze heures, on entend une voiture, et l'attention se réveille. L'accusée est introduite, donnant le bras à Me Théodore Bac et à Me Lachaud, ses défenseurs.

» Marie-Fortunée Cappelle, veuve Lafarge, est vêtue de noir ; une capote de crêpe noir et un voile cachent sa figure, que cherchent tous les regards. Son front est beau et intelligent, ses yeux noirs sont pleins d'expression et de vivacité, ses cheveux sont plats et lisses. Sur sa bouche on voit errer par moment un sourire douloureux, qui fait seul pressentir ce que souffre cette femme, car sa contenance est calme et impassible. Me Miallet, avoué, assiste Me Coralli, et Me Peyredieu, avoué, assiste les deux défenseurs de madame Lafarge. »

Aussitôt que l'audience eut été ouverte, Me Bac prit la parole, et s'exprima ainsi :

« J'ai une exception préjudicielle à proposer. Mes conclusions tendent à ce qu'il plaise au tribunal surseoir au jugement de la prévention jusqu'après la décision à intervenir sur les poursuites criminelles dont madame Lafarge est l'objet.

» Messieurs, en me levant au seuil de cette cause pour demander un sursis, je sens que je vais froisser de légitimes impatiences. Parmi les intérêts qui sont en jeu, il en est, je le comprends, qui se croient en droit d'obtenir une prompte satisfaction, et qui ne manqueront pas de protester énergiquement contre mes conclusions. Et nous aussi, croyez-le bien, ce n'est pas sans peine que nous avons pris la résolution de retarder l'heure de ces débats. Ce n'est pas sans peine surtout que nous avons pu persuader à notre cliente d'accepter notre résolution. Madame Lafarge avait appelé elle-même avec impatience le jour de la justice. Forte du témoignage de sa conscience, confiante dans les preuves qu'elle a de son innocence, et plus émue des calomnies qu'accueillait la crédulité publique que des graves préoccupations de l'affaire qui l'appellera bientôt en cour d'assises, elle brûlait de se justifier avant tout de cette affreuse accusation de vol, qui atteint si profondément son honneur. Dans l'ardeur de ses empressements, elle ne comprenait rien à notre désir de voir remettre une décision qu'elle appelait de tous ses vœux. Mais enfin elle a été vaincue par nos instances, et il nous a été permis d'adopter un système que nous imposaient à la fois et son intérêt et celui de la justice.

» Madame Lafarge est à la fois poursuivie pour un délit et pour un crime. Les débats judiciaires qui s'ouvrent ici ne seraient que la préface d'une affaire plus grave qui se jugera bientôt devant la cour d'assises. L'influence de ces débats sur l'affaire criminelle pourrait avoir quelque chose de grave. La défense de l'accusée en ce moment n'aurait pas toute sa liberté, n'aurait pas la franchise de ses allures.

» La défense sent que, dans une affaire de cette nature, dans une affaire où les rôles s'intervertissent en quelque sorte, où de la position d'accusée madame Lafarge doit prendre celle d'accusatrice, la défense sent qu'il faut qu'elle se présente libre de toute préoccupation, dégagée de toute inquiétude; elle sait qu'elle ne pourra s'exprimer avec toute liberté, avec toute indépendance, que lorsque l'affaire plus grave qui s'agitera devant le jury sera vidée.

» C'est pour cela, messieurs, que nous venons demander formellement qu'il ne soit statué sur l'affaire qui vous a été soumise qu'après qu'il aura été statué sur l'affaire criminelle. »

MARIE CAPPELLE.

Ici Me Bac développa la question de droit, et appuya sur cet argument, que si la peine infligée pour le crime dont Marie Cappelle était accusée devant la cour d'assises était prononcée, elle emporterait celle qu'allait infliger la police correctionnelle ; qu'il était donc inutile de la prononcer avant de savoir le résultat de l'autre procès. Me Lachaud présenta ensuite quelques observations tirées de ce que le temps avait manqué pour se procurer les preuves matérielles et assigner les témoins.

Me Coralli prit à son tour la parole pour madame de Léautaud, et, après avoir appuyé sur l'intérêt de sa cliente d'obtenir prompte justice, et combattu la question de droit, termina en ces termes :

« Qu'on ne nous parle donc plus de l'intérêt de madame Lafarge accusée. Il y a devant vous, messieurs, deux accusées : il ne serait pas juste qu'une seule pût invoquer, je ne dirai pas la pitié, mais la justice du tribunal. Madame de Léautaud est aussi dans cette enceinte pour défendre son honneur, celui de son mari ; elle s'y présente entourée en quelque sorte du rempart vivant que lui fait une honorable famille ; elle aussi, elle invoque, elle réclame une justice entière ; elle aussi, elle doit compte au public, grand juge de ces débats, des calomnies répandues contre elle, et qui ont retenti dans les tribunaux par vous, par votre fait. »

Les avocats répliquèrent de part et d'autre ; le ministère public prit des conclusions conformes à celles de Me Coralli, et le lendemain le tribunal rendit un jugement par lequel il refusait le sursis. Appel de ce jugement fut fait à l'instant même par l'avoué de Marie Cappelle, et ses avocats plaidèrent que l'appel était suspensif et qu'on ne devait pas continuer les débats. Le tribunal en décida autrement et voulut procéder à l'audition des témoins. Marie Cappelle annonça alors l'intention de faire défaut; le ministère public la menaça des lois de septembre; mais le tribunal ne croyant pas devoir les appliquer, permit le défaut, et les débats continuèrent hors de la présence de l'accusée. Ces débats se traînèrent froids et monotones en l'absence des adversaires qui seuls pouvaient contester les faits avancés par le ministère public et la partie civile. Le substitut du procureur du roi formula l'accusation; il admit à peu près les mêmes circonstances que Marie Cappelle rapporte dans ses Mémoires, et l'accusa d'avoir volé les diamants retrouvés au Glandier sur une visite ordonnée par le préfet de police. Il donna lecture des dépositions de mesdames de Léautaud et de Montbreton, en tout conformes à l'accusation. Enfin il produisit l'interrogatoire de Marie Cappelle, dont les variations, de même que l'offre d'une autre place faite au domestique soupçonné, étaient autant de circonstances qu'il tournait contre elle.

Dans tout cela il avait été très-peu question du système soutenu par Marie Cappelle; Me Coralli prit la parole pour le combattre; il lut d'abord la lettre écrite à madame de Léautaud et apportée par Me Bac, et fit à son tour de la manière suivante l'historique de ce qui s'était passé entre sa cliente et M. Clavé. Après avoir peint l'étroite amitié qui liait les deux jeunes filles, il s'exprima ainsi :

MARIE CAPPELLE.

« Elles sortaient souvent ensemble, et quelquefois accompagnées de mademoiselle Delvaux, gouvernante de mademoiselle de Nicolaï. Elles remarquèrent un jeune homme qui semblait s'attacher à leurs pas, qui les suivait partout, surtout à l'église.

» Ces assiduités furent et durent être l'objet de conversations entre ces jeunes personnes. Ce fut Marie Cappelle qui parvint à connaître le nom de ce jeune homme; c'était Félix Clavé, fils d'un chef d'institution au faubourg du Roule. Elles imaginèrent, par forme de plaisanterie, de lui écrire une lettre dictée par l'une et l'autre, mais écrite de la main de Marie Cappelle, mettant ainsi leur esprit en commun. La lettre était anonyme; elles insinuaient que des promenades aux Champs-Élysées étaient une chose favorable à la santé.

» La lettre oubliée, à quelque temps de là les deux jeunes amies, accompagnées de la gouvernante, sortant des Tuileries, traversaient les Champs-Élysées. M. Clavé s'offrit à leurs regards. Dans sa candeur, il crut que c'était un rendez-vous. Elles le rencontrèrent de nouveau une autre fois, et pensèrent qu'il avait pris la plaisanterie au sérieux. C'était bien innocent; mais toutefois Marie Cappelle crut réparer une imprudence par une autre imprudence. Par une seconde lettre émanée des deux amies, écrite encore de la main de mademoiselle Cappelle, elles le priaient de considérer la première comme une plaisanterie, et l'assuraient qu'on lui saurait gré de ne pas chercher à en connaître l'auteur.

» Naturellement tout devait en rester là; mais il n'en

fut pas ainsi. M. Clavé, frappé de l'aspect de l'une surtout, avait deviné de qui venaient les lettres et cherchait à lier connaissance. Aussi Marie de Nicolaï reçut-elle une lettre anonyme dans laquelle on la remerciait comme d'un bienfait reçu. Sa première idée et celle de sa famille fut que c'était l'action de grâces d'une pauvre vieille femme pour laquelle mademoiselle de Nicolaï avait fait une quête quelques jours auparavant; mais un examen attentif du style et des pensées de cette lettre firent soupçonner aux deux amies que M. Clavé pouvait en être l'auteur. Ce fut bientôt une certitude, et mademoiselle de Nicolaï étant partie pour le château de Busagny, une deuxième lettre de la même écriture, portant les initiales F. C., vint réveiller ses inquiétudes et ses regrets. Ce fut le sujet de la correspondance des deux amies; et par une bizarrerie singulière, pendant que mademoiselle de Nicolaï était troublée, mademoiselle Cappelle liait une correspondance directe, active et familière, avec M. Clavé, qui se plaignait avec vivacité de l'espèce d'humiliation qu'on lui avait fait subir. Mademoiselle de Nicolaï sentait qu'elle s'était un peu compromise par une première démarche irréfléchie, et la communication des lettres d'exaltation de M. Clavé augmentait ses inquiétudes de jeune fille. Elle n'était pas sans quelque regret, dans la simplicité de ses pensées, d'avoir donné à ce jeune homme prétexte de se plaindre; aussi fut-il facile à mademoiselle Cappelle de la faire participer à une lettre où l'on exprimait la peine de lui avoir fait involontairement une injure, et le désir de voir mettre fin à tout cela. »

Passant ensuite à la lecture des diverses lettres de M. Clavé, Me Coraly chercha à établir par là que ce jeune homme était incapable de mettre son silence au prix de l'or (6). L'une d'elles rappelle cette soirée passée à Tivoli avec les deux amies, où une fleur fut donnée à M. Clavé; mais comme cette lettre est adressée à Marie Cappelle et qu'il l'en remercie, Me Coraly conclut que c'est à elle seule qu'il doit cette faveur. Enfin il ajoute que mademoiselle de Nicolaï réclama de Marie Cappelle toutes les lettres relatives à Clavé; qu'elle n'entendit plus parler de ce dernier et cessa toute relation directe ou indirecte avec lui.

L'audition des témoins commença. MM. Moutonnet et Lapeyrière déposèrent de la moralité et de l'honneur de M. Clavé. Mesdames de Nicolaï, de Montbreton, Delvaux, etc., répétèrent avec plus de détails les faits avancés par l'accusation et la partie civile. M. Allard, chef de la police de sûreté, à qui M. de Léautaud s'était adressé pour découvrir le vol, tout en rendant compte de ses démarches, parla de plusieurs objets volés chez madame Garat. Vint à la suite la déposition de madame Garat elle-même, qui dit qu'elle ne soupçonnait nullement sa nièce des diverses soustractions commises chez elle (7). Enfin, au bout de quatre audiences, intervint le jugement par défaut, qui condamna Marie Cappelle à deux ans de prison et aux dépens pour tous dommages et intérêts envers la partie civile. Ce jugement est du 15 juillet. Appel en fut immédiatement interjeté, et le jour de la nouvelle audience fut fixé au 13 août suivant.

Pendant qu'on la jugeait en son absence, Marie Cappelle, croyant entendre de sa prison un écho des paroles qu'on prononçait contre elle au tribunal, passa ces quatre jours dans une agitation extrême; elle écrivait à chaque instant pour avoir des nouvelles, et sa santé, déjà si mauvaise, encore ébranlée par cette secousse, faisait craindre pour sa vie (8).

Lorsque le jugement fut rendu, il fut question de la transférer dans la prison de Tulle. Elle redoutait surtout ce changement; car, à Brives, elle avait déjà trouvé des consolations dans sa captivité. Tous les prisonniers respectaient son repos, une fois libres dans les cours, et s'empressaient de lui faire hommage de leurs petits ouvrages. Au dehors, mille manifestations d'intérêt et de dévouement lui étaient dévoilées chaque jour. « L'un lui offrait sa bourse, dit-on dans la continuation de ses Mémoires; l'autre des moyens d'évasion; celui-ci voulait aller au Mexique; celui-là parlait de mariage aussitôt après le procès. » Et à tout cela étaient joints de petits cadeaux qui pouvaient le plus flatter la prisonnière. Les protestants envoyaient des bibliothèques chrétiennes, les catholiques des médailles de la Vierge, et les religieuses faisaient dire des neuvaines. Enfin, pendant le temps qu'a duré son procès, Marie Cappelle a reçu de tous les pays plus de six mille lettres; elle craignait que ce changement de prison n'amenât un régime plus sévère et ne déplaçât les affections en la déplaçant elle-même. C'est sous le poids de ces craintes et de la souffrance physique qui la consumait qu'elle écrivit plusieurs lettres qui peignent la situation de son âme (9).

Dans les premiers jours d'août elle fut transférée dans la prison de Tulle, et le 13 elle parut à l'audience pour voir statuer sur son triple appel. Les débats n'eurent rien de remarquable, et il intervint un jugement qui, la déboutant sur la demande en sursis, cassa et annula le jugement par défaut, déclarant l'appel suspensif, et fixa le jour des débats au 20 septembre prochain. L'affaire était donc renvoyée après l'arrêt de la cour d'assises, dont l'ouverture était fixée au 3. Nous reviendrons sur le procès des diamants quand l'ordre des jours nous y aura ramené. Nous allons nous occuper maintenant des débats de la cour d'assises.

Marie avait retrouvé à Tulle la même position qu'à Brives. M. Ventejous avait remplacé M. Ségéral pour les soins à donner à sa santé, si déplorable, et l'on avait laissé auprès d'elle sa fidèle Clémentine. Les mêmes marques de sympathie l'entouraient au dedans et au dehors, et le même déchaînement la poursuivait aussi. Cependant, à mesure que le jour du jugement approchait, son courage et sa confiance semblaient redoubler. On lui proposa d'abord une requête en règlement de juges pour récuser les jurés limousins, prévenus contre elle; elle refusa de la signer, confiante dans la justice, et surtout dans son innocence. On lui proposa de faire déclarer la faillite de Lafarge, dont elle était créancière, croyant ce moyen utile à sa cause; elle refusa également de salir de cette tache le nom de son mari. Enfin on voulait qu'elle-même accusât quelqu'un de cet arsenic trouvé dans les boissons de Lafarge; elle refusa avec plus d'énergie, préludant par là à cette réponse qu'elle fit plus tard au président : « Hélas ! je n'accuse personne ; je sais trop le mal que cela fait. »

L'ouverture des débats avait attiré une affluence considérable de tous les coins de la France. La curiosité publique était excitée au dernier point, tous les journaux avaient envoyé leurs rédacteurs ; des estafettes étaient prêtes sur les routes pour apporter le compte rendu des débats. Amis et ennemis se pressaient dans la ville de Tulle, se disputaient, se menaçaient, et répétaient les mille bruits contradictoires qui circulaient sur l'accusation et la défense, bruits pour la plupart insérés dans les journaux (10). Marie Cappelle avait été transférée dans une chambre qui lui avait été préparée dans le palais de Justice. Sa famille était arrivée. Me Pailliet, pour la défendre, M. Decous, avocat général, pour l'accuser, étaient à leur poste, et le 3 septembre, à neuf heures du matin, l'audience fut ouverte devant l'auditoire le plus nombreux qui ait jamais encombré une cour d'assises.

Nous allons tâcher de reproduire le plus fidèlement possible ces longs et dramatiques débats dans toutes leurs péripéties.

« Une vive rumeur, dit un journal de l'époque, en annonçant l'entrée de Marie Cappelle, rumeur bientôt comprimée par le respect dû au malheur, et surtout aussi par l'air souffrant de l'accusée, s'élève dans toutes les parties de l'assemblée.

» Une pâleur livide, que relèvent encore l'ébène de ses cheveux noirs et les vêtements de deuil dont elle est couverte, règne sur tous ses traits amaigris par les longues tortures de la captivité. Mais lorsque ses yeux, quelque temps baissés, se relèvent, on voit que le courage qui l'anime intérieurement leur a conservé toute leur vivacité. »

Marie Cappelle paraît, appuyée sur le bras de Me Paillet, entourée de ses défenseurs et de sa famille.

Le greffier donne lecture de l'acte d'accusation, dont nous avons reproduit les charges. Le ministère public prend la parole à la suite, et montre déjà, par la sévérité inusitée de son langage en pareille circonstance, toute celle qu'il va déployer dans le cours des débats. Il prononce un premier réquisitoire au lieu d'un résumé, et finit par reprocher à l'accusée le vol de diamants pour lequel elle n'a été condamnée que par défaut. Me Paillet se lève à son tour, et soutient, dans une chaude plaidoirie, ses conclusions tendant à ce que la famille de Léautaud et de Nicolaï, partie civile dans l'autre affaire, soit rayée de la liste des témoins dans le procès actuel. Le ministère public combat ces conclusions, et la cour rend un arrêt qui maintient le témoignage des Nicolaï. M. le président commence ensuite l'interrogatoire de Marie Cappelle. Celle-ci, que ses forces physiques trahissent plusieurs fois, n'est soutenue pendant ces longues heures que par son énergie morale. Toutes ses réponses, claires, précises, nettement articulées, ne sont que le résumé de ce qu'on vient de lire dans ses mémoires. Les réponses les plus intéressantes sont celles faites aux questions sur les sentiments intimes qu'elle seule pouvait expliquer; nous allons les rapporter.

Après quelques questions sur la lettre écrite par Marie à M. Lafarge le soir même de son arrivée au Glandier, M. le président continue à l'interroger sur les motifs qui la lui ont dictée.

D. Qui avait pu produire en vous cette exaspération? Comment pouvez-vous expliquer cette lettre et les circonstances dans lesquelles elle a été remise à votre mari?

R. Je vous prie d'avoir de l'indulgence. Je suis partie le lendemain de mon mariage; je quittai ma famille, je me trouvai isolée de tout le monde. A Orléans, j'eus avec mon mari une scène extrêmement désagréable... ensuite, pendant toute la route, j'ai été extrêmement malheureuse. Arrivée au Glandier, au lieu de cette charmante maison de campagne dont on m'avait leurrée, j'ai trouvé une maison délabrée, ruinée. Je me suis vue seule, enfermée dans une grande chambre qui devait être la mienne pour toujours. Voyez-vous, j'ai perdu la tête... J'avais une idée d'un voyage dans l'Orient... J'ai pensé à tout cela... Le contraste... mon imagination s'est montée. Je me suis trouvée si malheureuse, que j'aurais donné tout au monde pour en sortir.

D. Ainsi, votre conduite à votre arrivée au Glandier a été le résultat des mécomptes que vous aviez éprouvés à la vue d'un séjour qui ne répondait pas sans doute aux espérances qu'on vous avait données?

R. Oui, monsieur.

D. Vous manifestiez un grand éloignement, une vive aversion pour M. Lafarge : expliquez donc quelles sont les circonstances qui ont amené le grand changement qui s'est manifesté en vous quelque temps après dans vos relations avec lui, et surtout le rapprochement qui a paru s'opérer, les témoignages d'affection qui l'ont suivi plus tard. De ce dernier état de choses aux sentiments que vous exprimiez dans votre lettre, il y a une immense distance.

R. M. Lafarge m'avait comblée de preuves d'affection; il était aussi bon pour moi qu'il était possible. Cela m'a touchée; je n'ai pas pu faire autrement que de... (l'accusée hésite quelques instants sur le mot) que de remplir mes devoirs, de rendre la vie plus heureuse à M. Lafarge. Je me suis ensuite occupée de ma maison. Le Glandier n'a plus occupé qu'une faible part dans ma vie. Peu à peu je me suis senti de l'affection, de l'estime pour M. Lafarge, et j'ai désiré de le rendre heureux.

D. Quel a été votre motif, alors que votre mari devait revenir très-prochainement de Paris, de lui envoyer votre portrait et ces gâteaux, selon vous, car l'accusation prétend que vous n'avez envoyé qu'un seul gâteau? Quel a été votre motif d'ajouter à cet envoi des circonstances aussi remarquables?

R. L'envoi du portrait était une chose convenue entre nous. Lorsque M. Lafarge m'a manifesté le désir de l'avoir, je me suis enquise d'un peintre pour le faire. Cela a duré quelques jours, et, comme il désirait l'avoir à Paris, je l'ai envoyé. Quant aux gâteaux et à ce qu'il y a eu de romanesque, je ne sais comment l'expliquer. C'était en effet assez ridicule; mais M. Lafarge était si bon pour moi, il m'avait montré tant d'affection, que j'ai cru lui faire plaisir comme il avait cru me faire plaisir en buvant la moitié de mon lait de poule ; c'était la même chose.

D. Comment conciliez-vous la haine que vous montriez à votre mari avec la tendresse qui résultait de cette lettre qui annonçait l'envoi des gâteaux, et les autres lettres que vous lui avez adressées? Dans la première lettre, il est aisé de voir qu'il n'y a rien de commun ni par l'intelligence ni par les affections avec l'époux que vous avez accepté. Dans les autres, au contraire, on voit l'expansion d'un cœur qui se donne avec effusion et même avec enthousiasme à l'époux auquel il est uni. On peut à la rigueur comprendre cette mobilité dans des personnes qui n'ont pas votre intelligence ; mais de votre part elle est difficile à comprendre.

R. J'ai déjà répondu que les bons soins de M. Lafarge m'avaient gagné le cœur. Je l'aimais véritablement, non d'amour, mais d'affection. Il m'écrivait des lettres fort passionnées, et je croyais de mon devoir de le rendre heureux en me servant du même langage. Vous savez ce que c'est ; quand on reçoit une lettre bien tendre, bien bonne, on se sent disposé à faire plaisir à celui qui vous témoigne de l'affection, surtout quand c'est un mari qui vous l'écrit et qu'on veut rendre heureux ce mari.

Quant au reste, Marie Cappelle se borne à nier avec la plus grande simplicité de langage les intentions que l'accusation lui prête, et à rectifier les circonstances qu'on veut tourner contre elle.

Ainsi, à propos de la découverte pour laquelle Lafarge

était allé à Paris demander un brevet d'invention, découverte dont, selon l'accusation, elle avait apprécié l'importance, et qui était chez elle la source des nouveaux sentiments qu'elle témoignait à son mari, elle répond :

« Mon mari, en ce moment, voulait emprunter de l'argent à ma famille. Il m'envoyait le plan des lettres que j'avais à écrire à cet effet. Je les copiais et je les envoyais. »

Interrogée pour savoir lequel des deux d'elle ou de son mari a fait le premier son testament, elle répond qu'elle n'est pas parfaitement sûre de sa mémoire sur ce fait. Et à cette question : « Ne serait-ce pas vous qui auriez insinué à Lafarge de faire un testament en votre faveur en vous servant de l'entremise d'une autre personne ? » elle répond : « Je ne le crois pas, et si je me rappelle bien, j'ai copié mon testament sur celui de M. Lafarge. Je n'en suis pas parfaitement sûre ; mais je le crois. Je n'ai obéi à aucune insinuation ; nos deux testaments ont été faits le même jour. »

Passant au fait de l'envoi des gâteaux, le président lui fait la question suivante :

D. Maintenant, expliquez-vous sur l'envoi des gâteaux ou du gâteau, car l'accusation soutient qu'il n'y en avait qu'un seul de la dimension d'une petite assiette. Cela est une comparaison triviale sans doute ; mais cela rend la forme compréhensible pour tout le monde.

R. Que voulez-vous que je dise ? je ne puis apporter ici que mon affirmation. Je suis bien sûre de ne dire que la vérité en affirmant avoir mis dans la boîte trois ou quatre gâteaux, des petits gâteaux, des choux, comme on les appelle. J'en suis parfaitement sûre.

D. Parfaitement sûre?

R. Parfaitement sûre.

On lui reproche les inquiétudes outrées qu'elle manifestait sur la santé de son mari, atteint à Paris de vomissements après avoir mangé les gâteaux, l'empressement qu'elle mettait à courir au-devant du facteur pour avoir des nouvelles; elle répond :

« Lorsque le facteur arrivait, mon premier mouvement était d'aller au-devant de lui. Je recevais immensément de lettres ; j'en recevais tous les jours de ma famille ; c'était là un de mes principaux délassements au Glandier. Il n'est pas étonnant que j'aie montré cet empressement. »

Arrivant aux divers achats d'arsenic, M. le président dit encore :

« C'est dans la nuit du 16 au 18 décembre que la caisse a été expédiée à Paris. Je vous demanderai si avant cet envoi vous n'avez pas fait prendre de l'arsenic chez un pharmacien? »

R. Oui, monsieur, j'avais fait prendre de l'arsenic; mais je ne me rappelle pas l'époque à laquelle je l'ai fait prendre. Ayant voulu revêtir un jour mon habit de cheval, je fus fort contrariée de le trouver tout mangé par les rats, et c'est alors que j'ai fait acheter de l'arsenic.

D. Comment expliquez-vous ces détails minutieux dans lesquels vous êtes entrée pour en demander, si vous vouliez faire un usage innocent d'une chose si nuisible?

R. On m'avait fait faire des visites de noce à M. Eyssartier; je croyais, en faisant ma demande, devoir lui écrire plus poliment qu'à un simple marchand auquel on demande de la marchandise.

On l'interroge ensuite sur l'arsenic qu'elle a fait apporter par Denis, l'insistance qu'elle a mise, l'impatience qu'elle a témoignée. Elle nie avoir mis l'impatience et l'insistance qu'on lui prête, et déclare avoir reçu de Denis un paquet, et l'avoir remis à la domestique pour en faire de la mort aux rats.

Sur la demande d'arsenic qu'elle a fait faire encore par M. Bardou, médecin, le président lui dit :

« Je vous fais observer que vous paraissiez alors, en présence du danger que courait votre mari, vous être occupée de soins minutieux et bien secondaires, en faisant acheter de l'arsenic. »

Elle répond :

« Les rats faisaient un tel bruit dans la chambre de M. Lafarge, qu'ils l'empêchaient de dormir. C'est lui qui l'a demandé à M. Bardou lui-même. »

« Vous avez fait acheter en même temps de la gomme arabique en poudre? » demande le président.

R. J'étais horriblement enrhumée; je me sers toujours de gomme dans mes rhumes; je n'en avais plus, j'en ai fait demander. Il n'y a jamais eu d'autre intention de ma part que d'avoir de la gomme arabique.

D. Quelle est la substance que vous avez mise dans le lait de poule le 11 janvier au matin, le lendemain du jour où Denis vous avait rapporté de l'arsenic de Brives?

R. J'ai mis dedans la même substance, la même gomme en poudre que celle que j'avais mise dans le lait de poule que j'avais pris moi-même.

Et à toutes les questions sur ce qu'elle a mis dans les boissons données à Lafarge, elle fait la même réponse. On lui dit qu'on l'a vue prendre de la poudre blanche contenue dans un petit pot renfermé dans le premier tiroir de la commode de sa chambre, où était alors Lafarge, auquel elle avait cédé son lit ; elle répond que ce tiroir, ouvert d'ailleurs à tout moment, ne contenait que ses objets de toilette, tels que peignes, brosses, etc. ; qu'elle n'a jamais mis sa gomme parmi tous ces objets, qu'elle n'a jamais vu le petit pot qu'on lui indique.

« Ainsi, vous affirmez que ce pot ne contenait pas de la poudre blanche ? lui dit le président.

» Il n'y avait ni pot ni poudre blanche, répond-elle ; il n'y avait que des objets usuels de toilette.

» Cependant, continue le président, la demoiselle Brun a bien remarqué une traînée de poudre blanche. »

R. Je ne dis pas qu'elle n'y ait pas été, mais je fais remarquer que je n'habitais plus cette chambre. Je ne l'avais pas vue, je ne l'ai pas remarquée : je ne puis sur ce point donner aucune explication.

Résumant les faits relatifs à l'arsenic, M. le président lui dit :

« Expliquez maintenant, si, comme vous le prétendez, vous n'avez pas fait un usage criminel des doses considérables d'arsenic qui vous ont été remises, l'emploi que vous avez fait de cet arsenic dans un but innocent. »

R. On en a fait de la mort aux rats.

D. Comment se fait-il que cette mort aux rats, préparée d'après vos ordres par les soins de vos domestiques, ne se soit pas trouvée contenir de l'arsenic ?

R. Je n'en sais rien.

D. Vous avez vu qu'on n'avait pas trouvé d'arsenic dans la mort aux rats.

R. Je n'en sais rien.

D. Il est certain que le papier enterré comme contenant de l'arsenic contenait du bicarbonate de soude.

R. J'ai reçu de M. Denis un papier que je croyais contenir de l'arsenic ; je l'ai remis à ma domestique, et lorsque j'ai appris que ce papier avait été enterré, j'ai compris que c'était ce qu'il y avait de plus dangereux dans ce procès. Maintenant, je demande ce qu'on y voit ; cela ne m'inquiète plus.

D. En terminant sur ce point, je vous rappellerai que des expériences chimiques ont constaté la présence du poison dans presque toutes les potions auxquelles vous avez touché, surtout dans cette journée du 11 janvier. Il y en avait dans le lait de poule, dans l'eau panée, dans l'eau sucrée, dans le petit pot, dans la pièce de flanelle ; il y en avait dans l'estomac et dans les liquides que contenait cet organe, tandis que les pâtes préparées pour les rats ne contenaient rien de vénéneux, mais bien du bicarbonate de soude. Expliquez cet étonnant contraste. On trouve l'arsenic là où vous dites qu'il n'y avait rien que d'innocent, que de salutaire ; tandis qu'au contraire on ne trouve rien que d'innocent là où vous prétendez que l'arsenic avait été prodigué.

R. Si je pouvais l'expliquer, je serais reconnue innocente, je saurais d'où en vient la cause ; mais je ne puis l'expliquer, et voilà pourquoi je suis ici.

Enfin l'interrogatoire est terminé par cette question :

D. Jusqu'ici l'accusation soutient que Lafarge est mort des suites d'un empoisonnement. Avez-vous des raisons pour supposer un suicide ?

R. Du tout, monsieur le président.

D. Croyez-vous pouvoir en accuser quelque autre personne?

R. Je n'accuserai jamais personne d'une pareille infamie ; j'ai trop souffert pour me montrer à ce point cruelle envers une autre.

Ainsi se passa la première séance.

Cet interrogatoire, sur lequel nous nous sommes étendus tout exprès, fait assez connaître au lecteur le système de l'accusation et de la défense jusque dans ses détails, pour que nous nous bornions maintenant à analyser rapidement les principales dépositions des nombreux témoins.

L'audience qui suivit commença sous de tristes auspices pour la santé de Marie Cappelle.

« On disait ce matin au palais, écrivaient les journaux, que la santé de l'accusée était complétement perdue ; neuf mois de prison et les atroces tortures que lui ont occasionnées ses interrogatoires et ses comparutions aux audiences, ont altéré une constitution que la jeunesse et la force semblaient devoir protéger, et, dans le mal qui la mine, les douleurs morales ont plus influé que les souffrances physiques. Aux audiences d'aujourd'hui, elle était si fatiguée, que l'humanité du président lui a permis de rester assise dans le fauteuil qui lui fut donné hier, lorsqu'elle répond aux diverses questions qui lui sont adressées.

» Sa toilette est à peu près la même qu'à la précédente audience. Ses cheveux noirs et luisants sont lissés en bandeaux plats jusqu'au bas des joues, dont ils encadrent l'ovale amaigri. A chaque instant elle lève le bouchon d'or de son flacon pour en respirer les sels. Par moments, elle s'appuie sur son bras gauche, et ses yeux, se levant vers les hautes croisées de la salle, où rayonne le soleil, semblent demander l'air et l'espace. Du reste, sa contenance est calme et modeste; elle écoute, impassible, les dépositions des témoins, et lorsqu'elle est interrogée, elle répond avec une précision, une élégance et une facilité remarquables; M. et madame de Violaine, M. et madame Collard, M. Garat et M. Sabatier, parents et parentes de l'accusée, sont à côté d'elle. Cette famille a rencontré ici des sympathies.

» MMes Paillet et Ch. Lachaud sont au banc de la défense en robe. Me Th. Bac, en habit de ville, est confondu, comme hier, dans la foule qui remplit le prétoire. M. de Léautaud est le seul membre de sa famille présent à l'audience; il est dans la salle des témoins à charge. Me Coralli, en robe, est à la même place qu'hier, toujours prêt à se porter partie civile au procès au nom de la famille de feu Lafarge.

Cette audience est principalement employée à entendre les dépositions des médecins qui ont soigné M. Lafarge dans sa dernière maladie, et qui plus tard, réunis à d'autres, ont fait l'autopsie et les expertises sur les matières trouvées dans l'estomac de M. Lafarge et les boissons qu'on lui avait administrées. On sait que l'autopsie n'avait produit aucune trace de poison, et qu'on n'en avait trouvé que dans les matières et les boissons.

Voici les conclusions de ce rapport :

« Nous concluons des expériences qui viennent d'être rapportées :

» 1° Que le lait de poule contenait une grande quantité d'acide arsénieux ;

» 2° Que l'eau sucrée contenait aussi de l'acide arsénieux ;

» 3° Que la bière, l'eau de gomme et le sucre en poudre ne contenaient aucune matière vénéneuse ;

» 5° Que les liquides vomis ne contenaient pas d'acide arsénieux, du moins sensible à l'action des réactifs ;

» 6° Que les liquides contenus dans l'estomac et ce dernier organe offraient de l'acide arsénieux ;

» 7° Que la mort du nommé Charles-Joseph-Pouch Lafarge est le résultat de l'empoisonnement occasionné par l'absorption de l'acide arsénieux.

» Brives, le 22 janvier 1840.

» *Signé* Tournadou d'Albay, Massenat, Bardou, Lafosse et Lespinasse. »

M. Bardou a donné des soins à M. Lafarge comme

médecin, et n'a pas soupçonné qu'il fût empoisonné. C'est lui qui a délivré à Marie Cappelle une ordonnance pour avoir de l'arsenic, et il répond ainsi à cette question de Me Paillet :

« Le témoin sait-il en quel endroit et en présence de quelles personnes Marie Cappelle lui demanda de l'arsenic pour détruire les rats? »

R. Ce fut dans sa chambre et sans mystère qu'elle me le demanda ; mais je ne me rappelle pas les personnes de la maison qui étaient présentes.

M. Jules de Lespinasse, médecin à Lubersac, a été prévenu le 13 janvier, par Denis, que M. Lafarge était empoisonné. Il s'est transporté au Glandier et a administré au malade du contre-poison. C'est lui qui a pris une pincée de poudre blanche dans le petit pot qui était dans la commode et l'a fait analyser. M. le président dit alors à Marie Cappelle :

« A la dernière audience, je vous ai interrogée sur cette poudre, et surtout sur ce petit pot qui était dans un tiroir de la commode. »

L'ACCUSÉE. Le petit pot pouvait être dans le tiroir de la commode; mais ce qu'il y a de sûr, c'est que je n'en savais rien et que ce n'est pas moi qui l'y ai mis. Jamais je ne l'y ai vu.

D. Avez-vous jamais mis de la gomme dans ce tiroir?

R. Jamais.

D. Qui soupçonnez-vous d'avoir mis là ce petit pot?

R. Il m'est impossible de soupçonner personne; d'ailleurs, toute la maison venait dans la chambre, ce n'est guère un endroit propice à cacher quelque chose. Ma réponse sur ce petit pot est que je ne l'ai jamais mis là, que je ne sais qui l'a placé en cet endroit, que je ne l'ai jamais vu.

M. Auguste Tournadou, médecin à Brives, a assisté à l'analyse chimique et à l'autopsie ; il se borne à rendre compte de ses opérations et à appuyer les conclusions, ainsi que l'ont fait ses deux confrères. M. Massenat, autre médecin, qui lui succède, fait une déposition conforme. Tous les médecins sont d'accord, encore qu'un accident arrivé au milieu de l'opération ait fait casser un tube; mais ils n'en déclarent pas moins le résultat sincère et sérieux. Enfin M. Lafosse, pharmacien, dans l'officine duquel ont eu lieu les opérations chimiques, dépose qu'aucun des vases dans lesquels étaient contenues les matières n'était scellé et revêtu du cachet rouge au moment où on les lui a apportés. Me Paillet appuie sur ce fait, qu'il trouve très-important, tandis que le ministère public le considère comme peu grave.

On introduit ensuite MM. Dubois père et fils et Dupuytren, pharmacien à Limoges, désignés par la cour pour procéder à une nouvelle expertise. Ces messieurs prêtent serment, et le reste de l'audience est employé à faire la reconnaissance des objets à analyser par messieurs les experts et à les enregistrer à mesure.

L'audience suivante est une de celles qui a présenté le plus d'intérêt. Pendant que les débats continuaient dans l'enceinte de la justice, MM. les experts faisaient leurs expériences dans un lieu réservé ; tout à coup, comme si rien ne devait manquer à ce drame judiciaire, le nom de madame Lafarge mère retentit, et cette dame paraît à la vue du nombreux auditoire, en face de celle qu'elle a nommée sa fille et qu'elle vient maintenant accuser de la mort de son fils. Elle s'approche en chancelant et monte les degrés de l'estrade des témoins d'un pas moins ferme que Marie Cappelle n'avait monté ceux de la sellette. Mais à cette apparition le défenseur s'est levé, et, la loi à la main, il rappelle qu'il est défendu dans le cours des débats d'entendre le témoignage des ascendants et des descendants des accusés. L'avocat général insiste pour que cette dame donne son témoignage à un titre quelconque, et la cour décide qu'on l'entendra à titre de renseignement et sans prestation de serment.

Madame Lafarge mère alors raconte avec les plus grands détails l'arrivée de Marie Cappelle au Glandier, sa première lettre et le désespoir de son fils. Elle parle ensuite de la maladie de Marie, qu'elle dit ne pas avoir été réelle, de son intention de faire son testament en faveur de Lafarge, de l'intention de ce dernier de le faire en faveur de sa femme ; de la remise que lui en fit Marie Cappelle pour le donner à son mari ; de ses doutes sur la validité du testament, doutes qu'elle communiqua à Lafarge, qui lui répondit : Elle l'a copié sur le mien ; enfin de la rupture des cachets du testament, et de l'examen qu'elle en a fait avec son fils. Elle donne ensuite des explications sur la manière dont elle persuada à Lafarge de faire un testament postérieur en sa faveur ; mais cela d'une voix si basse, que les journaux n'ont pu saisir cette partie de sa déposition. Passant enfin au fait des gâteaux envoyés à Lafarge, elle déclare les avoir faits, et être arrivée dans la chambre de Marie au moment où celle-ci, les ayant mis dans la boîte, les recouvrait de marrons. Marie l'engagea à écrire à son fils, ce qu'elle fit sur-le-champ. Puis elle parle des craintes de Marie sur la santé de Lafarge, une fois les gâteaux partis ; et elle en vient au retour de son fils au Glandier et à sa maladie. Là elle dit ses soupçons à propos de cette poudre blanche qu'elle avait vu Marie mêler à plusieurs boissons offertes à Lafarge, et pour laquelle cette dernière avait répondu que c'était de la gomme ; soupçons fortifiés par l'achat d'arsenic commandé par Marie à Denis, soupçons communiqués à mademoiselle Brun, qui, à son tour, communiqua les siens. C'est alors qu'elle fit part à Lafarge de tout ce qui se passait, et que celui-ci ordonna d'envoyer le lait de poule dans lequel était la poudre blanche à M. Eyssartier pour l'analyser. Quand Lafarge connut la réponse de ce dernier, il se livra au désespoir, et ne voulut plus que sa femme l'approchât, et sa mère, ainsi que sa sœur, eurent soin de l'éloigner, et surtout de l'empêcher de rien donner à boire au malade.

Un silence de quelques minutes succède à cette déposition, qui produit l'impression la plus douloureuse.

On entend ensuite la déposition de M. Vicant, greffier du tribunal de Brives, qui vient confirmer celle de M. Lafosse, sur l'état dans lequel étaient les fioles qui contenaient les liquides et l'estomac qu'on allait analyser.

Il en résulte que les scellés n'étaient apposés sur aucune. « On se contenta, dit M. Vicant, de mettre autour des vases des étiquettes avec l'intention de les sceller à Brives ; mais rien n'empêchait, par exemple, d'ouvrir le verre, de couper la ficelle. » Une nouvelle discussion s'engage sur l'importance de ce point entre M. l'avocat général et Me Paillet; mais en vain les contradicteurs soutiennent avec chaleur leur opinion, en vain Me Paillet s'écrie *que ce ne sont pas de vaines formalités que la loi a placées sur le chemin de l'échafaud*; on n'écoute qu'avec distraction cette chaleureuse apostrophe. L'auditoire est sous le poids de l'émotion excitée par la déposition de madame Lafarge mère, chacun entend encore cette mère qui accuse sa bru de la mort de son fils, lorsque les experts se présentent pour rendre compte de leurs opérations, et déclarent d'une voix unanime *qu'il n'en est résulté aucun atome de préparation arsenicale*.

Aussitôt la scène change. L'étonnement se peint sur quelques figures, le désappointement sur quelques autres, une joie sincère sur le plus grand nombre. Tout le monde se regarde, s'interroge, se devine; un murmure sourd parcourt la salle; les physionomies s'éclairent, tous les yeux se portent sur Marie Cappelle. Me Lachaud ne peut contenir un applaudissement; Me Paillet, joignant les mains avec force, s'écrie : « Et huit mois de prévention !... » Toute la famille de Marie Cappelle est en pleurs; M. de Violaine, sur le point de perdre connaissance, est obligé de se retirer, tandis que Marie Cappelle elle-même succombe à son émotion et à ses larmes, et la voix grave de

Me Paillet domine cette espèce de tumulte pour s'écrier : « Je prie M. le président de suspendre l'audience ; madame Lafarge se trouve mal ! »

L'audience est suspendue pendant trois quarts d'heure. Le public, qui n'est plus contenu par la présence de la cour, se livre aux conversations les plus animées, et manifeste toutes ses sympathies pour l'accusée. Au bout de ce temps, la cour rentre en séance, et M. le président établit le débat contradictoire entre les premiers et les seconds experts. Des deux côtés on soutient également l'opinion émise. M. Dubois insiste sur ce point que la rupture du tube des premiers experts les a empêchés de faire une expérience parfaite. M. l'avocat général pense pourtant que cette expérience ne suffit pas, parle d'exhumer le cadavre et de renvoyer l'affaire à une autre session. Me Paillet s'y oppose avec force, et fait néanmoins de larges concessions à l'accusation : « Maintenant, veut-on autre chose? dit-il; nous ne voulons, nous, comme l'accusation, que la vérité. Les matières à expertiser n'ont pas été épuisées. Les premiers experts ont procédé seuls ; les seconds experts ont procédé seuls. Qu'ils procèdent ensemble et de concert. Composez une espèce de sénat d'experts à l'usage du procès : je l'accepte, je le sollicite même ; mais éterniser les douleurs de cette femme mourante, ah ! je m'y oppose de toute l'énergie de mon droit. La vérité! la vérité ! mais par des moyens raisonnables ; mais par des moyens que l'humanité puisse avouer ! »

Après une réplique du ministère public, la cour dit que toutes les opérations ordonnées aux experts n'étant pas terminées, elle surseoit à prononcer sur les conclusions jusqu'à ce moment.

L'audience est levée au milieu de la plus vive agitation. Des conversations animées s'engagent et se continuent jusqu'au delà des portes du palais. Le résultat de cette nouvelle expertise se répand rapidement en ville, et une foule nombreuse stationne devant le tribunal. Une réaction soudaine s'opère en faveur de l'accusée.

Les défenseurs de Marie Cappelle, après avoir quitté l'audience, montent dans la chambre qui lui sert de prison. Là une scène touchante a lieu : madame Lafarge se jette au cou de Me Paillet et serre vivement la main de Me Demonts... Ces émotions la fatiguent tellement, que peu d'instants après elle est forcée de se coucher.

Le lendemain, à l'ouverture de l'audience, la cour ordonne l'exhumation des restes de Lafarge pour être à la suite procédé à une expertise contradictoire de tous les médecins qui ont opéré depuis le commencement du procès.

Marie Cappelle, en entendant la décision de la cour, ne manifeste aucune émotion, et, se penchant vers son défenseur, l'assure qu'elle est toujours aussi tranquille et ne redoute rien de cette nouvelle expertise. Les experts partent sur l'heure pour le Glandier, et les débats continuent. Cette audience est surtout remplie par la déposition de Denis Barbier, dont nous avons déjà eu occasion de parler. Denis rend compte d'abord de ses affaires avec M. Lafarge. Il résulte de sa déposition, qu'il prenait au Glandier le nom de Denis pour cacher celui de Barbier, sous lequel il signait des billets de complaisance à M. Lafarge. Il présente à cet effet une contre-lettre de M. Lafarge, et affirme que souvent ce dernier l'a envoyé chercher pour cinq sous la signature des écrivains publics sur des billets qu'il négociait ensuite. M. Paillet profite de cette circonstance pour faire connaître la fausse lettre écrite à M. Roques au nom de M. de Violaine. Denis avoue aussi avoir fait secrètement un voyage à Paris à l'époque du dernier séjour de M. Lafarge dans cette ville, et par ses ordres. Il parle ensuite de la commission que lui a donnée Marie Cappelle d'acheter de l'arsenic, commission qu'il prétend lui avoir été donnée en secret, et au moment où il soupçonnait déjà l'empoisonnement. Interpellé comment, avec de pareils soupçons, il avait consenti à rapporter de l'arsenic, il répond que Marie Cappelle l'aurait fait chasser s'il n'avait pas rempli ses ordres. Interpellé de nouveau pourquoi il en avait rapporté une si grande quantité, il répond que c'était tout au plus ce qu'il fallait pour détruire les rats du Glandier. De là la défense tire cet argument qu'il y avait grand nombre de rats au Glandier, et que, puisque Denis était convaincu que c'était pour les détruire qu'on lui donnait cette commission, il ne pouvait pas soupçonner l'empoisonnement. Mis ainsi en contradiction avec lui-même, et pressé de plusieurs autres questions, Denis répond avec audace, et toujours prêt à *rejurer* qu'il dit la vérité. On lui demande enfin compte des propos de haine et de vengeance tenus contre Marie Cappelle, il les nie tous. Cette déposition est caractérisée ainsi par les réponses que font

Marie Cappelle, son défenseur, et l'avocat général, à propos des questions suivantes :

« Comment expliquez-vous, madame, cette prétention de faux témoignage? Madame votre belle-mère a déposé comme ce témoin sur le fait du secret à garder envers elle sur l'achat de l'arsenic. Or, vous n'accusez pas le témoignage de votre belle-mère. Je pense que vous le respectez.

L'ACCUSÉE. Soit : mais je ne vois qu'une chose, c'est que ma belle-mère a répété les mensonges de monsieur.

D. Dans quel intérêt?

R. Je ne puis vous expliquer les intérêts de M. Denis.

D. Ce témoin fait preuve d'intelligence et de sincérité. Il dépose des faits qu'il aurait pu cacher, et à l'aide desquels on ne manquera pas d'attaquer sa moralité.

R. C'est que ces faits, que personne autre que lui n'avouerait, lui paraissent tout naturels.

M. L'AVOCAT-GÉNÉRAL. Nous y voyons une preuve de sa sincérité.

Me PAILLIET. Je rappellerai cependant une circonstance qui, selon moi, compromet un peu cette sincérité : c'est qu'il a dit d'abord que c'était de lui-même qu'il avait averti madame Lafarge mère, et qu'il a dit ensuite que c'est sur ses interpellations qu'il avait déclaré l'achat de l'arsenic. Je reviens au propos que j'ai déjà signalé. Le témoin a-t-il dit qu'il poursuivrait madame Lafarge jusqu'au pied de l'échafaud?

LE TÉMOIN. Je jure que non, sur l'honneur!

M. LE PRÉSIDENT. L'accusée croit-elle que dans sa déposition le témoin ait obéi à des suggestions étrangères ?

L'ACCUSÉE. Je crois, moi, qu'il obéit tout simplement à d'anciennes habitudes peu honorables.

L'audience suivante n'est remarquable que par la déposition de M. Coindon de Beaufort, père de la première madame Charles Lafarge, qui affirme des choses peu favorables à la moralité et à la santé de son gendre, et par celle de Bardou, jeune domestique qui a enterré le paquet d'arsenic, et qui affirme que Denis a dit, en revenant de Paris, que *maintenant il était le maître au Glandier, et qu'il voudrait voir Marie Cappelle sciée en quatre morceaux*. Confronté avec Denis, il soutient avec force son dire, que Denis continue à nier. Arrive après le témoin Picart, garçon de l'hôtel de l'Univers, qui déclare avoir déballé la caisse des gâteaux à Paris, et dit qu'elle ne contenait qu'un seul gâteau de la largeur d'une assiette, dont il apporte aux débats le *fac-simile*, exécuté avec du papier. Il est déjà constaté par plusieurs dépositions que les gâteaux tirés du four et mis dans la boîte sont au nombre de trois et grands comme la paume de la main. Enfin un nouvel incident relatif à Denis a lieu sur l'audience même. M. Nassau, entendu en vertu du pouvoir discrétionnaire, dépose de propos tenus et de menaces faites par Denis dans la salle des témoins contre Marie Cappelle, devant lui et M. Catruffaut. La cour fait appeler Denis pour la confrontation ; mais Denis est absent, et le lendemain, après avoir entendu M. Catruffaut, qui confirme la déposition de M. Nassau, on appelle encore Denis, mais on ne peut le trouver nulle part, il n'a pas reparu aux débats.

Les experts arrivés à Tulle pour l'audience du 8, après avoir fait l'exhumation, ont établi leurs fourneaux et leurs alambics dans le chemin de ronde du palais, et procèdent à leurs expériences pendant que l'affaire se poursuit en dedans. Une odeur cadavéreuse pénètre de temps en temps dans la salle d'audience, au point qu'il est question de lever la séance. L'audience de ce jour et celle du lendemain ne présentent rien de remarquable, si ce ne sont les dépositions de Clémentine Servat, femme de chambre de Marie Cappelle; madame Buffières, sœur de Lafarge, et Emma Pontier, sa nièce. Madame Buffières répète ce qu'a dit sa mère, et les deux autres témoins, ce qu'a dit Marie Cappelle. La déposition de mademoiselle Pontier, qui n'a pas quitté Marie pendant toute la maladie de Lafarge, est faite avec les plus grands détails, et appuie constamment son innocence. Cette déposition, dont les expressions sont aussi simples que naïves, et qui est continuée plus tard, est interrompue en ce moment par l'annonce que les experts ont terminé leurs opérations.

Un silence solonnel règne à l'instant dans toute la salle; l'anxiété se peint sur tous les visages; le rapport des experts commence, et avant qu'ils en arrivent aux conclusions, ces termes techniques, inconnus de la plupart, et qui ne permettent pas de rien deviner, laissent l'auditoire dans une perplexité impossible à décrire ; enfin, ces paroles tombent de la bouche de M. Dupuytren : « Nos conclusions, prises à l'unanimité, sont qu'il n'y a d'arsenic dans aucune des substances animales soumises à notre examen. »

A ces mots, l'auditoire ne peut plus se contenir. De bruyants applaudissements éclatent de toutes parts; et M. l'avocat général demande le renvoi de la séance au lendemain pour avoir le temps de réfléchir à cet incident, qui semble avoir terminé le procès. La sortie de l'audience est un vrai triomphe pour Marie Cappelle. Tous les couloirs par où elle doit passer sont inondés par une foule nombreuse qui l'accueille avec des cris de joie, des serrements de main, et l'escorte jusqu'à la chambre qui lui sert de prison. La porte se referme aussitôt, mais l'espérance est entrée avec elle cette fois.

« Oh ! pourquoi ne suis-je pas morte de joie! j'aurais été sauvée, ma mémoire était pure!... écrit Marie Cappelle dans une lettre inédite, en se reportant à ce moment. On me transporta hors du tribunal, morte de mon triomphe. On baisait mes mains, le bas de ma robe. Mon nom était dans toutes les bouches réhabilité, béni, et lorsque je revins à la vie, ma famille, mes amis, pleuraient de joie autour de mon lit; j'ouvris les yeux sous mille baisers. Mes bons gendarmes jetaient leurs chapeaux en l'air, puis venaient me baiser la main, me demander pardon. Après un moment d'attendrissement profond, M. Paillict sauta comme un enfant au milieu de ma chambre, en criant : Hourra! à bas la calomnie! Son secrétaire vint à mes genoux me demander grâce d'un doute qu'il avait eu contre moi. En pleurant, je lui pardonnai. Mon beau-frère s'évanouit, ma sœur était pétrifiée, moi j'aimais, je pleurais, je remerciais Dieu de tout mon cœur... Ce fut le plus beau, le dernier jour de ma vie. O mon Dieu! pourquoi ne suis-je pas morte!... »

En effet, pendant que cette scène se passe dans la cellule de la prisonnière, la cour, réunie en chambre de conseil, est vivement pressée par le ministère public d'accorder une nouvelle expertise. Les avis sont partagés. Une vive résistance s'établit sur ce point; mais la cour finit par céder, et sans réquisition publique, sans débat contradictoire, il est convenu qu'une estafette partira dans la soirée même pour porter au télégraphe de Bordeaux la dépêche de l'avocat général, mandant devant la cour les experts de Paris; et le lendemain, quand Marie Cappelle ouvre les yeux, cette espérance, cette certitude de voir bientôt proclamer son innocence est évanouie. Tout est remis en question pour elle, les débats sont prolongés, ainsi que les souffrances. Vainement deux expertises l'ont déclarée innocente, il faut encore qu'une troisième prononce.

A l'ouverture de l'audience, M. l'avocat général annonce la mesure comme un fait accompli, ajoutant d'ailleurs, très-clairement, que c'est là le dernier *enjeu* de l'accusation, et qu'elle abandonnerait la partie si le résultat était semblable à celui des deux expertises précédentes. M. Paillet se lève alors, et prononce les paroles suivantes:

« L'allocution que nous venons d'entendre ne comporte guère une réponse de ma part. C'est une sorte d'oraison funèbre que l'accusation prononce d'avance sur elle-même, en y ajoutant toutefois l'annonce d'un remède héroïque, désespéré, qu'elle appelle encore à son secours. Comment, d'ailleurs, essayerais-je de lutter contre cette mesure, exécutée avant même d'avoir été prescrite par la seule autorité qui en avait le droit? car on nous annonce que le courrier du ministère public est en marche pour Paris. Mais quoi! encore une expertise après celles que nous avons déjà eues, après les résultats qu'elles ont produits, surtout après celle d'hier, la plus solennelle et la plus formidable qui se soit produite depuis longtemps dans les débats judiciaires! Et pourquoi donc, alors, n'avoir pas réclamé plus tôt le secours et les lumières des chimistes de la capitale, que vous appelez aujourd'hui? N'est-ce pas vous, et vous seul, qui avez composé le personnel des expertises précédentes? Celle-ci, du moins, sera-t-elle la dernière? Où vous arrêterez-vous dans cette voie? Et quand toute la chimie de France y aura passé, qui nous garantit que vous ne convoquerez pas ici celle de l'Angleterre ou de l'Allemagne? Je ne vois à cela qu'un danger, c'est que cette femme ne puisse pas attendre aussi longtemps que vous, dans cette déplorable condition que vous lui avez faite; car qui sait si, en l'entraînant dans ce nouveau dédale, vous ne lui ravissez pas les jours que la Providence lui avait encore comptés pour sa justification?.... »

On continue alors l'audition des témoins, et le seul digne d'intérêt est mademoiselle Brun, qui reproduit les faits connus au procès. Elle dit que lors de l'envoi des gâteaux, Marie Cappelle est sortie pour les mettre dans une petite boîte qu'elle voulait renfermer dans la caisse ; mais elle ne l'a pas vue rentrer avec la boîte; Marie Cappelle et Clémentine soutiennent le contraire. Elle déclare en outre que, présente au moment où Denis remit à Marie Cappelle le paquet d'arsenic, elle vit celle-ci le poser sur la cheminée, et que plus tard elle reconnut le même paquet dans son buvard à sa forme et à sa couleur. Ces faits sont également contestés par l'accusée et Clémentine. Elle parle du lait de poule. Elle a vu Marie Cappelle y mettre de la poudre blanche et remuer avec le doigt. Elle parle également du petit pot et de la traînée de poudre blanche dans le même sens que les autres témoins. Enfin, sur les questions qui lui sont adressées, elle répond avoir eu plusieurs attaques de nerfs. A la suite de cette déposition, sont entendus plusieurs témoins, qui ne présentent presque plus d'intérêt, puisque tout le débat du procès semble fixé sur la nouvelle expertise. Nonobstant, mademoiselle Emma Pontier, rappelée à l'audience, commande de nouveau l'attention. On accable cette jeune fille de questions, auxquelles elle répond toujours avec la même simplicité de langage et de cœur, et toujours en soutenant l'innocence de Marie. On entend aussi la déposition de Jean Portier, qui rend compte de la manière dont il a enfoncé l'armoire par ordre de madame Lafarge mère, ainsi que cela est établi plus haut. On appelle enfin le nom de madame de Nicolaï.

M. l'avocat général annonce qu'il va être question des faits relatifs au vol des diamants.

Madame de Nicolaï déclare qu'elle s'est rendue à l'audience par respect pour la justice; qu'elle avait ouï dire que la défense devait apporter des preuves accablantes contre sa famille, mais que l'incident qui a eu lieu au commencement des débats lui ayant appris qu'on avait renoncé à ce système, elle croit convenable de ne pas déposer.

M. l'avocat général, approuvant les honorables scrupules de madame de Nicolaï, s'en rapporte à la prudence de la cour, qui la condamne à cinq francs d'amende.

Ce fut à l'audience du 13 que les experts, MM. Orfila, Olivier d'Angers et de Bussy arrivèrent à Tulle. Leur présence ranima l'intérêt qui se perdait dans des dépositions insignifiantes; et, après une légère discussion, où il fut admis par l'accusation et la défense que le lait de poule, l'eau panée, etc., contenaient de l'acide arsénieux, la nouvelle expertise fut fixée seulement sur les restes de Lafarge et les résidus recueillis (11). Les experts se retirèrent, et pour la troisième fois le sort de l'accusée fut livré aux investigations de la science.

Pendant ce temps, on termine l'audition des témoins, parmi lesquels on entend M. Macroste, qui rend compte de la manière dont M. Lalande offrit à Marie Cappelle les moyens de fuir, moyens qu'elle refusa d'employer, comme nous l'avons signalé plus haut; M. Roques, banquier, qui confirme également tout ce que nous avons déjà rapporté, et M. Dufour, curé de Villers-Hellon, dont la déposition en faveur de Marie Cappelle provoque de la part de M. l'avocat général, cette question, qui est suivie de cette simple réponse:

M. L'AVOCAT GÉNÉRAL. Comment avez-vous pu, monsieur le curé, concilier des vertus si touchantes, dont vous venez de nous entretenir, avec l'étrange lettre que madame Lafarge écrivit à son mari le jour de son arrivée au Glandier?

M. LE CURÉ. Je ne sais, monsieur l'avocat général, si je puis ici vous donner ma pensée avec les formes un peu triviales qu'elle prit dans mon esprit, et qu'elle employa pour se produire... Je dis : « Un chien qui aboie est moins dangereux que le chien qui vous attaque sans crier. »

Mais bientôt l'audition des témoins est terminée, et les experts ne sont pas encore prêts. On suspend l'audience, et la foule reste toute entière, curieuse de connaître le résultat de l'expertise. Tout à coup, une obscurité profonde envahit la salle de la cour d'assises. Quelques éclairs subits, suivis du grondement lointain du tonnerre, apparaissent à de rares intervalles. De larges gouttes de pluie tombent lourdes comme la grêle sur les carreaux et sur les toits. Le bruit du tonnerre se rapproche, la pluie augmente, coule par torrents, et c'est au moment où l'orage éclate, que la cour rentre en séance pour entendre le rapport de M. Orfila. Marie Cappelle est ramenée sur son banc; elle interroge de l'œil ses défenseurs, dont les regards, ainsi que ceux de l'assemblée, sont fixés sur les experts. Ceux-ci conservent des visages impassibles. Pas un mot, pas un geste, pas un signe qui puisse faire pressentir le sens du rapport. L'orage continue avec plus de force, et les feux du ciel éclairent seuls cette scène, que chacun interprète selon ses sentiments, et dans laquelle tous voyent une manifestation divine.

M. Orfila prend enfin la parole au milieu de cette tourmente du ciel, et d'une voix qui cherche à dominer le bruit de la tempête, déclare qu'il a trouvé du poison. Ce dernier mot est couvert d'un coup de tonnerre terrible dont l'éclair scintillant aveugle l'auditoire. Un moment de stupeur succède à cet étrange rapprochement, puis un long murmure se fait entendre; l'agitation remplace le calme de la terreur : chacun lève les yeux au ciel pour lire la vérité dans la foudre qui sillonne la nue. — C'est la voix de Dieu qui s'unit à la sienne, disent les ennemis de Marie Cappelle en désignant M. Orfila. — C'est la voix de Dieu qui étouffe celle de l'homme, disent ses amis ; c'est une protestation de la nature et des éléments!

Le reste du rapport est écouté avec stupeur dans ses longs développements. La défense reste muette à la question du président : — Voulez-vous prendre des conclusions? Me Paillet, douloureusement ému, se sent malade; Me Lachaud verse des larmes; la famille entière de Marie est en proie au découragement du désespoir. Quant à elle, écrasée sous le poids de la douleur, elle reste immobile comme une statue de marbre dont sa pâle figure reproduit la blancheur, ne voyant rien, n'entendant rien, sinon les sanglots qui éclatent autour d'elle et ces mots sinistres toujours vibrants à son oreille : — Il y a du poison!... La stupéfaction est générale; et cette fois encore, comme un spectacle qui aurait manqué à ce drame émouvant, on peut voir le douloureux contraste du cortége qui reconduit la prisonnière. Six jours avant, c'était celui de gens qui saluaient la femme qui venait de renaître à l'innocence et à la liberté ; aujourd'hui c'est le cortége funèbre qui l'accompagne à la mort. Elle rentre dans cette cellule où elle avait trouvé pendant quelques jours l'espérance et l'avenir. Les mêmes personnes l'entourent, les mêmes personnes pleurent encore, mais ce sont maintenant des larmes de douleur. Elle-même, aussi émue, aussi troublée qu'il y a six jours, reste encore étendue sans force sur son lit; mais cette fois, c'est le désespoir qui torture son âme. Quelques heures se passent ainsi dans le sombre silence de la douleur. Enfin la porte s'ouvre, des amis s'élancent; à leur tête est Me Bac. Ils ont à la main le rapport de M. Orfila. Ce rapport est contestable sur plusieurs points, assure-t-on. D'ailleurs, M. Orfila n'a trouvé que *des atomes impondérables* d'arsenic. Une contre-expertise qui ne peut être refusée à la défense est désormais indispensable. Cette contre-expertise peut sauver Marie. Deux fois on a trouvé du poison, deux fois on n'en a pas trouvé. La troisième fois les expériences ont été faites avec les mêmes experts qui en avaient trouvé d'abord. Ils se sont rendus à l'avis de leurs collègues; peut-être en sera-t-il de même cette fois. M. Orfila est un grand nom; il faut lui en opposer un qui le vaille. On doit en trouver en France; on a choisi M. Raspail, et l'on vient prier Marie de lui écrire. Un jeune avocat, M. Babaud de la Rivière, est prêt à partir pour aller le chercher. Marie se rend aux prières de toutes ces voix amies, et d'une main tremblante trace ces lignes à l'homme dont la science s'honore autant que l'humanité :

« Je suis innocente et bien malheureuse, monsieur ! Je souffre, et j'appelle à mon aide votre science, votre cœur.

» Des expériences chimiques m'avaient rendu une partie de cette opinion qui me torture depuis huit mois.

» M. Orfila est arrivé, et je suis retombée dans l'abîme.

» J'espère en vous, monsieur ; prêtez à la pauvre calomniée l'appui de votre science. Venez me sauver alors que tout m'abandonne. »

A huit heures on était entré dans la prison de Marie ; à neuf, M. Babaud de la Rivière était en route pour Paris.

Dès le lendemain, on voulut continuer les débats ; mais le coup porté à Marie Cappelle par M. Orfila avait été tel, qu'elle fut hors d'état de paraître à l'audience. La cour envoya des médecins auprès d'elle, et ils déclarèrent qu'il y avait danger pour sa vie si on la forçait à supporter les débats. Le surlendemain, il en fut de même. Il y eut pendant ces deux jours-là, dans la cellule de la prisonnière, où la famille entière était réfugiée, bien des pleurs et bien des douleurs. Il y eut dans les souffrances de Marie Cappelle du délire et du désespoir, et pourtant toute espérance n'était pas éteinte encore. M. Babaud, à travers des chemins affreux, brisant tous les obstacles, franchissant les routes les plus mauvaises comme par enchantement, faisait arrêter le 17, à onze heures du soir, sa chaise de poste devant la modeste demeure du savant chimiste Raspail. Il entre, il le voit, il lui dit l'objet de sa mission, lui remet les lettres, et trois heures après, M. Raspail, qui n'est resté sourd à aucune infortune dans sa vie, avait compris celle qui menaçait Marie, et roulait en chaise de poste, avec son compagnon, sur la route d'Orléans. Il avait lu le rapport de M. Orfila; il en avait rapidement compris les vices, disait-il; il allait les signaler à la justice, et dans son impatience, il hâtait lui-même le courrier, dont la rapidité était telle, que le *cerveau lui bondissait dans le crâne*, et qu'il fut obligé de demander grâce et de s'arrêter un instant à Limoges le 19. Un peu plus tard la chaise se brise, et il craint que ce retard ne soit fatal à l'accusée; mais il rencontre sur la route des diligences dont les conducteurs lui crient: *Acquittée.* Il recueille ce cri avec bonheur et n'en ralentit pas pour cela sa course. Enfin, à onze heures et demie, il arrive à Tulle; la chaise s'arrête, la foule l'entoure, le presse, l'accueille en silence, et au milieu des larmes qui s'échappent de tous les yeux, il entend murmurer ces mots sinistres : *Condamnée aux travaux forcés à perpétuité*!

M. Raspail était arrivé huit heures trop tard, et pourtant il avait fait cent vingt lieues en vingt-quatre heures!

C'est qu'en effet, dès le troisième jour on avait repris les débats. Marie Cappelle, apportée mourante dans une bergère, avait paru à l'audience.

« Elle était privée de tout mouvement, disent les journaux de l'époque; sa physionomie dénotait les souffrances qu'elle endurait. Ce spectacle émeut vivement l'auditoire, *les dames seules paraissent impassibles.* »

Ce jour-là et les deux jours suivants furent consacrés à entendre le réquisitoire de l'avocat général, la plaidoirie de Me Paillet, la réplique de l'accusation et de la défense présentée par Me Bac. Nous ne nous étendrons pas sur ces plaidoiries. Le lecteur est en état de juger par lui-même des divers arguments de l'accusation et de la défense, qui n'étaient que la reproduction, d'une part, de l'acte d'accusation coordonnée avec les dires des témoins; d'autre part, celle des Mémoires de Marie Cappelle et de sa correspondance, coordonnée aussi avec les divers témoignages et ses propres dires. La question principale d'ailleurs semblait résider dans les expériences scientifiques, deux fois en faveur de l'accusée, deux fois contre elle; nous y reviendrons plus tard. Une chose pourtant est utile à connaître, c'est la manière différente dont l'accusation et la défense interprétaient l'importance des dépositions. Sous ce rapport, l'avocat général les présentait toutes comme sincères, même celle de Denis, et Me Paillet les caractérisait en ces termes :

« Dès le lendemain de la mort de Lafarge, c'est sa mère qui se présente la première au magistrat, armée d'un plaidoyer en forme contre la jeune veuve. Depuis, elle est revenue deux fois à la charge (le 12 février et le 14 mars) toujours avec une égale ardeur, toujours dénaturant, incriminant les circonstances les plus innocentes, quand elle ne pouvait faire mieux. Ainsi, par exemple, sa bru l'a-t-elle engagée à prendre quelque repos, après plusieurs nuits de veilles et de fatigues? c'est qu'elle voulait l'éloigner du malade pour être plus à l'aise dans l'exécution du crime. La jeune femme a-t-elle témoigné de l'inquiétude, de l'impatience d'avoir des nouvelles de son mari après cette lettre du 20 décembre, où il lui disait avoir eu continuellement de « forts vomissements et une migraine affreuse? » ce n'était pas affection chez elle, mais vœu homicide, mais désir et espérance d'*un cachet noir*... Et de tout ainsi!... Puis remarquez encore que madame Lafarge mère n'est pas ici un témoin ordinaire. C'est elle qui a recueilli et conservé pendant plusieurs jours, avant de les remettre à la justice, verres, tasses, flanelle, que sais-je! en un mot, toute cette artillerie des pièces de conviction qu'il a fallu recevoir de sa main et accepter de confiance, sinon il n'y avait plus de procès.....

» Or, quel est donc ce témoin, après tout, sa moralité, sa délicatesse?

» Dépositaire du testament de sa bru, qui le lui remet sous enveloppe et cacheté, son premier soin est de l'ouvrir, de le lire, de le relire, puis de le communiquer à un homme de loi, pour savoir *s'il est bon et s'il n'y manque rien*. C'est elle qui vous a raconté le fait comme la chose du monde la plus simple, la plus naturelle, et le ministère public n'y a vu qu'une *indiscrétion*.

» Ce n'est pas tout. Lafarge avait fait lui-même un testament au profit de sa femme, se montrant plus généreux pour elle qu'elle ne l'était pour lui. Il lui exprimait l'affection la plus vive, et l'instituait sa légataire universelle. Madame Lafarge mère l'apprend, et dès lors elle n'a plus de repos qu'elle n'ait triomphé de la volonté de son fils, et qu'elle n'ait obtenu de lui, le jour même de son départ pour Paris, deux testaments qui annullent le premier, l'un pour elle-même, l'autre, subsidiaire, pour sa fille, madame Buffières. Elle vous a encore exposé, avec une sorte de complaisance, tout ce qu'il lui avait fallu de remontrances et d'efforts pour amener son fils à ce revirement testamentaire.

» Que dire ensuite de cette autre *indiscrétion* dont le témoin Portier a déposé; de ce secrétaire forcé par les ordres de madame Lafarge mère; de ces papiers enlevés par elle en présence du cadavre de son fils; enfin de toutes ces précautions minutieuses qui caractérisent autant une mauvaise action qu'elles prouvent de sang-froid dans l'exécution même?

» Anna Brun! Témoin à spasmes, attaques de nerfs et visions, dont on interprète contre ma cliente jusqu'aux gestes désordonnés, dans cette scène jouée après coup, loin du Glandier, et qui pourrait être comique, si elle n'était ridicule avant tout; témoin dont vous avez pu remarquer l'attitude et les hésitations à la première répétition de son rôle; demandant ses inspirations et ses souvenirs beaucoup moins à sa mémoire qu'à son imagination; témoin convaincu de mensonge dans une circonstance grave, de l'aveu du ministère public. N'oubliez pas non plus sa lettre du 24 mars 1840, à l'accusée, qui l'avait accueillie avec tant de bienveillance, à l'accusée alors captive, alors souffrante, aux prises alors avec les inculpations les plus désespérantes et la publicité la plus hostile; lettre où, pour mon compte, j'entrevois tout un caractère, et que je ne saurais juger avec la même indulgence que M. l'avocat général.

» DENIS !!! Il ne me reste plus qu'à joindre son nom à cette galerie pour qu'elle soit complète : ou plutôt *ses noms* (car il en a deux, *Denis* et *Barbier*, dont il use tour à tour, selon l'occasion). Mais que pourrais-je maintenant vous dire sur son compte qui n'affaiblisse l'impression que les débats ont dû laisser dans vos esprits? C'est qu'aussi il s'agit là d'un témoin trop *exceptionnel*, pour me servir d'une expression chère au ministère public. Où trouver, en effet, un homme qui possède mieux, qui emploie avec plus d'intelligence, qui expose avec plus de naïveté les ressources de la capitale dans un certain genre? Comment, par exemple, saurions-nous sans lui qu'on s'y procure très-facilement des signatures sur les billets de commerce, à 25 centimes pièces, prix fixe? N'avons-nous pas même la preuve matérielle qu'ils avaient eu l'art, lui et Lafarge, d'économiser encore sur la dépense par des signatures purement imaginaires? Ai-je besoin de vous rappeler son mystérieux voyage à Paris, pendant le séjour de Lafarge, en décembre, et ce mot non moins étrange, qui lui échappe, au retour, en présence de plusieurs témoins : « Maintenant, je suis le maître ! ! !... » Vous redirai-je ses horribles propos contre l'accusée, « qu'il voudrait voir couper en quatre avec une scie, etc.? » propos niés effrontément par lui, affirmés par tous, qui lui avaient valu, dans la chambre des témoins et au dehors, le sobriquet énergique *du témoin féroce?* Vous redirai-je enfin ces anecdotes inqualifiables, enfants d'une imagination plus dépravée encore que délirante, qu'il jetait au premier venu, dans le vestibule même de cette enceinte, pour flétrir jusqu'au berceau de l'accusée, les passe-temps qu'il prêtait à son premier âge, ce paysan noyé par ses soins, etc., etc.? Rendons-lui du moins ce témoignage à lui-même, qu'il n'a su que balbutier ici, où il s'est présenté la face pâle, l'œil éteint, les jambes fléchissant sous lui..... Mais un tel homme dans le sanctuaire de la justice, admis à y prêter serment! ô honte! ô scandale!!!

» Voilà donc, messieurs, à quels témoins nous avons affaire. »

Le premier reproche de l'accusation était la fameuse lettre du 15 août, écrite par Marie Cappelle à son mari.

Là où le ministère public voyait l'élan de mauvaises passions, le défenseur voyait une femme en délire, en proie à l'indignation d'avoir été trompée, au désespoir d'être enchaînée pour jamais à un être qu'elle n'aimait pas, qu'elle ne pouvait plus estimer. Dans la résignation qui suivit, l'accusation voyait de l'hypocrisie; dans la correspondance entre les deux époux, la préparation adroite du crime; et la défense, armée de ces lettres si naïvement touchantes à la famille et aux amis, présentait la femme sincèrement résignée, et montrait dans la correspondance si tendre la femme qui voulait aimer à tout prix. En un mot, les défenseurs répétaient tout ce que Marie Cappelle a écrit dans cette partie de ses mémoires, auxquels le lecteur doit se reporter, et ajoutaient : Le style, c'est l'homme, et la main qui a écrit ces lettres n'a pu préparer ces breuvages empoisonnés. Au fait des gâteaux confectionnés par madame Lafarge mère, auxquels le ministère public disait que Marie en avait substitué un seul empoisonné, le défenseur opposait le témoignage des personnes présentes au moment où les gâteaux avaient été mis dans la caisse par elle, l'impossibilité d'une substitution au Glandier et en route par Marie elle-même; et en face du témoignage de Parant, il mettait ceux de madame Lafarge mère, de madame Buffières, et la correspondance de Lafarge, qui parlait de plusieurs gâteaux. Au désir d'empoisonner Lafarge pour jouir de la fortune promise par son brevet, il opposait encore des lettres postérieures à la réception des gâteaux, annonçant qu'il ne l'avait pas encore obtenu. Enfin, pour tous les autres faits, la défense et l'accusation se bornaient à amplifier et à développer les discussions partielles survenues dans le cours des débats, et que nous avons eu soin de rapporter, et sans nier la profusion de l'arsenic qu'on trouvait partout au Glandier, profusion qui supposait une grande maladresse de la part d'une femme aussi intelligente que l'accusation présentait Marie Cappelle, profusion qui promettait plus qu'un atome impondérable découvert dans le corps de Lafarge, les défenseurs se bornaient à dire qu'il ne provenait pas du fait de celle-ci; et quand l'accusation demandait la main qui avait versé les poisons, les avocats répondaient que la défense ne consistait pas à se constituer accusateur et à mettre un autre à sa place. La défense lut ensuite des lettres de M. le comte de Mornay, du maréchal Gérard, de mesdames de Montesquiou et de

Sahune, qui connaissaient Marie Cappelle depuis son enfance et rendaient hommage à sa moralité et à son cœur; elle rappela le désintéressement de Marie envers M. Roque, son refus de fuite, et termina en disant que le monastère du Glandier, dont les ruines existent encore, avait été élevé autrefois en expiation d'une femme injustement condamnée. « Ah! gardez-vous, messieurs, avait dit Me Paillet, gardez-vous d'ajouter une page de plus aux lugubres légendes du Glandier!... (12). »

Après les plaidoiries, le président interpellant Marie Cappelle, lui avait demandé si elle avait quelque chose à ajouter à sa défense, et celle-ci, réunissant toutes ses forces, s'était à demi soulevée, et avait dit d'une voix si faible, que Me Bac avait été obligé de répéter après elle ces mots, qui sont les derniers qu'elle ait prononcés : « Monsieur le président, je suis innocente, je vous le jure! » Et le président avait fait le résumé des débats et posé les questions aux jurés, qui s'étaient retirés. Quand ils étaient rentrés, rapportant leur verdict, il s'était passé une de ces scènes dramatiques si fécondes dans ce procès, et qui devait le clorre de la manière la plus étrange. Voici, d'après les journaux, ce qui avait eu lieu dans la salle d'audience :

« A sept heures trois quarts le jury entre dans la salle des délibérations. Après une heure juste, il en sort. Le chef du jury est changé. Un profond silence s'établit dans l'auditoire.

» La déclaration du jury est :

» Oui, à la majorité, l'accusée est coupable. (Mouve-

Mme LAFARGE.

ment général dans l'auditoire, exclamations dans la tribune des dames.)

» Oui, à la majorité, il y a des circonstances atténuantes en faveur de l'accusée.

» La foule immense qui s'est entassée dans le prétoire reste morne et silencieuse; pas un mot, pas un mouvement, pas un geste ne se manifeste. On dirait, à voir tous ces regards fixés sur un même point, toutes ces bouches muettes, qu'une même commotion électrique les a frappées toutes d'une éternelle immobilité.

» M. le Président. Je recommande à l'auditoire le plus profond recueillement. Gendarmes, introduisez l'accusée.

» Tous les regards sont fixés sur la porte par laquelle Marie Lafarge va entrer pour la dernière fois. Un quart d'heure se passe, et rien n'est venu rompre le silence de mort que s'est imposé tout l'auditoire, et que n'a pas besoin de maintenir l'organe sévère du président.

» Me Paillet, *le visage inondé de sueur et la voix éteinte.* — Madame Lafarge, en arrivant dans sa prison, s'est évanouie; elle est en ce moment dans un état tel, annonce-t-on, que si on la transportait ici, elle y arriverait privée de tout sentiment. La triste formalité de sa condamnation ne peut-elle donc s'accomplir en son absence?

» M. l'Avocat général. — Nous concluons formellement à ce qu'application soit faite de la loi de septembre.

» La cour, faisant droit à ces réquisitions, commet un huissier chargé d'aller, accompagné de la force armée, sommer Marie Cappelle, veuve Lafarge, de se rendre à l'audience, et de dresser, en cas de refus, procès-verbal de ce refus.

» Une demi-heure se passe dans l'exécution de cette formalité, et pendant tout ce temps un profond silence règne dans tout l'auditoire. On entend en dehors de l'enceinte des cris confus, poussés par la foule immense qui, dans la plus complète obscurité, stationne devant la salle du palais et connaît déjà le résultat de la déclaration du jury.

» Lecture est donnée de la sommation de l'huissier, qui constate qu'il a trouvé madame Lafarge étendue sur son lit, et qu'elle a refusé de lui répondre.

» La cour ordonne qu'il sera donné lecture de la déclaration du jury.

» M. l'avocat général requiert l'application de la loi, et conclut à ce que l'accusée soit condamnée aux travaux forcés à perpétuité.

» La cour, après une délibération d'une heure, rentre en séance et prononce un arrêt qui condamne Marie Cappelle, veuve Lafarge, aux travaux forcés à perpétuité et à l'exposition sur la place publique de Tulle. »

Voici maintenant ce qui se passait dans la prison.

Retirée dans sa cellule avec sa sœur, Marie Cappelle attendait patiemment d'abord et avec courage l'issue de la délibération des jurés. Tantôt, repassant dans sa tête plusieurs avis pleins d'espérance qu'on lui avait envoyés, elle rassurait sur son sort sa sœur, qui pleurait; tantôt, réfléchissant à la rigoureuse persévérance du ministère public, elle prévoyait sa condamnation. Qu'elles sont longues et cruellement agitées ces heures où les hommes décident de la vie, de l'honneur, de l'avenir de leur semblable! Marie Cappelle passait tour à tour des larmes à l'espoir, de l'espoir au délire, du délire au calme de la mort. Cependant le temps s'écoulait, et un siècle d'attente semblait avoir passé sur sa tête. Cette prolongation semblait un bon augure à la prisonnière, et dans son ardente ferveur en la Providence, elle se jeta à genoux pour rendre grâces à Dieu d'avoir éclairé les hommes sur son innocence. A peine la prière d'actions de grâces commençait-elle dans la prison, que les jurés rentraient à l'audience, en rapportant la condamnation de Marie!... Cette condamnation, il fallait la lui faire connaître, et personne n'en avait le courage. Plus de vingt minutes se passèrent ainsi; Marie était condamnée et elle priait toujours. Enfin Me Lachaud se sent la force de se présenter devant elle; il franchit le seuil de la porte, il entre. Marie était à genoux; elle se retourne, voit son visage inondé de larmes, lit son arrêt dans ses pleurs, et se relevant par un effort surnaturel, s'écrie : « Je veux descendre, je veux aller encore crier à mes juges mon innocence; je veux..... » Elle ne peut en dire davantage, elle tombe sans mouvement et sans vie sur le carreau. On la met sur son lit, on l'entoure, on cherche à la faire revenir. Soins inutiles. Cet arrêt qui lui sauve la vie semble l'avoir tuée plus sûrement encore, et sur ce lit il n'y a plus qu'un cadavre. C'est dans ce moment que l'huissier commis par la cour lui fit sommation de descendre. Elle n'entendit rien. Peu de temps après, le greffier lui lut son arrêt. Elle n'entendit rien encore ; elle resta morte quelques heures, et ses amis, en apprenant ces tristes détails, se reportèrent à l'orage qui avait grondé pendant le rapport de M. Orfila, et dirent que la même main qui avait soulevé la tempête pour étouffer la voix de cet homme avait éteint la vie chez elle pour qu'elle n'entendît pas son arrêt.

Ainsi s'était terminé ce drame à la cour d'assises, lorsque M. Raspail arriva à Tulle.

La première question qu'on ne manquera pas de faire après avoir lu le récit du mystérieux voyage de M. Raspail, c'est celle que nous avons faite nous-mêmes avec tout le monde dès l'abord : Pourquoi n'a-t-on pas sursis jusqu'à l'arrivée de M. Raspail pour faire la contre-expertise ? Dans les quatre expertises, deux n'avaient pas trouvé de poison, deux en avaient trouvé, une cinquième pouvait seule fixer la justice. Cette cinquième était indispensable. La cour devait l'accorder, d'autant plus que, dans le système de nos lois, tout doit pencher en faveur de la défense. L'accusation, deux fois vaincue d'abord, n'avait pas accepté sa défaite, et avait demandé la quatrième expertise, qui l'a fait triompher; pourquoi la défense n'a-t-elle pas demandé la cinquième, qui pouvait la faire triompher à son tour ?

Nous nous sommes entourés de tous les renseignements qu'il nous a été possible de recueillir, pour percer le mystère qui enveloppe cette partie du procès, et nous allons livrer à la publicité tout ce qu'il nous est permis de révéler. Certes, si tous ceux qui ont joué un rôle dans ce drame avaient imité la brusque franchise de M. Raspail, notre tâche se bornerait à copier les divers dires, comme nous l'avons souvent fait jusqu'ici ; mais, excepté M. Paillet, qui a répondu en ce qui le concernait, tous les intéressés ont gardé le silence. Notre devoir d'historien nous force à le rompre avec toute la réserve que commande une pareille matière. On verra, du reste, que la fatalité qui a présidé à la vie de Marie Cappelle l'a poursuivie jusque dans les combinaisons les plus intimes de sa défense.

Lors de l'arrivée de M. Paillet à Tulle, l'avant-veille des assises, Marie Cappelle, entourée depuis plus de huit mois de chauds partisans, d'amis dévoués que son malheur lui avait donnés, et qu'elle avait baptisés du nom de *croyants*, vivait de leurs conseils, de leurs consolations, de cette espèce de culte qu'ils avaient établi autour d'elle. Quelques lettres qu'elle avait écrites dans l'expansion de son âme, dans la joie d'entendre des cris amis poussés vers elle, avaient déjà excité une censure sévère. Ne pouvant comprendre qu'on la blâmât si fortement *d'aimer amicalement*, a-t-elle écrit, *de pauvres croyants dont tout le tort officiel était de n'avoir pas le droit de porter un e muet à la fin de leur doux nom d'ami*, Marie Cappelle s'en était expliquée dans une lettre inédite jusqu'ici.

« Je ne suis plus femme du monde, avait-elle écrit, mais femme malheureuse. Les devoirs ont changé pour moi, et si je jure de ne jamais enfreindre les exigences de la morale et de la religion, je m'affranchis de celles de la société, et j'aurai désormais les convenances du cœur, et non celles hypocrites des usages reçus. »

Elle avait donc continué à recevoir et à donner les témoignages d'affection que sa position spéciale légitimait. Ses nombreux amis, occupés de son procès, recueillant chaque jour des renseignements, des indications, des preuves, avaient combiné un plan de défense dont Me Bac était l'âme. De son côté, Me Paillet, qui était à Paris, recevant d'autres inspirations, mu par des impressions différentes, combinait des moyens de défense qui n'étaient pas en harmonie avec ceux de Tulle. Marie Cappelle, entourée d'affections non suspectes, se laissait guider par ceux qui étaient auprès d'elle, ne voyait que par leurs yeux, ne voulait que par leur volonté. Les choses étaient en cet état quand M. Paillet arriva à Tulle. Dès le lendemain, les conseils se réunirent, et, comme cela devait être, ne s'entendirent pas sur le système à plaider. M. Paillet offrit alors de se retirer, pour laisser le champ libre aux autres défenseurs; mais cette retraite, qu'on aurait sans doute interprétée par la conviction de culpabilité que l'avocat aurait puisée auprès de sa cliente, menaçait de perdre Marie Cappelle même avant d'être jugée. D'ailleurs, outre que M. Paillet était choisi par la famille, il avait un talent trop éminent pour qu'on s'en privât dans une affaire aussi grave. Ce fut Me Bac qui se retira de la défense, au banc de laquelle il ne reparut que pour répondre à quelques mots du ministère public qui lui étaient personnels. Une fois de retour, il se chargea de présenter la réplique. Marie Cappelle vit donc éclater dès le principe la désunion parmi ses défenseurs, et, entourée d'opinions si diverses, toutes exprimées par des personnes qui avaient droit et autorité sur elle, tant par les liens du sang que par le dévouement et le talent, elle laissa agir et agit elle-même sans conviction, sans volonté arrêtée. Elle seule n'en eut pas dans cette circonstance, quand elle seule devait en avoir (13).

Les débats eurent leur cours. L'expertise Orfila trouva du poison. On résolut de faire venir M. Raspail pour faire une contre-expertise. Cette résolution prise, Me Bac fut chargé d'en assurer immédiatement l'exécution; mais cette exécution eut lieu à l'insu de Me Paillet : on craignait que ce dernier n'y voulût pas consentir; on disait même que, pressenti à ce sujet, il avait menacé d'abandonner la défense. Me Paillet a répondu à ces assertions, formellement exprimées dans la lettre de M. Raspail, par sa lettre insérée dans la *Gazette des Tribunaux*. M. Paillet nous a affirmé à nous-mêmes que jamais on ne lui avait dit, que jamais on ne lui avait fait pressentir l'arrivée de M. Raspail pour faire une contre-expertise. C'était donc un secret qui restait entre la moitié de la défense et Marie Cappelle. Une fois M. Raspail sur les lieux, on voulait le faire entendre en vertu du pouvoir discrétionnaire. Ainsi que nous l'avons dit, Marie Cappelle avait été malade deux jours de manière à ne pas pouvoir supporter les débats. C'est pendant ce temps que M. Paillet, dans une réunion où se trouvaient les autres défenseurs, lui proposa, vu l'état de sa santé, de faire remettre son jugement à une autre session. Dans l'espace qui s'écoulerait, la question scientifique pourrait être débattue, de nouvelles expertises pourraient être faites. Marie Cappelle consultait du regard MM[es] Bac et Lachaud, qui semblaient approuver cette résolution; mais, d'un autre côté, on l'encourageait à subir l'épreuve cette fois. Des nouvelles favorables sur les bonnes dispositions des jurés lui étaient affirmées, outre les avis particuliers qu'elle en avait reçus. Marie Cappelle demanda alors à Me Paillet si, dans le cas de remise, il reviendrait combattre à ses côtés. Celui-ci répondit que sa santé et ses affaires ne le lui permettraient peut-être pas; en même temps, en jetant les yeux autour d'elle, elle lut sur quelques visages le découragement, la lassitude; elle craignit de reparaître seule, isolée, abandonnée à elle-même, si on remettait l'affaire à une autre session. Croyant alors qu'on redoutait autour d'elle la contagion du malheur, désespérée, folle, en délire, mais ferme dans sa résolution, elle s'écria : « Je veux être jugée. Il m'importe peu de mourir, si je ne suis pas acquittée avec l'unanimité que l'on doit à mon innocence. Je préfère cette sentence, rendue sur le rapport de M. Orfila, à celle rendue sur le rapport de tout autre chimiste avec des circonstances atténuantes. Je veux la gloire du martyre; pas de prison, mais l'éternité que l'innocence gagne sur l'échafaud (14)! »

Le lendemain, elle reparut à l'audience, faible, mourante, mais soutenue par cette volonté fiévreuse qui trouve son stimulant dans un cœur profondément blessé. L'avocat général fit son réquisitoire, Me Paillet présenta la défense; M. Raspail n'arrivait pas, et ceux qui l'attendaient gardaient le silence, au lieu de demander un sursis. Le ministère public répliqua, Me Bac répondit; M. Raspail n'arrivait pas encore, et ceux qui savaient le secret gardaient toujours le silence. Enfin, au moment de clorre les débats, le président fit cette question significative, qui prouvait les dispositions de la cour : « Je demande aux défenseurs si, comme le ministère public l'a pensé hier, ils ont l'intention de faire entendre un autre chimiste pour combattre le rapport des contre-experts? »

Me Paillet, toujours dans l'ignorance de ce qui se passait, se leva et répondit : « C'est encore là une intention que l'on nous a prêtée dans cette cause, où l'on nous en a prêté tant d'autres. »

Et on laissa Me Paillet prononcer ces paroles sans l'interrompre, sans lui dire ce qui se passait, sans le forcer au besoin de demander lui-même le sursis qu'on croyait nécessaire pour attendre l'arrivée de M. Raspail, quand dans un instant les débats allaient être clos; et ceux qui avaient fait prendre à Marie Cappelle des mesures si décisives et si promptes, des mesures sur lesquelles ils devaient tant compter, dont ils devaient obtenir l'exécution à tout prix, ceux-là restèrent muets devant l'*offre* du président, et laissèrent condamner Marie Cappelle. Nous ne chercherons pas à expliquer le mobile de cette conduite, que nous ne saurions attribuer au manque de dévouement et d'affection prodigués à Marie Cappelle par ses deux défenseurs; notre intention est de n'attaquer personne, et nous ne nous croyons pas le droit de divulguer des causes qui sont le secret de ceux qui ont joué un rôle dans cette affaire. A eux à parler, s'ils le veulent; à nous, historien du procès de Marie Cappelle, à nous borner à constater un fait et à répéter ce que nous avons dit tout à l'heure, que la fatalité l'a suivie jusque dans sa défense.

Fatalité en effet, car M. Raspail, après avoir vérifié les résultats de l'expertise, s'exprime ainsi dans sa lettre du 25 septembre 1840 à la *Gazette des Hôpitaux* :

« Les deux premières assiettes obtenues l'ont été par l'acide nitrique, mais les taches qu'elles renferment sont si peu caractérisées et si petites, elles ont donné aux réactifs des indications si équivoques, que je me garderais bien de prononcer qu'elles soient des taches d'arsenic; elles ne sont ni pondérables ni déterminables ; je dirai là-dessus ultérieurement mon dernier mot.

» Une condamnation d'après ces deux assiettes seules serait une fatalité déplorable; et, tôt ou tard, la justice ne manquerait pas d'éprouver des regrets bien amers pour avoir prêté l'oreille à un aussi faux système.

» Quant à la troisième assiette, à la vue, et d'après les renseignements analytiques que j'ai puisés dans la conversation des experts du pays, je dois déclarer que l'on peut prononcer que les taches qui la couvrent sont de nature arsenicale. Mais ne préjugez pas trop vite : j'ai de bien graves choses à révéler à ce sujet.

» Les taches des deux premières assiettes sont petites, d'un jaune qui tient du gris ; chacune d'elles n'est qu'un souffle.

» Les taches de la troisième sont larges et gorge de pigeon, bleues et miroitantes sur le centre, jaunes, violettes sur le bord. Mais.... écoutez bien... elles n'ont été ainsi obtenues que par l'*emploi du nitrate de potasse que M. Orfila avait eu la précaution d'apporter de Paris.* Sur l'observation que lui en firent les experts, notamment ceux de Limoges, à savoir que ce nitrate de potasse n'était peut-être pas pur, M. Orfila répondit qu'il en avait constaté la pureté. Mais, comme MM. les chimistes insistaient, et demandaient à en opérer l'analyse, M. Orfila, poussé jusque dans ses derniers retranchements, avoua que, si cette expérience leur *paraissait douteuse, il était disposé à l'abandonner.*

» Alors, répondit M. de Bussy, il faudrait aussi abandonner les deux premières assiettes; car, à elles seules, elles ne sauraient constituer la base d'une accusation d'empoisonnement.

» Dans le rapport de M. Orfila, vous ne trouvez rien de tout cela; mais de tout cela, j'en ai la preuve orale; qu'il ose me démentir légalement!

» Ces aveux ont paru aux auditeurs si graves et si extraordinaires, que j'ai été autorisé à les publier.

» Le jury a cru que l'impondérable quantité d'arsenic qu'il étalait sur ces assiettes signifiait nécessairement un empoisonnement par l'arsenic : une quantité que M. Orfila a évaluée à un demi-milligramme, et que j'estime, moi, à moins d'un centième de milligramme.

» Or, si le jury avait pu comprendre d'abord que cette quantité était trop minime pour signifier un empoisonnement, ensuite que cette quantité pouvait provenir du réactif apporté tout exprès de Paris par l'expert de l'accusation elle-même, le jury n'aurait pas pu condamner Marie Cappelle coupable d'empoisonnement par l'arsenic, car toutes les probabilités morales disparaissent devant l'absence du corps du délit (15). »

Nous n'avons nil'espace ni les connaissances nécessaires pour traiter la question scientifique ; nous renvoyons pour cela au quatrième volume des mémoires, où cette question est longuement débattue. Nous nous bornerons à une seule réflexion, c'est celle-ci : La science n'est science que par cela seul qu'elle progresse de jour en jour ; chaque siècle, chaque époque, chaque heure d'étude amène sa découverte et peut changer la face des choses. Ce qui était vrai hier ne l'est plus aujourd'hui. L'appareil de Marsh, par exemple, qui a coûté dix ans de recherches, peut être effacé par un nouvel appareil qui coûtera dix autres années, et amènera les résultats contraires. Il est donc déplorable qu'en France, où la justice est revêtue de formes si légales et si saintes, où tout est établi dans nos codes pour éclairer la religion des juges et arriver à la découverte de la vérité, la condamnation d'un accusé puisse être basée sur une expérience scientifique de cette nature. Si la science commet une erreur, elle entraîne la justice à la commettre ; ce n'est plus alors le juré qui a écouté religieusement les débats, qui a cherché des preuves morales à défaut de preuves matérielles, qui s'est lentement formé une conviction, ce n'est plus lui qui juge, c'est l'expert qui, ayant adopté un système approuvé par les uns, contesté par les autres, quelquefois créé par lui, vient, selon ce système, décider de la vie et de l'honneur d'une accusée. Ces réflexions, que nous faisons pour toutes les causes en général, peuvent s'appliquer surtout à la cause actuelle. Il y a balance parfaite entre les quatre expertises ; encore, dans la seconde, qui n'a pas trouvé de poison, a-t-on dit que les premiers experts qui en avaient trouvé avaient mal opéré, et dans la troisième a-t-on fait une expertise contradictoire avec ces mêmes experts. Mais, que serait-il résulté si, après le rapport de M. Orfila, qui avait trouvé du poison, on avait entendu celui de M. Raspail, qui, dans sa lettre, dit que ce n'est pas du poison, ou qu'il ne provient pas d'un empoisonnement ?

Trois rapports contre deux, l'empoisonnement aurait disparu. Alors l'accusation elle-même, engagée par ses paroles, que nous avons citées note 11, aurait pensé que ce poison semé partout *était un crime destiné à préparer à l'accusation d'empoisonnement*. Réduits aux preuves morales en l'absence du corps du délit, les jurés auraient interrogé dans leur conscience la conduite de Marie Cappelle, examiné sa vie, sondé ses sentiments et son cœur, et sans doute cette lettre du 15 août, si menaçante devant un cadavre empoisonné, mais écrite à un homme tel que Lafarge après la scène d'Orléans, à l'aspect du Glandier si sombre et si délabré, par une femme si outrageusement trompée, cette lettre n'eût été qu'une heure de délire où la plume, obéissant à la pensée, la jette toute palpitante encore sur le papier qui la conserve, tandis qu'elle s'efface dans le cerveau. Cette correspondance, hypocrite pour arriver au crime, n'eût été alors que la résignation sincère d'une épouse qui cherche la poésie dans les réalités les plus communes de la vie, et qui la trouve dans un souper sympathique : la poudre blanche eût été de la gomme; le testament une marque d'affection ; les 28,000 francs souscrits à M. Roques, le désintéressement le plus pur ; le refus de fuir, la plus forte preuve d'innocence. Peut-être aussi, en rapprochant le voyage mystérieux de Denis à Paris pendant le séjour de Lafarge, et l'arrivée d'un seul gâteau alors qu'on en avait envoyé trois, aurait-on pensé à demander des comptes à cet homme qui prenait deux noms, qui n'en signait qu'un, à cet homme dont l'immoralité s'était étalée aux débats au point qu'il n'osait plus y reparaître. Peut-être encore, en voyant cet arsenic épars de tous côtés au Glandier, se serait-on rappelé que ce même Denis en avait acheté des quantités considérables au moment où il disait lui-même que Marie Cappelle empoisonnait son mari ; que le paquet qui était censé le contenir ne contenait qu'une autre substance; qu'il avait été le premier, lui, Denis, dénoncer Marie Cappelle aux médecins; qu'il avait dit, à son retour de Paris, qu'il serait bientôt maître; qu'il avait tenu mille autres propos pour conjurer la perte de Marie. Peut-être aussi, sur ces nouvelles voies, aurait-on soupçonné, découvert enfin la main mystérieuse qui mettait de l'arsenic dans toutes les boissons, dans les meubles, dans les boîtes; peut-être aurait-on découvert mille autres choses une fois sur cette pente ; et s'il eût été prouvé que Lafarge était mort empoisonné, peut-être le ministère public aurait-il mis un autre accusé sur la sellette. Mais les choses ne se passèrent pas ainsi, et voici ce que nous avons à dire sur la manière dont elles ont eu lieu.

La quatrième expertise se fait. M. Orfila trouve un atome impondérable d'arsenic, trois taches sur trois assiettes. Les jurés condamnent, convaincus de l'infaillibilité de l'expert; et M. Raspail, comme nous l'avons vu, attaque la manière dont l'expert a opéré, conteste que certaines taches des assiettes soient des taches arsenicales, et prétend que les autres ne peuvent provenir d'un empoisonnement. Où est la vérité? Dans le verdict du jury, nous crie la loi. Soit. Nous nous inclinons devant lui.... Mais la science!.....

Maintenant, retrouvons sous les verroux la prisonnière, triste, faible, isolée, car sa famille l'avait quittée; ses amis étaient partis aussi, et il ne restait auprès d'elle que sa fidèle Clémentine, qui ne s'en est séparée que lorsque l'autorité l'y a forcée. Le découragement s'était emparé de Marie Cappelle; elle l'exprimait en ces termes dans une de ses lettres :

« Le ciel est sombre comme mes pensées; la pluie vient pleurer contre mes vitres, le vent gémir dans ma cheminée. Mon âme est trop brisée pour que mon pauvre corps ne le soit pas aussi. Je suis obligée de ne pas me lever. Oh! combien je souffre!... Hélas! qu'ai-je donc fait pour être frappée de malédiction?... Quels sont les desseins de Dieu?... veut-il m'épurer par la douleur?... Mais souvent le doute est plus fort que la résignation...

L'abîme est si grand, la créature si faible!... Pourquoi me rejeter inutile au dehors de la vie?

» J'envie la plus petite mousse, le plus pauvre insecte; car, si on les foule aux pieds, ils ne le sentent pas; et moi, malheureuse, opprimée, je ne puis soulever la calomnie qui pèse sur ma tête comme une montagne. »

Cependant on avait formé un pourvoi en cassation, et ce pourvoi permettait de concevoir des espérances. Dix-sept moyens de cassation étaient présentés à la cour suprême. Les démarches les plus actives étaient faites, les voix les plus nobles devaient se faire entendre; les magistrats les plus intègres devaient siéger. Avec un courage égal à sa grande infortune, Marie Cappelle, du fond de sa prison, s'occupait activement de cette dernière procédure qui devait remettre en question son innocence. Triste ou souriante à mesure que les nouvelles de son pourvoi lui parvenaient, elle envoyait à ses amis ses pensées les plus intimes; elle jetait son âme tout entière sur des pages qu'ils nous ont conservées.

« Le soleil vient de me sourire à travers mes épais rideaux, écrivait-elle. La rosée a déposé une perle sur chaque brin d'herbe. J'espère que vous jouirez de cette belle nature pour laquelle je suis morte. Je ne veux pas me plaindre. Dieu est grand! et le cœur a ses soleils aussi radieux que celui de la terre. Aimez-moi, aimez-moi, ô vous, chers croyants, de toute la force de votre âme. Alors je défierai et les hommes et le sort, et je serai bien heureuse en dépit des calomnies et des verroux. Je n'ai de force que dans la croyance de ceux que j'aime, et quand, courbée sous la calomnie, mon cœur se torture et se brise, quand il doute presque d'une Providence, je pense à eux, et mon pauvre cœur retrouve des prières pour les bénir, du courage pour les imiter.

» Si je n'ai pas faibli sur le rude chemin de mon calvaire, c'est qu'auprès de la vie qu'ils m'ont flétrie, il y avait la vie que je puisais dans ma conscience et dans le cœur de mes amis; c'est que des mains se sont tendues vers les miennes; c'est que des hommes d'honneur m'ont donné leur foi; c'est que j'ai pu garder autant d'amour que de souffrances dans mon âme.

» Oh! je vous le jure, je ne faiblirai jamais! Ce n'est pas avec un remercîment que je puis payer ma dette à mes amis, c'est ma réhabilitation que je veux leur donner. Je veux le suffrage d'un monde que je méprise, pour l'offrir à ceux que j'aime; je veux que l'on me rende le nom de mon père aussi pur que sa vieille épée, et puis je veux mourir, mourir où ma tâche sera accomplie; car je suis fatiguée, je suis brisée, et je ne demanderai pas à la terre un bonheur qu'elle ne peut plus me donner, mais ce repos de la tombe qui mène à la vie du ciel. »

Mais ces espérances qu'avait conçues la prisonnière furent bientôt évanouies. Le 10 décembre, la cour de cassation tint audience solennelle pour juger le mérite du pourvoi, et M. le procureur général Dupin occupa le parquet. La même curiosité, le même intérêt avaient attiré la foule à Paris comme à Tulle. Les dix-sept moyens de cassation furent présentés et longuement développés (16). Dans la même audience, M. Dupin combattit ces moyens, conclut au rejet du pourvoi, et la cour se retira pour en délibérer. Il ne nous appartient pas de dire ce qui se passa au sein de cette délibération, qui doit rester secrète; mais nous devons constater combien elle fut longue et dut être sérieuse. Les juges, entrés le premier jour, à trois heures, dans la salle du conseil, en sortirent à sept, pour annoncer que la suite de la délibération était remise au lendemain. Le lendemain, ils étaient réunis à dix heures, et ce ne fut encore qu'à sept heures qu'ils rendirent l'arrêt qui rejetait le pourvoi (17).

Cet arrêt brisa le courage de Marie; elle qui avait trouvé de la force et de l'énergie dans son cœur pour subir les terribles débats de la cour d'assises, n'en retrouva plus quand elle vit sa réhabilitation détruite. Une terrible résolution s'empara de son âme; cette fois elle voulut mourir de faim. Pendant six jours elle refusa tout aliment, tout breuvage, toute consolation. La nourriture du corps et celle de l'âme lui étaient également odieuses; l'espérance n'était pour elle que dans un autre monde, elle voulait aller l'y chercher; mais pendant qu'elle exécutait cette résolution, qui avait puisé son énergie dans le découragement même, un rayon d'espoir vint de nouveau luire à ses yeux. Denis, celui qui avait été surtout en aide à l'accusation, pouvait être convaincu de faux témoignage, d'après les renseignements précis qui arrivaient de toutes parts. Ceux à qui il l'avait confié le déclaraient. *La justice devait atteindre ce témoin parjure, et la révision du procès de Marie Cappelle était la suite de sa condamnation*, disent les Mémoires.

A cette nouvelle, Marie, secouant le linceul dont elle s'était déjà enveloppée, voulut se reprendre à la vie. Il y avait encore à lutter, à combattre, à vaincre peut-être; elle voulut vivre pour lutter, pour combattre jusqu'au dernier souffle, et pour vaincre, dût-elle mourir.

« Pardonnez-moi, écrivait-elle dès ce jour, mon silence n'est pas un ingrat oubli. Je souffrais tant et mes larmes étaient si amères, que je n'osais les verser sur le cœur de mes amis, leur montrer ma faiblesse, qui me rendait indigne d'eux. Maintenant j'ai repris ma vie de combats et de douleurs. Je me serais sauvée du déshonneur par la mort; ce n'est plus à la tombe, mais à ma conscience, que je demande un nouveau refuge contre de nouvelles souffrances. Je laisse le soin matériel de moi-même aux amis qui veillent pour moi; je me replie dans une seule pensée, celle de ma réhabilitation. Toutes mes minutes, toutes mes heures, chacune de mes actions, chacune de mes paroles protesteront de mon innocence. Toujours je resterai digne des nobles sympathies qui m'entourent. Croyez que je ne faillirai pas dans la grande œuvre de ma réhabilitation. Je me dois à ma famille; je me dois aux généreuses croyances qui viennent saluer ma douleur. Je pourrai mourir sous ma croix; mais je mourrai en combattant le mensonge et la calomnie. »

En même temps une autre consolation, qui devait s'étendre sur tout le reste de sa vie, vint la trouver sous les verroux de sa prison.

Il y avait à Montpellier une de ces familles modestes qui font le bien en silence et vivent entourées de l'estime et de l'affection de tous ceux auxquels ils ne dérobent pas leur existence. Le chef de cette famille, dévoué depuis vingt ans à adoucir le sort des hommes que la loi vient frapper, était un proche parent de Marie Cappelle ; c'était M. Collard, le frère de son grand-père bien-aimé. Marie ne l'avait jamais vu ; il n'avait jamais vu Marie. Aux jours de sa prospérité, alors qu'elle brillait à Paris au milieu du luxe et de l'aristocratie, il ne lui avait pas révélé son existence ; aux jours du malheur, il se fit connaître et lui tendit la main. Marie Cappelle en éprouva une joie qu'on ne saurait peindre, mais qu'on doit comprendre, et dans le premier élan de son bonheur, répondit à sa lettre la lettre suivante, une des plus remarquables qu'elle ait écrites jusqu'ici :

« Soyez béni, cher oncle que je dois à la douleur. Je retrouve dans votre généreux cœur le cœur de mon bien-aimé grand-père. Noble frère de ce cher regretté, je viens pleurer dans vos bras, vous dire que la petite-fille de votre Jacques est digne de vous, digne de lui.

» J'ai bien souffert ! Et, faible femme fauchée par la calomnie, j'ai détourné les lèvres de cette dernière goutte d'amertume ajoutée à ma coupe ; j'ai voulu mourir avec ma dernière espérance... La voix de mes amis, les cris de mon innocence m'on rendue à moi-même et à Dieu, m'ont fait regretter de coupables pensées de désespoir ! J'ai compris qu'une faiblesse n'était pas permise avec une conscience pure, que j'appartenais aux fidèles croyants qui combattaient pour moi ; j'ai compris que *celui* qui m'entourait de si nobles sympathies pouvait seul calmer la tempête soulevée par les méchants, et dire au monde mon innocence; qu'à lui seul, *tout-puissant*, était resté le droit de me donner le repos éternel!... Puis la vie est si courte, la mort si proche, si heureusement inévitable, que je me résigne et que j'attends.

» Je vous remercie, mon bon, mon cher oncle, de votre désir de me voir près de vous. Il me semble qu'ainsi je serais moins malheureuse!

» Que vous êtes heureux de retrouver près de vous les traits de mon bien-aimé grand-père! Que ne puis-je couvrir de baisers sa vénérable image, et le bénir encore pour l'oncle que je dois à son souvenir! Permettez-moi de vous aimer et pour vous et pour lui, et puisque votre affection est venue si tard dans ma vie, je veux la doubler, afin de ne pas regretter les trop longs jours où vous n'étiez que dans mon cœur.

» Adieu, mon oncle, si bon, si aimé déjà de la pauvre prisonnière. Je prie Dieu avec vous de toute mon âme, et devant lui, *qui sait tout*, je vous demande un baiser pour le front qu'ils ont flétri, mais qui ne se courbe pas vers la terre quand il ose se lever au ciel...

» *Pure et martyre.* »

Cependant on avait réuni tous les renseignements qui tendaient à constater le faux témoignage de Denis. Voici, à cet égard, ce que nous trouvons dans la requête adressée au tribunal de Tulle par Marie Cappelle :

« Denis s'étant trouvé à Lubersac, petite ville voisine du Glandier, avait avoué, en présence de M. et de madame Lavictoire, de Lubersac, et de M. Belet, d'Allassac,

des faits d'une immense gravité ; il avait dit, au milieu d'invectives proférées contre Marie Cappelle, « qu'il s'é-
» tait bien gardé de lui remettre le paquet d'arsenic
» acheté par ses ordres ; qu'il avait alors la conviction
» qu'elle voulait empoisonner son mari. »

« Les témoins qui ont entendu ces propos les ont rapportés à différentes personnes très-honorables, entre autres MM. Morel fils, Martinié, Deysac, avocat, Devaine, de Lasteyrie, percepteur, etc., etc., qui en déposeront.

» Le faux témoignage de Denis Barbier paraissait constant, lorsqu'une circonstance particulière est venue lui donner plus de certitude encore.

» Le sieur Magnaux, ami de Denis, associé de la famille Lafarge, fut rencontré dans un des hôtels de la ville de Brive par MM. Passerieux, docteur en médecine, et Angelby, propriétaire. La conversation s'engagea sur le procès Lafarge, et ce fut alors qu'interrogé le sieur Magnaux répondit : « Oui, Denis n'a pas remis l'arsenic à
» Marie Cappelle, et nous sommes bien heureux qu'on ne
» l'ait pas appris plus tôt, car cette coquine aurait été cer-
» tainement acquittée. »

Ces faits furent dénoncés à M. le procureur du roi de Tulle, avec prière de prendre des informations sur les témoins désignés pour décider après s'il croyait pouvoir poursuivre d'office. Le procureur du roi, auquel son chef, M. le procureur général Dumont Saint-Priest, se réservant de tout décider par lui-même, avait ordonné de ne prendre l'initiative sur aucune affaire concernant Marie Cappelle, s'empressa d'envoyer à Limoges tous ces renseignements. La lettre partit de Tulle au mois de février, à la fin d'avril M. Dumont Saint-Priest n'avait pas répondu. Nouvelle lettre de M. le procureur du roi, nouveau silence de M. le procureur général. Me Lachaud écrivit enfin à son tour, et cette fois, après quatre mois d'attente, M. Dumont Saint-Priest répondit qu'il ne croyait pas devoir ordonner des poursuites, et qu'il lui semblait inutile de prendre à cet égard des informations.

Nous donnons ce fait tel qu'il est rapporté dans le quatrième volume des mémoires, et sans y ajouter aucun commentaire.

Marie Cappelle résolut alors d'attaquer Denis devant les tribunaux civils en dommages et intérêts. C'était une voie détournée pour arriver à la révision du procès. Denis une fois convaincu de faux témoignage devant la justice, le ministère public était forcé d'intervenir. Mais Marie Cappelle, morte civilement, avait besoin d'un curateur pour pouvoir poursuivre. Ce fut alors qu'elle présenta au tribunal de Tulle une requête à cet effet. Le tribunal ne crut pas devoir faire droit à cette requête; Denis n'ayant ni son domicile ni sa résidence dans le ressort du tribunal de Tulle, on ne pouvait l'y poursuivre, et il n'y avait pas lieu à nommer un curateur spécial à cet effet. On chercha de tous côtés le domicile de Denis, on ne put le découvrir ; la dernière trace des pas de cet homme était à la cour d'assises, où il avait accusé Marie Cappelle ; elle s'était à jamais perdue une fois qu'il en fut sorti. Sourd à la voix de la justice, qui le rappelait pour une confrontation, il n'avait pas reparu, il ne reparut plus, et cette dernière espérance de la condamnée fut encore anéantie comme les autres. Les faits parlent d'eux-mêmes ; nous ne ferons pas de réflexions.

Ici semble se terminer l'histoire de Marie Cappelle; mais n'ayant pas voulu entremêler les deux affaires, nous avons suivi le procès criminel jusqu'au bout, en négligeant de parler de celui des diamants, auquel nous allons revenir avant de terminer cette notice.

L'audience correctionnelle, fixée d'abord au 29 avril 1841, fut renvoyée, par décision du tribunal, au 3 mai suivant, à cause de l'état de santé de Marie Cappelle. Le 3 mai, en effet, Marie reparut dans cette même salle où elle avait déjà subi dix-sept jours de débats pour le procès criminel. Madame de Léautaud était absente, son mari seul était aux côtés de Me Coralli. Me Lachaud prit la parole pour décliner la compétence du tribunal. Voici sur quels motifs il appuyait ses conclusions. Marie Cappelle est morte civilement, condamnée à la peine la plus forte, aucune autre peine ne peut donc lui être appliquée. Au lieu du tribunal correctionnel, qui ne peut sévir contre elle, elle demande le tribunal civil, où elle répondra à une action en dommages et intérêts pour la soustraction des diamants qui lui est reprochée. De cette manière, il y aura plus d'égalité entre les deux parties. Chacune aura le droit de faire citer ses témoins, d'interroger la vie de l'autre, tandis que, dans sa position, Marie Cappelle n'a pas le droit de faire citer directement des témoins à décharge, et n'a pas d'action contre eux s'ils refusent de se présenter. Elle demande, en un mot, les moyens de se défendre, et offre à madame de Léautaud de combattre elle-même au lieu de s'abriter derrière le ministère public.

Me Coralli combat ces conclusions; et, après avoir abandonné au ministère public le soin de faire triompher la question de droit, après avoir réfuté les moyens dilatoires présentés par Marie Cappelle, offre de faire assigner les témoins qu'elle désignera aux frais de M. de Léautaud. Mais, dans l'intérêt de la défense, Me Lachaud lui en refuse la confidence, et réclame de nouveau pleine liberté devant les tribunaux civils. Après deux répliques animées, Me Coralli prend de nouveau la parole pour faire une observation sur quelques mots qu'on a mal interprétés, et qu'il a dit à propos des lettres d'Alger, dont nous parlerons plus tard, et termine en soulevant un incident dont nous allons rendre compte.

« Moi, je ne fais pas de vaines menaces, dit-il; Marie Cappelle, je vous réduirai à vos dernières extrémités; je prouverai, entendez-vous, je prouverai qu'au titre d'empoisonneuse vous joignez celui de voleuse, au titre de voleuse celui de calomniatrice.... »

A ces mots, Marie Cappelle se lève énergiquement, et, désignant du doigt celui qui parlait ainsi, elle s'écrie d'une voix que l'indignation a rendue forte : « Monsieur Coralli, ce n'est pas vrai... Non, non, ce n'est pas vrai; c'est une indigne calomnie, c'est une lâcheté !... »

Une grande agitation, qui parcourt tout l'auditoire, succède à cette véhémente interruption; Me Lachaud trouve envers Me Coralli et madame de Léautaud des paroles sévères, qu'il prononce suivant son droit de parler le dernier. Cette scène affligeante, qui avait porté au comble l'agitation de l'assemblée, ne se prolonge pas; le président veut sur-le-champ lever la séance, et Me Lachaud ayant demandé si, dans le cas où le tribunal se déclarerait compétent, il serait permis de faire citer des témoins sur la moralité de madame de Léautaud, le président, sans répondre à cette question, déclare la cause entendue, et le tribunal se retire pour en délibérer. Au bout d'un quart d'heure, il rend un jugement par lequel il se déclare compétent, et fixe la cause au premier jeudi d'août. Le soir même, Marie Cappelle se pourvoit en cassation. La cour suprême rejeta le pourvoi, et le tribunal de Tulle se trouva de nouveau saisi de l'affaire. Aussitôt que cette nouvelle parvint à Marie Cappelle, voyant qu'elle n'avait plus le temps nécessaire pour faire assigner ses témoins, les délais nécessités par l'appel ayant pris plus de la moitié des trois mois qui lui étaient accordés, elle se mit en mesure de prévenir le tribunal pour demander un nouveau délai, et écrivit au procureur du roi la lettre suivante :

« Dans la séance du 5 mai, le ministère public s'est engagé à faire citer les témoins à décharge nécessaires à ma défense. Ces citations ont été ajournées jusqu'à la décision de la cour de cassation, et les quarante jours qui me restent à peine étant insuffisants, je viens vous demander une nouvelle fixation. Me Lachaud, mon avocat, est actuellement à Paris pour s'entendre avec Me Paillet sur les témoins que je dois faire appeler. Parmi eux, il en est un, M. Félix Clavé, qui réside au Mexique, et dont mes défenseurs ont jugé l'audition indispensable. Si, malgré leur avis, vous ne jugiez pas à propos de faire assigner M. Clavé, je serais obligé de refuser un débat qui ne serait pas égal.

» Tulle, 21 juin. »

Malgré cette lettre et une autre que Me Lachaud écrivit au président pour lui faire la même prière, Marie Cappelle reçut, le 23 juin, assignation pour le jour fixé dans l'audience du 4 mai, c'est-à-dire pour le 5 août. Ce jour-là, Me Lachaud, après avoir démontré l'importance de la déposition de M. Clavé, après avoir dit combien Marie Cappelle elle-même avait hâte d'être jugée, malgré les lenteurs qu'elle avait apportées, lenteurs indispensables pour elle, afin de produire ses preuves et ses témoins, proposa une exception, et demanda les délais nécessaires pour faire venir M. Clavé du Mexique.

Madame de Léautaud avait joint à Me Coralli Me Odilon Barrot, qui venait aussi la défendre. Ces deux avocats s'opposèrent à ce nouveau délai, et le procureur du roi prit des conclusions conformes à leur avis. Marie Cappelle, se levant alors avec vivacité, parla en ces termes au ministère public : « Je vous demanderai alors quel moyen j'aurai de combattre la prévention, si je n'ai pas de témoins à décharge? Comment voulez-vous que je me justifie? Est-ce que les paroles de l'avocat de la partie civile ne m'ont pas déjà déclarée calomniatrice? Comment pourrai-je répondre ? dites-le-moi. » Mais le tribunal, repoussant sa demande, retint la cause, et ordonna de commencer l'audition des témoins. Marie Cappelle, voyant qu'elle ne pourrait se défendre, déclara qu'elle voulait faire défaut. Le tribunal lui permit de se retirer, et immédiatement elle fit appel en cassation du jugement qui lui refusait le délai demandé.

Rentrée dans sa prison, et sous le poids des émotions qu'elle venait d'éprouver et de l'amertume qui dévorait son âme, elle écrivit la lettre suivante, que les journaux ont publiée :

« Prison de Tulle, 5 août, deux heures après-midi.

» Pour la seconde fois depuis que je suis morte au monde, il m'a fallu renaître, et à l'appel de la justice, venir m'asseoir encore sur ce banc d'ignominie devant lequel j'avais vu dormir les hommes qui disposaient de mon honneur, de ma vie, qui devaient m'enterrer vivante et martyre à vingt-cinq ans.

» C'était accepter une angoisse horrible.... Cependant je suis venue ; j'ai voulu la subir pour éviter une injustice nouvelle, pour réclamer mon droit ; hélas ! j'avais oublié qu'on ne m'avait laissé que celui de souffrir.

» On m'accuse, et je ne puis me défendre ; on me dit que je suis une calomniatrice, une voleuse, et l'on ne comprend pas que j'aie besoin de témoins pour venir en aide à mon innocence ! On annonce des lettres qui doivent m'accabler, et on m'interdit la lecture des lettres qui peuvent me justifier ! Mes adversaires appellent à leur secours un homme de passion et un homme de talent, et huit fois, oui, huit fois, dans une question de droit et de faits, on ôte la parole à mon unique défenseur! C'est bien injuste!....

» Mais, s'ils veulent m'immoler à la réputation d'une grande dame, moi, faible femme, qui n'ai plus de nom, plus d'avenir, qui n'ai plus même le droit de respirer l'air du ciel sans entraves, je ne faiblirai pas; je protesterai aujourd'hui, demain, toujours; je protesterai devant un tribunal de six hommes, mais aussi devant le tribunal du monde, et *je veux* être acquittée par cette grande voix du peuple, qui est la voix de Dieu!

» Madame de Léautaud, vous n'étiez pas là ce matin, alors que mes regards pouvaient faire incliner devant eux votre conscience; et vous êtes là, ce soir, alors que vous n'aurez plus à entendre que des paroles de louanges pour vous et des paroles d'opprobre pour moi; mais je ne vous envie pas! Vous êtes forcée de *m'estimer* au fond de votre âme, et, au fond de la mienne, vous me savez le droit de vous mépriser.... Croyez-le, Marie, je n'ai pas faibli pour vous aimer, je ne faiblirai pas pour vous combattre. Les hommes peuvent m'empêcher de prouver la vérité de *ce qu'ils appelent mes calomnies;* ils ne peuvent vous donner la force de prouver la fausseté des faits dont je vous accuse.

» J'attends mes forces de Dieu; de Dieu aussi j'attends l'heure de vos remords. »

Pendant ce temps, les débats continuaient à la police correctionnelle comme la première fois en l'absence de

Marie Cappelle. Les témoins entendus, les deux avocats prirent la parole, et accumulèrent les charges contre la partie absente. Cette audience ne fut que la reproduction de celle du 9 juillet, dont nous avons rendu compte, si ce n'est que les avocats plaidèrent beaucoup plus longtemps et furent beaucoup plus durs envers Marie Cappelle. Pendant ce temps aussi la prisonnière, qui, n'ayant pu obtenir les délais nécessaires pour faire assigner ses témoins, n'avait plus d'autre recours que celui d'élever la voix contre cette manière de procéder, écrivait aux journaux la lettre suivante :

« C'est une douloureuse et ridicule chose qu'un jugement par défaut ; qu'une victoire remportée sur un ennemi auquel on a ôté les armes pour se défendre, la voix pour protester, et qui ne doit combattre qu'après avoir été enchaîné. Il faut l'avouer, la mise en scène de ma défaite n'a rien laissé à désirer. Les témoins, laborieusement éduqués par la partie civile, ont une mémoire parfaite, quelquefois une mémoire éloquente. . . . .
Sur le banc de la défense, pour appuyer une accusation qui n'est douteuse pour personne, deux hommes sont assis, et vont apprendre au monde comment on écrase le faible et l'opprimé.

» Votre présence ne m'a pas étonné, Me Coralli ; le théâtre était en vue ; le rôle était facile ; vous pouviez déployer la courageuse éloquence avec laquelle vous savez dire à une femme qu'elle est une voleuse et une empoisonneuse. Mais, ce qui m'a étonnée, ce qui m'étonne encore, c'est qu'il ait fallu un aide à votre talent, un aide à l'innocence de madame de Léautaud : c'est que Me Odilon Barrot soit venu à vos côtés jeter son nom dans la balance de la justice pour la faire pencher en votre faveur.

» Pleine de respect pour le nouvel ennemi qui allait me combattre, si je fus douloureusement effrayée de sa présence, j'attendais de cet apôtre de l'égalité et de la justice un soutien pour mes protestations justes et légales. J'attendais... et je me suis trompée. Le grand homme s'était fait avocat, et lorsque mon regard cherchait le sien pour lui dire : « Je suis innocente, comprenez-le et sauvez-moi, » j'ai trouvé un sourire dédaigneux devant ma douleur.

» Ce n'est pas tout; Me Odilon Barrot n'a pas protesté quand le tribunal a ôté la parole à mon jeune défenseur. Il n'a pas demandé qu'on laissât s'opposer l'éloquence du cœur à sa grande voix qui voulait m'accabler. Ce n'est pas tout encore : Me Odilon Barrot a demandé une journée pour fourbir les armes destinées à tuer une pauvre créature sans défense.

» Mon Dieu! est-ce là de la justice? Me laisserez-vous accabler, et n'avez-vous pas sur cette terre de ces hommes nobles et puissants qui savent protéger et sauver une juste cause? Mon Dieu! venez à mon aide; je n'ai plus de larmes pour pleurer, je n'ai plus de prières à vous adresser, je n'ai plus en mon âme que doute et mépris.

» Et vous, Félix Clavé, vous êtes un lâche! Je vous le crie du fond de ma prison, et je demande au monde, à la presse, à vos remords, de porter ma voix jusqu'au fond des déserts où vous vous cachez. Qu'attendez-vous pour venir venger votre honneur et celui que vous avez perdu?

» Vous avez franchi les mers pour refaire votre fortune; ne pouvez-vous les franchir pour refaire votre réputation? Il fallait un mot, un seul, et vous n'êtes pas venu; et, ne pouvant me jeter une dénégation, vous m'avez jeté une calomnie, et vous avez dit que j'étais une infâme, ne pouvant dire que, vous, vous fussiez un honnête homme.

» Oh! venez, je vous attends, et, s'il le fallait, je vendrais jusqu'à l'alliance de ma mère pour vous fournir les moyens de parvenir jusqu'ici. »

Les débats ou les plaidoiries durèrent deux jours, contre l'habitude de ces sortes d'affaires, et il intervint un jugement par défaut qui reconnaissait la prévenue coupable du vol de diamants, mais ne prononçait pas de condamnation, parce qu'il n'était pas possible d'ajouter une nouvelle peine à Marie Cappelle. C'était justement une des considérations qu'avait fait valoir Me Lachaud pour demander un tribunal civil, ce qu'on lui avait refusé (18).

Fidèle au système qu'elle avait adopté, le lendemain Marie Cappelle écrivait encore pour protester contre cette sentence :

« Je veux me défendre, disait-elle, devant tous les hommes assez nobles pour se ranger du parti le plus faible, assez forts pour ne pas craindre la contagion du malheur. Devant ces hommes, je proteste contre le jugement qui me déclare coupable d'une bassesse, et contre le jugement qui m'a déclarée coupable d'un crime. Je proteste contre mes ennemis, dont les uns ont spéculé sur mon honneur pour conserver un peu d'estime, dont les autres ont spéculé sur ma vie pour gagner un peu d'or. Devant ces hommes, je proteste, je protesterai toujours...

» ... Vous l'avez dit, Me Barrot, et je vous remercie de l'avoir compris : oui, j'ai une ambition immense, insatiable. Vous demandez quel sera le bras assez puissant pour me retirer de l'abîme : ce sera le bras de Dieu, monsieur! Vous avez voulu écrire mon nom dans l'histoire avec des caractères de boue et de sang; je veux m'élever assez haut pour arriver innocente à la postérité. Dieu, qui donne à ses créatures l'intelligence et le génie, me donnera la gloire pour cacher vos opprobres, et la vérité pour confondre vos jugements.... »

Elle ne crut pas cependant devoir borner là ses démarches, et puisque la loi lui donnait des moyens de combattre encore, elle résolut d'en user et de mettre opposition au jugement par défaut. Cette opposition fut rédigée, elle a même été publiée à l'époque dans la *Gazette des Tribunaux;* mais au moment de la signifier, on apprit que les témoins à charge déjà entendus, et les avocats de la partie civile, restaient à Tulle pour attendre que l'opposition fût vidée, ce qui devait avoir lieu le onzième jour. La partie civile semblait donc assurée d'avance de la décision du tribunal, sans cela elle ne se serait pas exposée à faire attendre inutilement les témoins. D'ailleurs Marie Cappelle, décidée à ne se laisser juger qu'après avoir obtenu le sursis, et le demandant une seconde fois devant les mêmes juges qui l'avaient déjà refusé, avait aussi la presque certitude d'être refusée encore ; elle résolut donc, d'après le conseil de ses avocats, d'attendre le sort du pourvoi en cassation contre le jugement qui lui refusait un sursis, au lieu de mettre une opposition inutile. Mais en attendant, les diverses protestations faites par Marie Cappelle sans caractère légal ne parurent pas suffisantes, et on se hâta d'en rédiger une dans laquelle, exprimant ses motifs pour attendre l'arrêt de la cour suprême, elle protestait d'avance contre la marche de la procédure, si le tribunal la jugeait une seconde fois par défaut sans attendre la décision de la cour de cassation. Cette protestation devait être signifiée au procureur du roi et à madame de Léautaud. Ici, nous allons copier ce qui est dit sur cette affaire dans le quatrième volume des mémoires, car cette circonstance est peut-être la plus étrange du procès.

« Un huissier avait été chargé de présenter cette protestation. Il se présente au parquet du procureur du roi pour la lui signifier. Le procureur du roi s'étonne *de tant d'audace*... Une femme comme Marie Cappelle, trouver encore un huissier contre madame de Léautaud!... L'huissier est effrayé : il efface bien vite sa signature, et déclare que pour rien au monde il ne prêtera son ministère. On propose à madame Lafarge de présenter requête au procureur du roi pour qu'il commette un huissier. La loi était précise. Le magistrat répond qu'il commet un huissier, mais il ajoute que l'*huissier agira à ses risques et périls.* L'huissier, plus effrayé encore, refuse opiniâtrement. Le lendemain, on va chez le président, *qui n'est pas compétent*, dit-il ; et enfin, faute d'huissier, la protestation ne peut arriver à son adresse. »

Ce fut la dernière tentative de Marie Cappelle pour arriver à un jugement contradictoire, tentative dans laquelle on ne lui laissa pas même la gloire d'échouer. Peu de temps après, le pourvoi fut rejeté, et tout fut fini pour l'affaire des diamants comme pour l'affaire criminelle.

Nous ne pouvons non plus terminer ce second épisode sans consigner ici l'effet que produisirent sur l'opinion publique ces innombrables décisions provoquées par les deux parties pour arriver au résultat obtenu.

En fait, Me Coralli avait dit dans la première audience où Marie Cappelle demandait à n'être jugée qu'après l'affaire de l'empoisonnement, et pour que sa demande lui fût refusée : « *Qu'on ne nous parle donc plus de l'intérêt de madame Lafarge accusée. Il y a devant vous deux accusées ; madame de Léautaud est aussi dans cette enceinte pour défendre son honneur*, etc. » L'avocat assimilait donc la position des deux parties, et plus tard, lorsqu'on lui a demandé de rendre égales ces deux positions devant un tribunal civil, le tribunal correctionnel ne pouvant prononcer de peine, il a refusé. En fait, les débats n'ont jamais été contradictoires ; Marie Cappelle, accusée et accusant à son tour, n'a jamais été mise à même, malgré tous ses efforts, de se défendre d'une part, et de soutenir son accusation de l'autre. Nous concevons combien il était pénible pour madame de Léautaud, *accusée aussi*, de voir cette procédure se prolonger à l'infini, et laisser dans le vague sa justification ; mais c'était là peut-être le cas de montrer une patience digne, de forcer Marie Cappelle jusque dans ses derniers retranchements, de lui accorder tout ce qu'elle demandait, plus qu'elle ne demandait, pour que la justification fût plus éclatante. Sans doute, il était bien à la famille de Léautaud d'offrir de payer les frais d'assignation des témoins de Marie Cappelle ; mais du moment qu'elle en refusait la confidence et réclamait les délais nécessaires pour les faire venir, il fallait se résigner à ne connaître les témoins qu'au tribunal, et accorder les délais demandés ; il fallait une concession entière, et non une demi-concession qui rendait les offres inacceptables dans le système de Marie Cappelle. Le jour de la justice eût été plus lent à venir peut-être, mais il fût arrivé plus glorieux, si madame de Léautaud eût triomphé, en présence de Marie Cappelle elle-même, et devant toutes les ressources qu'elle appelait à son secours. Nous avons entendu à cet égard un homme grave et en état de peser cette affaire, dire les paroles suivantes : « A la place de M. de Léautaud, je me serais écrié après la condamnation de Marie Cappelle par la cour d'assises de la Corrèze : Marie Cappelle est morte, elle n'existe plus pour le monde, pour le tribunal, ni pour nous ; il n'y a ici qu'une femme qui vit encore, et qui a besoin de vivre entourée de la considération et de l'estime du monde ; cette femme, c'est la mienne. Elle est sous le poids d'une accusation calomnieuse, je veux la détruire et je la détruirai. On me dit que le seul homme qui puisse faire connaître la vérité est M. Clavé ; on demande trois mois pour le faire venir du Mexique, c'est inutile. Je veux éviter la peine d'une assignation toujours incertaine, et puisqu'on prétend que l'honneur de ma femme est attaché à sa déposition, je vais le chercher moi-même, et l'amener devant le tribunal pour qu'il dépose. Et je serais parti pour le Mexique, frétant un navire, s'il l'eût fallu, et j'aurais traîné M. Clavé devant les juges, et je l'aurais forcé à parler, et j'aurais réhabilité de cette manière celle qui porte mon nom, au lieu de laisser échapper pour moi le bienfait d'un jugement contradictoire qui devait confondre les accusateurs de ma femme, au lieu de profiter du bénéfice de la loi, et d'appeler à mon aide deux célèbres avocats pour frapper sur un cadavre. »

Nous avons dit souvent, dans le cours de cette notice, que la fatalité avait poursuivi Marie Cappelle ; nous disons maintenant que la fatalité a poursuivi madame de Léautaud dans les conseils qu'on lui a fait adopter pour sa défense. La loi a mis son dernier mot sur cette affaire ; la condamnation de Marie Cappelle est irrévocable ; il reste maintenant à souhaiter que la raison publique trouve dans les éléments du procès une satisfaction qui réponde à la hardiesse du langage, aux espérances légitimes des défenseurs de madame de Léautaud.

Maintenant, il ne nous reste, pour finir notre tâche, qu'à accompagner Marie Cappelle jusque dans son dernier asile.

Le petit nombre d'amis qui étaient accourus auprès d'elle lors du procès des diamants furent obligés de la quitter. Elle en fut triste et malheureuse ; mais à cette époque, quoique très-malade par suite des émotions qu'elle avait éprouvées pendant le procès des diamants, où son absence des débats était pour elle cent fois plus cruelle que sa présence même, elle espérait encore dans son pourvoi en cassation. Aussi écrivait-elle dans ce sens :

« Les souffrances, les déceptions, les larmes s'emparent d'une grande partie de ma vie. J'ai voué au travail, à la grande œuvre de ma réhabilitation, mes quelques moments de repos et de calme, et il m'est impossible d'écrire souvent, même à ceux que j'aime autant que je vous aime.

» Comme vous, chère madame, j'avais prévu une nouvelle injustice, une nouvelle condamnation ; mais le cœur ne se résigne jamais à de semblables agonies, et j'ai encore plus souffert que je ne pourrais vous l'exprimer. La douleur qui vous frappe par une main indifférente est supportable ; celle qui vous est apportée par une main amie vous laisse sans force, sans énergie. On apprend vite à aimer ; mais pour arracher de ses souvenirs d'enfance une amie, pour chasser cette amie du sanctuaire de son âme, il faut d'amères douleurs, il faut bien des jours, bien des nuits, bien des larmes. »

Un peu plus tard, elle envoyait à M. Sentenac, prêtre, les pensées religieuses qui la soutenaient.

« Que Dieu vous bénisse, écrivait-elle, et que la pensée du bien que vous avez apporté reste dans votre cœur comme le souvenir d'une bonne action... Si les événements de notre vie sont entre les mains des hommes, les sentiments de notre âme sont entre les mains de Dieu, et la paix de la conscience vaut mieux que la paix du monde...

» Il est des déserts inaccessibles aux clameurs des méchants, il n'en est pas où l'homme soit à l'abri des clameurs de ses remords. Je préfère ma prison, dans laquelle je suis martyre aux yeux de Dieu, aux joies de ce monde, achetées au prix d'un parjure, d'une calomnie, au prix des larmes et de la condamnation d'une amie.

» Les paroles de votre grand maître sont les consolations de ma solitude... Combien j'ai versé de larmes avec son exilé! Combien j'ai admiré sa magnifique parabole de l'oppresseur et de l'opprimé! Avec quel profond respect j'ai lu les paroles qu'il jette à ses frères à travers les verroux!... Souvent, en voyant l'amour ardent que son cœur déverse sur les pauvres et les affligés, j'ai cru vivre dans ses pensées et sentir ses larmes se mêler à mes larmes...

» Au revoir, monsieur! Nos cœurs se sont cherchés et connus. Un jour, je l'espère, nos regards s'échangeront; mais jusqu'à ce jour, nous ne serons pas des étrangers l'un pour l'autre, et c'est ma pensée qui dit à votre pensée : Au revoir! »

Enfin, quand tout espoir fut éteint pour elle, quand elle se vit morte au monde sous la double sentence rendue contre elle, elle se prit à douter des seules consolations qui lui restaient, de l'amitié, de la croyance de ses amis; elle craignit leur oubli, leur indifférence, leur lassitude. Elle a confié ses appréhensions à son oncle Collard, dans une lettre qui peint ses souffrances les plus intimes.

« Mon bien-aimé oncle, je reçois avec vénération, avec

amour tout ce qui me vient de vous... Et puis vous avez raison, je suis faible, indigne de la gloire d'être innocente et victime; mais pardon, je souffre horriblement... Le désespoir a brisé ma pauvre tête comme mon cœur... Seule, malade, ne pouvant plus m'occuper, parce que ma faiblesse s'y oppose chaque jour davantage, des pensées terribles, involontaires, m'assiégent en dépit de moi-même. Je vois une agonie insupportable dans le présent... et dans l'avenir, *cette tache* que l'injustice des hommes m'a jetée, *cette tache* que leur injustice m'imprime à jamais !...

» Mes chers adorés, pleurez-moi plutôt que de me blâmer!... Tenez, il n'est pas jusqu'aux affections de mon cœur qui ne fassent mon désespoir! Le temps, qui efface tout, attiédira, puis fermera vos âmes... L'oubli viendra pour moi vivante comme il vient pour les morts... Comprenez que je désire mourir alors que je suis bien aimée... Souvent je passe mes nuits à écrire à mes chers absents. Puis, au matin, lorsque le feu consume mes pensées, lorsque je les vois s'élever comme un tourbillon noir qui n'est plus la vie que mon âme leur avait donnée, lorsque je me dis que le cœur des uns s'absorbera ainsi dans la famille, le cœur des autres dans des plaisirs et des intérêts nouveaux; lorsque je sens l'impossibilité d'aller frapper à leurs âmes, réveiller leurs pensées, conserver enfin cette amitié innocente et profonde qui est depuis deux ans ma force et ma consolation... alors un désespoir douloureux, irrésistible, s'empare de moi. Je pourrai vivre sans les voir; mais ne pas leur écrire, mais ne pas espérer de leur être rendue innocente et réhabilitée, c'est au-dessus de mes forces... et je succombe sous cette douleur.

» Mon bien-aimé oncle, comprenez-moi, aidez-moi à combattre le désespoir, mais ne me grondez plus ; si je vous ai donné une heure de bonheur, combien de larmes, d'épreuves humiliantes, n'ai-je pas apportées à votre admirable tendresse ! C'est par amour pour vous tous que je voudrais quelquefois mourir. Je chasse cette idée coupable, elle revient sans cesse ; c'est un cauchemar qui me poursuit. . . . .

» Voilà bien longtemps que je souffre. Je m'étais réfugiée dans la vie du cœur et dans l'espoir d'une réhabilitation. Chaque jour je me sens mourir pour mes amis, pour l'espérance. C'est un grand et insupportable supplice. A ceux que j'aime comme vous, comme les *miens vôtres*, comme quelques-uns de mes pauvres regrettés, je donne plus que de l'affection, de l'amitié, de l'amour selon ce monde. Je voudrais trouver des termes nouveaux pour l'exprimer, des sacrifices pour le faire comprendre. Les mille intérêts de la vie ont disparu. J'aime, c'est tout ; et quand je voudrais mettre une joie sur chacune de vos minutes, quand je voudrais être votre orgueil, et que je ne vous donne que larmes et honte... je me sens incapable de combattre mon désespoir... J'ai peur que les mille sympathies éveillées par mon malheur ne s'éteignent... J'ai peur que les profondes affections qui me font vivre ne diminuent, et il faut me pardonner si je préfère mille fois la pensée de la mort à celle si terrible de l'oubli.

» Adieu. Voilà tout ce que je souffre, voilà tout ce que je sens. Ne soyez plus sévère, mais aimez-moi immensément comme je vous aime. »

Bientôt sa captivité se resserrant, il ne lui fut presque plus permis de voir personne; elle en exprime ainsi sa douleur dans une des dernières lettres qu'elle ait écrites de Tulle:

« Adieu, monsieur; mes forces sont épuisées! Adieu! Il m'eût été bien doux d'entendre vos paroles, de mettre ma main dans votre main amie; mais, hélas! un mur d'airain sépare la pauvre Marie de tout ce qui fait vivre, de tout ce qu'elle aime. Pour elle plus de soleil, plus de liberté, plus d'honneur; pour elle un seul refuge, la tombe; une seule espérance, la mort!... »

La maison centrale dans laquelle Marie Cappelle devait être transférée fut bientôt fixée; c'était celle de Montpellier. Elle y fut conduite avec tous les ménagements dus à sa santé. Avant de franchir le seuil de son tombeau, une nouvelle douleur l'attendait; on la sépara de Clémentine, sa femme de chambre, qui lui avait donné tant de preuves d'abnégation et de dévouement. Elle a consacré elle-même sa reconnaissance envers cette bonne fille par cette lettre, qui est la dernière que contiennent ses Mémoires, et que nous croyons devoir reproduire ici:

« Ce matin ma pauvre Clémentine est partie!

» Je l'ai revue une heure avant de la perdre, et pendant cette heure nous n'avons pu échanger une parole, tant il y avait de larmes dans nos yeux et dans nos cœurs.

» Chère et bonne créature, qui pleure ma prison comme

je pleure la liberté... et qui ne sait que faire de sa vie lorsqu'on lui défend de la dévouer à mon malheur! Depuis deux ans elle a partagé les angoisses de tous mes jours et les insomnies de toutes mes nuits. Des indifférents lui ont offert de l'or pour les servir... elle l'a méprisé, afin de rester pauvre près de moi. On s'est adressé à son cœur... On lui a promis de l'affection, un nom, un avenir... Elle a refusé d'être aimée pour me garder tout son dévouement. Et lorsque mes ennemis l'ont menacée de faire de son affection pour moi la base d'une accusation terrible, sans balancer, sans pâlir, résistant à mes prières qui voulaient l'éloigner, elle m'a demandé comme une grâce d'affronter mon martyre et même mon agonie.

» Le premier jour de mon malheur devint le premier jour de son dévouement... Plus j'étais humiliée, plus elle me traitait avec respect, avec adoration... Son affection l'avait initiée aux plus nobles pensées, aux plus grandes délicatesses de l'âme. Cette élévation qu'elle montrait en parlant de moi, de mon malheur, de mes amis, elle la perdait lorsqu'elle s'occupait d'elle-même ou de sujets indifférents... Lorsque j'étais triste, que je me tourmentais dans un sentiment de profond découragement, elle ne m'adressait jamais la parole; mais je trouvais près de moi les fleurs que je préférais, mes livres favoris, les lettres de mes amis qui m'étaient les plus douces. Elle se disait tout haut les choses qui devaient aller à mon cœur, puis se mettait près de mon lit, et si je pleurais, je sentais ses larmes tomber sur mes mains.

» Noble fille, que Dieu bénisse ton dévouement! Ma reconnaissance est profonde comme ton affection! Les larmes ne sont pas assez amères lorsqu'elles sont essuyées. On va m'enlever tes soins; mais ces hommes qui t'éloignent de mon cachot ne peuvent t'éloigner de mon cœur. »

Marie Cappelle, d'abord soumise à toutes les rigueurs de la maison, ne put supporter longtemps une telle position. L'isolement, les souvenirs, la douleur, brisèrent à tel point son corps et son âme, que pendant une année elle fut entre la folie et la mort. Son oncle Collard, dont nous avons déjà parlé, et qui habite Montpellier, obtint, quand il n'y eut plus d'espoir, que sa femme et sa fille devinssent ses garde-malades. Leurs soins éclairés parvinrent à la ramener à la vie, et leur tendresse lui donna la force de supporter encore l'existence.

C'est ce qu'elle a écrit à un des siens, qui a bien voulu nous communiquer sa lettre, dont nous allons transcrire quelques passages :

« Comme il n'y avait plus d'espoir, on laissa venir à mon chevet ma tante, ma cousine, et ces deux anges gardiens m'ont tant et si bien aimée, qu'ils m'ont arrachée à la tombe. Je ne pouvais supporter un rayon de soleil, le moindre bruit, et durant des mois entiers, elles n'ont pas vu le jour. Des souvenirs déchirants, des insomnies, des spasmes, enlevaient le sommeil à mes nuits, et elles n'ont point dormi pour mieux soulager et consoler tout ce qui souffrait en moi. N'est-ce pas que c'est une sublime abnégation? un dévouement bien beau? N'est-ce pas qu'on doit avoir la force de vivre quand on peut abaisser un front pur sous de si saints baisers, quand on peut accepter sans rougir une croyance si noble et si absolue? Aujourd'hui que je suis mieux, je vis pour elles et par elles. Des paroles de mon bon oncle résignent mes désespoirs, élèvent mon âme vers notre refuge, vers notre patrie céleste; ma tante m'a enlevé à la mort, je suis à elle! »

Cependant, à cette résignation viennent souvent se mêler des moments de désespoir et d'angoisse. Marie Cappelle a vingt-six ans!...

« Ma longue agonie m'avait plongée dans un engourdissement qui m'accablait comme le poids de mon malheur. La convalescence, en réveillant ma vie, a réveillé aussi mes douleurs. C'est une résurrection dans une tombe. Tous les murs de ma prison m'étouffent, et je voudrais de l'air, de l'espérance, la liberté... J'envie les hirondelles qui reviennent sous nos toits, et qui ont un printemps après un hiver. J'envie la plus humble fleur dédaignée par vos femmes, la goutte de pluie qui les mouille, le rayon de soleil qu'elles fuient; toutes les feuilles verdissent, toutes les fleurs s'ouvrent, le ciel est bleu, le soleil est chaud, mon cœur bat, ma pensée s'anime; aux rêves des souvenirs se mêlent des rêves nouveaux; aux illusions effacées par l'expérience se mêlent des illusions toutes pures, toutes ignorantes!... Combien ne dois-je pas souffrir pour retomber du ciel de mes pensées sur la terre des réalités, pour chasser les rêves, éteindre les illusions, arrêter les battements de mon cœur.... pour mourir toute entière enfin, en attendant que mes prières me fassent mourir pour l'éternité ! Oui, je dois hâter la fin d'une agonie qui ne peut se guérir qu'avec la mort. Si l'on trouve à ma vie un but, un devoir, un avenir qui puisse être honorable et utile ; s'il me reste un jour de bonheur, la mission d'une bonne action, qu'on me le dise, et je prierai pour vivre... Mais, hélas ! qu'on interroge la raison, l'expérience du monde et des hommes, elles répondront toujours qu'orpheline, sans honneur, n'ayant pas à donner au pauvre l'obole de la veuve, à mes amis le triomphe de mon innocence, j'ai le droit d'espérer la mort. On peut vivre malheureuse, on ne doit pas vivre méprisée, et puisque Dieu seul sonde les cœurs et les reins, que la conscience est plus faible que la calomnie, la patrie de l'innocence réprouvée est le ciel. C'est là que je veux attendre, retrouver, aimer mes amis. »

Ces paroles sont déchirantes, quand on songe qu'elles sont prononcées par une femme qui ne cesse de se proclamer innocente, qui ne cesse d'aspirer à tout prix à une réhabilitation, et qui, torturée même par cette idée qu'il faut un nom pur sur une tombe, tremble encore pour sa mémoire après sa mort.

Il nous a été fourni un document précieux qui vient de M. Collard, le voici :

« Marie a été quatre mois dans un état d'agonie, écrit-il ; un délire presque continu absorbait nuit et jour toutes ses facultés. Force avait été de laisser ma femme à son lit de mort. Elle l'a veillée sans fermer les yeux un seul jour, ni permettre que dans ce long espace de temps personne la remplaçât à ce poste d'honneur. Eh bien, au milieu de toutes les divagations inséparables du délire, jamais une parole, jamais un mouvement qui n'ait été l'expression de l'innocence, le gémissement de l'oppression, et une invocation à Dieu pour faire éclater le triomphe de la vérité. — Ma tante, disait-elle, la voyez-vous, cette tache qu'ils m'ont imprimée au front? ils ne l'effaceront pas... mais Dieu me l'ôtera, cette tache; il sait bien, lui, que je ne la mérite pas... Pourquoi tant de soins, mère chérie? ne vaut-il pas mieux que je meure?... »

Nous avons cru de notre devoir de livrer à l'appréciation du lecteur ce fait, que, même dans son délire, Marie Cappelle ne cesse de crier : Je suis innocente.

Maintenant, la santé de Marie Cappelle, toujours chancelante, n'est soutenue que par les soins et les consolations que la famille Collard apporte à sa captivité. Cette famille, comme on l'a déjà vu, l'a rappelée à la vie et cherche à lui en alléger le fardeau. Guidés par leur croyance intime, M. et madame Collard proclament hautement leur conviction, et donnent au monde l'exemple sublime de ce bel adage : *Fais ce que dois, advienne que pourra.* Mademoiselle Collard, leur fille, a consacré sa vie à Marie Cappelle, et reste en prison auprès d'elle autant que les règlements de la maison le comportent.

M. Collard fait à cet égard les réflexions suivantes, qui suffisent pour faire apprécier ce noble cœur :

« Qu'on n'appelle pas cette captivité volontaire une immolation ; à nos yeux ce serait un outrage. Quand l'auréole de l'innocence se reflète sur ma fille, quand le malheur le plus saint la couvre de bénédictions, où voit-on le sacrifice? je ne vois là que du bonheur. La charité a ses limites, et, bien que je lui aie voué le culte de ma vie, je n'aurais jamais consenti à laisser ma fille à sa cousine, si je n'avais eu la conviction profonde, inébranlable, de l'innocence de Marie. Ma foi de chrétien et mon cœur de père auraient passé avant tout. »

. . . .

Il y a un an environ, j'eus besoin, pour mes travaux de théâtre, d'aller visiter la Salpêtrière afin d'étudier les folles de cet établissement. A peine étais-je entrée dans une des cours, que je fus entouré de toutes ces malheureuses, qui, selon l'usage, vinrent réclamer de moi la liberté et du tabac. Une seule, restée à l'écart, se promenait mélancoliquement sous les arbres du préau, et se montrait indifférente à l'espèce de tumulte qu'excitait la visite d'un étranger. Naturellement curieux de connaître celle qui semblait me fuir, je m'approchai d'elle et l'interrogeai. Elle s'arrêta à ma voix, et fixant tristement les yeux sur moi, me dit avec un sourire d'amertume : Je suis Marie Cappelle, veuve Lafarge. A ces mots, considérant avec plus d'intérêt et de curiosité cette femme que la grande infortune de Marie Cappelle avait rendue folle, je voulus engager une conversation avec elle, mais je ne pus en obtenir que les paroles suivantes, qu'elle me répéta jusqu'à trois fois :

« Je suis bien malheureuse!.... Si je souffre, si le moral imprime ses souffrances sur le physique, ce sont les remords; si Dieu m'envoie la force et la santé, c'est l'endurcissement... On me fait hypocrite pour ternir les quelques bonnes actions de ma vie ; on me fait audacieuse pour expliquer le courage et la dignité qui viennent d'une conscience pure; enfin on m'accorde l'intelligence pour m'accuser de perversité, pour attribuer au génie du mal les cris de mon innocence que m'arrachent les tortures de la calomnie! »

Ces paroles, elle les avait apprises par cœur dans le troisième volume des mémoires. Voyant que je n'en pouvais obtenir davantage, j'allais sortir du préau, lorsqu'elle courut après moi et me dit : Attendez, je vais vous lire une lettre qui a été écrite sur moi par quelqu'un qui m'a connue pendant mon mariage, et ne m'a pas abandonnée depuis. Et déployant aussitôt un papier qu'elle tira de son sein, elle lut avec volubilité :

« ...... Plus que jamais j'espère. Plus je vais, plus ma conviction grandit. Ce n'est pas une sympathie irréfléchie, ce n'est pas une foi aveugle; c'est par le raisonnement, par l'intuition, par l'interprétation des faits, que je me suis convaincu....

» Je puis le dire avec orgueil, avec joie... Depuis deux ans je n'ai guère quitté madame Marie. Les jours que j'ai passés loin d'elle lui étaient consacrés au moins par la pensée, et ses lettres venaient encore me rappeler plus intimement son souvenir et sa vie solitaire. Pendant tout ce temps d'intimité, je n'ai jamais surpris en elle un indice de faiblesse, une trace de remords, une idée même fugitive qui ne fût noble et digne; jamais un mot de fiel, un désir de vengeance, une malédiction!...

» Dans les jours solennels on se fait une ligne de conduite, un plan qu'on suit plus ou moins, parce qu'on sait qu'une hésitation serait fatale.... Dans les jours de solitude et d'oubli on ne peut ainsi rester à une hauteur factice ; on a besoin de redevenir soi-même ; il est impossible de ne pas se livrer à des yeux observateurs, et je jure que j'ai souvent étudié et scrupuleusement observé, pour pouvoir plus tard répondre par une certitude aux doutes qui m'entouraient ! Je le dis avec confiance : madame Marie est une noble femme ! Dieu ne l'a pas abandonnée, il relèvera son front, il la lavera de toute souillure ! C'est l'œuvre du temps et des amis que le malheur n'a pas effrayés, que la calomnie n'a pu atteindre !... »

Lorsque j'ai fait mes recherches pour cette notice, j'ai retrouvé en effet ces fragments du journal de Marie Cappelle et cette lettre imprimée, que la folle avait aussi apprise par cœur, et j'ai cru devoir les consigner ici en rappelant la circonstance dans laquelle je les ai connus pour la première fois.

E. Alboize.

NOTES.

(1) Pendant le cours du procès des diamants, un jeune homme nommé Guyot, fils d'un apothicaire de Montmédy, se donna la mort à la suite d'un dîner où l'on avait fortement controversé la culpabilité de Marie Cappelle. On attribua ce suicide au désespoir du jeune Guyot, de voir ainsi flétrir une femme qu'il avait aimée et qu'il croyait innocente. Le père du jeune Guyot, interrogé par la justice, a répondu que son fils avait eu, en effet, avec Marie Cappelle, une correspondance, mais que M. Garat, s'en étant aperçu, était venu le trouver à son hôtel et lui demander s'il était dans l'intention d'épouser sa nièce, et que sur la réponse que fit Guyot, qu'il était trop jeune pour se marier, M. Garat avait demandé et obtenu la remise des lettres écrites par sa nièce, excepté deux qui ne se trouvèrent pas en ce moment sous la main de Guyot, et dont nous reproduisons l'une plus bas. Cet événement semble se rattacher au passage que nous venons de citer.

« Lundi.

« Si vous savez quelque chose qui froisse le cœur plus que l'oubli ; si vous savez ce qui rend indifférente à cette souffrance, dites-le... Mais non... on vit d'illusion... Il en fut une bien douce, et le réveil qui vient toujours est arrivé pour moi.

» Un caprice de huit jours... puis rien... et moi je vous croyais... Ah ! le monde est donc bien faux, puisque vous l'êtes aussi ! »

(2) Déposition de Jean Portier, quarante-huitième témoin. « J'ai promis de ne faire aucune réflexion, a dit Me Paillet, lors des plaidoiries ; mais vous voyez le fait ; c'était une mère ! le jour de la mort de son fils, près du cadavre, dans les circonstances que vous savez. »

(3) Texte de l'acte d'accusation.

(4) Dépositions de MM. Macroste, avoué à Brives, cinquante-deuxième témoin, et Antoine Roques, cinquante-troisième témoin.

(5) Déposition de M. Macroste, avoué à Brives, cinquante-deuxième témoin.

(6) L'espace nous manque pour reproduire toute cette correspondance; nous nous bornerons à citer la lettre qui nous paraît la plus significative dans cette affaire; c'est celle que Me Coraly a qualifiée de lettre de rupture; elle est adressée à Marie Cappelle, que M. Clavé appelait Mariquitta.

« Ainsi donc ce n'est pas assez pour elle que de s'être jouée d'une affection qu'elle connaissait depuis longtemps; il faut qu'elle me jette une accusation infamante, et qu'elle me prête des propos de démence complète. Donc je suis un lâche et un insensé. Vous le lui direz, Marie, de ma part. — Eh bien, je vous le jure, je n'aurais jamais cru à tant de perversité dans une âme de jeune fille. Il n'y a pas seulement dans la lettre un mot pour adoucir toutes ces accusations, que sur mon âme je n'ai pas méritées. Sa réputation attaquée, et cela par ma faute! — Si c'était vrai, je n'aurais plus qu'à me cacher, car flétrir la réputation d'une femme, c'est d'un homme vil et bas, — d'une femme qu'on aime! — Oh! c'est impossible, l'amour et le respect marchent ensemble, et lorsque les autres hommes méprisent celle que nous aimons, notre affection s'éteint bien vite. Or, quand on aime, comment se créer la pensée de tuer son amour?

» Mariquitta, dire qu'elle a comblé la mesure de tous les maux qu'elle m'avait causés, et dire que je l'aime encore! Ah! que je suis lâche et insensé! Je mérite bien tout son mépris, non par les griefs qu'elle me reproche, mais pour cette affection que je lui porte malgré ses duretés. Je pourrais me venger, mais la pensée ne m'en vient pas. Cette lettre, je vous la renvoie; si vous doutez de moi, dites-le, Mariquitta, et vous aurez toutes les autres. Il m'en coûtera; c'est le plus grand sacrifice que je puisse vous faire, mais c'est le seul moyen de vous prouver que je ne veux d'armes contre personne. Vous avez enlevé le nom du lieu où elle est, c'est mal, Mariquitta; je ne compromets personne, il suffit qu'on me prie d'une chose pour que je la fasse : je n'aurais pas écrit. D'ailleurs je sais où elle est, je connais les détails les plus circonstanciés de sa vie; je n'ai pas besoin d'autres instructions; toutefois je n'userai pas de celles que j'ai. Si elle m'avait aimé, je lui aurais prouvé tout ce qu'un homme peut faire pour vaincre tous les obtacles... Ne soyez pas triste, consolez-vous, Mariquitta, laissez-moi porter seul tout le poids de cette triste aventure. Il est lourd, très-lourd, et je sens mes reins faiblir sous le fardeau ; mais, quel que soit son poids, je m'en suis chargé seul. Oh! pourquoi, pourquoi m'a-t-elle choisi pour *sujet?* que lui avais-je fait, moi? »

(7) Ces débats n'ont jamais été contradictoires. La défense présentée l'avait été jusqu'à présent par Marie Cappelle dans ce que nous avons cité de ses mémoires. Les continuateurs ont longuement traité cette affaire dans le troisième volume, en ce qui touche aux débats. Il est dit, par exemple, quant aux vols chez madame Garat, que Marie Cappelle était absente à l'époque où presque tous ont été commis. Du reste, nous allons faire tous nos efforts dans le cours de cette notice pour mettre en face les dires des deux parties, et faire ici ce qui n'a pu être fait au tribunal de police correctionnelle.

(8) Le 11 elle écrivait à Me Lachaud :

« J'ai été fort souffrante toute cette nuit, et dans l'obligation de me livrer jusque vers deux heures aux ordres de mon cher docteur. Je vous attends alors pour me donner quelques nouvelles de la tournure que prendront les dépositions.

» Cette ignominie que m'apprêtent mes juges me brûle. L'humanité se révolte et souffre, le cœur se relève et domine orgueilleusement ces iniquités. »

(9) Celle-ci entre autres à Me Lachaud :

« Pauvre regretté, que Dieu vous garde pendant l'absence! Qu'il envoie à votre cœur les paroles de mon cœur les plus mystérieuses, les plus intimes. Toute cette nuit j'ai beaucoup souffert; à mes douleurs nerveuses s'étaient jointes des douleurs de tête assez fortes pour briser mon front, pour évoquer mes pensées les plus sinistres, les plus décevantes. Dans ce moment je ne crois en rien; les turpitudes de la terre me font désespérer des hommes. J'ai peur... de mes passions, qui pourraient me rendre vile comme eux; de la vie, qui souille; de la tombe, qui anéantit; du ciel, que je ne comprends plus.

» Votre affection est venue enfin calmer ces angoisses de mon âme. Je me suis réfugiée en elle pour échapper à ces douleurs de la fièvre et du doute. J'ai beaucoup pleuré et je pleure encore, mais sans trop d'amertume. Dites en vous éloignant de douces paroles qui illuminent mon cœur en dépit des souffrances physiques qui courbent ma volonté, et ne vous inquiétez pas... Il n'y a que le bonheur qui tue.

» Adieu, mon cher absent; si j'étais aussi ou plus malade demain, je vous l'écrirais. Gardez mon cœur : le passé n'en a rien pris; il est tout à l'avenir. »

(10) Ils avaient publié, contre tout usage, l'acte d'accusation.

(11) Les experts avaient trouvé de l'arsenic dans le lait de poule; *dans ce qui reste au fond du verre il y a de quoi empoisonner au moins dix personnes*, avait dit M. Dubois. L'eau gommée, l'eau panée, et jusqu'à la petite boîte prise dans le tablier de Marie Cappelle par mademoiselle Emma Pontier, et dont cette première déclarait se servir habituellement, contenaient de l'arsenic. D'où provenait cet arsenic? quelle main l'avait ainsi prodigué? C'est en se basant sur ces faits que monsieur l'avocat général avait dit :

« Il y a eu du poison, il y en a eu beaucoup; il y en a eu dans la flanelle, et c'est là peut-être un crime destiné à préparer à l'accusation d'empoisonnement. A nous la mission de rechercher les odieux coupables d'un tel forfait; au jury celle de les punir.

» Voilà donc, quant à présent, la disposition de notre cœur. Au fond, besoin de rechercher si Marie Cappelle est coupable, ou bien si, à côté d'elle, se placent d'autres coupables. Les avocats qui m'entendent m'aideront dans cette dernière recherche, et tout le monde verra dans notre conduite la considération de la dignité de notre cœur, de la dignité de la magistrature. »

Il y avait donc parfait accord sur ce point entre l'accusation et la défense, et si l'expertise de M. Orfila était favorable à l'accusée, le ministère public se voyait contraint d'abandonner l'accusation contre Marie Cappelle.

(12) Après l'audience, Marie Cappelle, à peine rentrée dans sa prison, avait écrit à Me Paillet, d'une main tremblante, ce billet arrosé de ses larmes :

« Mon noble sauveur, je vous envoie ce que j'ai de plus précieux au monde, la croix d'honneur de mon père. »

(13) La réserve que nous nous sommes imposée ne nous permet pas d'en dire davange à cet égard, ni de révéler le plan de défense qui n'a pas été suivi.

(14) Lettre inédite de Marie Cappelle. Nous avons à notre disposition tout ce que nous citons d'inédit.

(15) Beaucoup de choses ont été dites ou publiées sur l'expertise de M. Orfila et sur la contre-expertise de M. Raspail. On a prétendu même que ces *deux princes de la science*, étant en lutte depuis longtemps, ne pourraient être d'accord dans aucun cas, que M. Orfila ayant dit

oui, M. Raspail devait dire non. A cela nous répondons que la controverse qui a eu lieu aurait dû se passer sous les yeux de la justice, pour qu'elle pût juger si la discussion était sérieuse ou taquine, et que la vanité et l'amour-propre de M. Raspail, s'il en a, se seraient tues devant un serment et en face d'un cadavre et d'un échafaud.

(16) Parmi les moyens de cassation invoqués par Marie Cappelle, outre les vices de formes, ceux qui paraissaient le plus graves étaient les suivants qui attaquaient le fond, et dont on avait invoqué les témoignages, tout en sollicitant une enquête pour arriver à des preuves plus étendues :

« 1° M. Brindel, chef définitif du jury à la place de celui qui avait été désigné par le sort, et qui a dû nécessairement le choix de ses collègues à l'ascendant qu'il a pris dans la salle des délibérations, à l'influence qu'il a exercée dans la discussion, M. Brindel avait déclaré hautement, avant de se rendre à Tulle, *que les débats ne lui enlèveraient pas la persuasion de la culpabilité de madame Lafarge, et qu'il la condamnerait si le sort l'appelait à faire partie du jury de jugement.*

» 2° M. Terrioux, autre juré, n'aurait pas craint de dire en plein café : *Je désire que les chimistes de Paris trouvent du poison dans le corps de M. Lafarge.*

» 3° M. Plazanet, autre juré, dès la fin de janvier, et quelques jours encore avant l'ouverture des assises, au milieu d'une des foires les plus fréquentées du Limousin, s'exprimait en termes injurieux sur le compte de l'accusée, et ajoutait : *Si je suis appelé à la juger, rien ne pourra m'empêcher de la condamner.*

» 4° M. Dussol, autre juré, disait pendant les débats, sur le seuil même du temple de la justice : *M. Orfila ne trouverait rien, que l'accusée n'en serait pas moins condamnée.*

» 5° Enfin M. Chambon, autre juré, avait écrit à son parent, éloigné de Tulle, pour lui annoncer que M. Orfila avait trouvé du poison, et pour lui demander ce qu'il fallait faire; à quoi il lui aurait été répondu *qu'il fallait s'en rapporter à la décision de M. Orfila, juge suprême dans cette affaire.* »

(*Extrait du quatrième volume des Mémoires*, page 60.)

(17) Le roi fit grâce de l'exposition à Marie Cappelle.

(18) Nous avons omis à dessein, dans le procès criminel, un incident qui s'était passé à propos du procès des diamants, parce que nous le croyons plutôt à sa place ici pour faciliter au lecteur l'intelligence de cette affaire, car c'est la seule plaidoirie qui ait été faite sur le fond en faveur de Marie Cappelle, et comme nous avons déjà donné en partie

celle de l'avocat de madame de Léautaud,nous croyons devoir donner aussi en partie celle de l'avocat de Marie Cappelle. L'avocat général, ayant dans sa réplique aux assises, attaqué violemment Marie Cappelle sur le vol de diamants, quoiqu'elle ne fût pas en cause pour cela, fournit à Me Bac l'occasion de réfuter cette accusation. Il le fit en ces termes : Après avoir parlé des divers billets écrits à M. Clavé, de la correspondance qui avait existé, après avoir donné lecture du billet par lequel madame de Léautaud redemande à Marie Cappelle avec tant d'instance ses lettres où il est question de M. Clavé, en déclarant que mademoiselle Delvaux seule est instruite de cela, mais qu'elle n'en a pas fait part à sa mère ni à sa sœur, il ajoute :

« Cependant mademoiselle de Nicolaï avait-elle oublié M. Clavé, qui était parti pour Alger? C'est, messieurs, ce que vous allez voir.

» Quelque temps se passe, mademoiselle Cappelle a quitté mademoiselle Nicolaï. Celle-ci va un jour à l'Opéra, et il lui semble avoir revu M. Clavé.

» Mais ce n'était plus l'Espagnol à la chevelure noire et frisée, à l'œil vif; ce n'était plus le poëte, l'homme du monde, instruit, élégant, bien élevé; c'était un comparse du grand Opéra. Mademoiselle de Nicolaï prend le programme, et avec un nouvel étonnement elle lit le nom de Clavé.

» Ce ne sont pas là des faits que j'arrange, messieurs, je prends la déposition de madame de Léautaud, et je l'analyse.

» Oh! on conçoit alors que plus que jamais madame de Léautaud regrette sa correspondance avec un tel homme. Son orgueil de patricienne se révolte, vous le sentez, d'avoir échangé des regards d'amour avec un pauvre diable aux appointements de quinze cents francs. Toutefois, je l'avoue, il existe ici une différence dans les dates entre madame de Léautaud et nous. Madame Lafarge place ce fait à une époque très-rapprochée de nous, tandis que madame de Léautaud le place à une époque plus éloignée.

» Quoi qu'il en soit, il est bien certain qu'il y avait eu méprise ; le véritable Clavé était à Alger, alors que madame la comtesse de Léautaud avait cru le voir sur les planches. Que se passa-t-il? Madame de Léautaud comprit qu'elle avait été imprudente; elle comprit qu'elle serait gravement compromise, et avec qui?

» Je n'emploierai pas ici une expression à moi, j'en emploierai une qui fut probablement celle de madame la comtesse de Léautaud : Avec un homme de rien, avec un pauvre comparse de l'Opéra.

» Elle craignit qu'il ne fût capable d'abuser des lettres qu'il avait reçues, des relations qui étaient établies entre elle et cet homme, et que celui-ci ne voulût par des indiscrétions perdre le nom illustre qu'elle porte.

» Voici quelle est sa position, et vous comprenez quelles inquiétudes elle ressent, quel besoin elle éprouve d'éteindre ce souvenir, d'effacer cette petite faute du passé. Et puis, à combien de dangers n'est-on pas exposé? La noble comtesse de Léautaud peut se trouver face à face avec le comparse; elle peut être exposée aux dangers, à l'affront d'une reconnaissance. Son inquiétude est des plus grandes. Au milieu de ces circonstances, elle parle à Marie Cappelle de ses tourments, elle se préoccupe de la pensée d'acheter le silence de M. Clavé. Que fera-t-elle? Les femmes, quelle que soit leur opulence, n'ont pas toujours d'argent à elles.

» Mais elle a à sa disposition une vieille parure démontée qui ne sert plus, qu'on ne porte jamais; il est facile d'en faire de l'argent; on peut la vendre à qui bon semblera.

» Voilà comment on raisonne, comment des femmes s'inquiètent et se créent des difficultés réelles pour échapper à des difficultés sans importance qui disparaîtraient après le moindre effort. Madame de Léautaud prend donc la résolution de vendre sa parure. (M. l'avocat général sourit.)

» Vous souriez, monsieur l'avocat général, ceci vous semble invraisemblable; mais, je vous en conjure, fouillez au fond des cœurs des femmes, non des femmes de province, mais des femmes de Paris, de cette ville où tous les vices ont accès; demandez à leur histoire combien d'événements de cette nature s'accomplissent tous les jours. Ils ne se produisent assurément pas devant les cours d'assises ou devant les tribunaux correctionnels. Ce sont là des faits d'intérieur, des faits du foyer privé qu'on cache le plus ordinairement. On a plus de prudence que n'en a eu M. de Léautaud; et si vous aviez ici M. Allard, ce chef habile de la police de sûreté, il vous dirait qu'il reçoit des confidences de cette nature, non pas une fois par an, une fois par mois, mais une fois par semaine. »

Me Bac rappelle la découverte de la disparition de la parure. On l'a laissée toute la journée d'un dimanche sur une cheminée. Le lendemain, il est vrai, on l'a montrée à une amie; depuis elle a disparu; puis une conversation est amenée quelque temps après par Marie Cappelle sur la différence du strass et du diamant. Madame de Léautaud est là, elle a besoin de quelqu'un qui la soutienne dans son projet; seule, elle n'aurait pas le courage de le mettre à exécution: mais Marie Cappelle est là, madame de Léautaud prend courage. L'écrin serait trop embarrassant à cacher.

« Les diamants sont démontés, placés dans un sachet à odeur, et la justice ne trouve rien. Lorsqu'elle vient faire une visite domiciliaire, madame de Léautaud reste dans la chambre de mademoiselle Cappelle, qui seule n'est pas visible, et qui protége son amie de sa présence.

» Que faire des diamants? les rendre immédiatement? Ce ne serait pas prudent, on est encore à une époque voisine de la disparition; on pourrait faire naître des soupçons.

» Madame de Léautaud laisse les diamants entre les mains de mademoiselle Cappelle. Quelques mois s'écoulent, puis arrive une série d'événements si rapides, que les diamants sont presque oubliés. Mademoiselle Cappelle se marie, elle devient madame Lafarge. Son mari va partir pour Paris. Il pourra se charger de vendre les diamants, de réaliser leur prix, et, pour qu'on ne se trompe pas sur leur valeur, elle écrit le nom et l'adresse de celui qui les a vendus, de Lecointre, marchand bijoutier à Paris.

» Concevez-vous cette précaution, messieurs, avec le soupçon d'un vol? Elle a écrit sur cette boîte de diamants le nom de celui qui seul dans Paris les connaît. N'était-ce donc pas là le moyen certain de faire reconnaître le vol, si vol avait été commis? Quelque temps après elle écrivait à madame de Léautaud; elle lui demandait ses intentions. Madame de Léautaud ne lui répond pas, et les diamants restent au Glandier. Plus tard madame Lafarge n'a pas occasion de les rendre, les événements se pressent; vous savez ceux qui se sont succédé avec tant de rapidité au Glandier.

» M. Lafarge meurt, une descente de justice a lieu, et les diamants viennent aux mains du juge d'instruction.

» Une instruction a lieu sur ces diamants, tout le monde les reconnaît; ce sont bien les diamants de madame de Léautaud. Ce sont les diamants qui ont disparu de Busagny, qui sont retrouvés au Glandier. Une grave accusation pesait déjà sur madame Lafarge.

» Voilà de nouvelles préventions qui viennent s'y joindre. Que faire? A quels sentiments obéir? Faudra-t-il que madame Lafarge se reconnaisse coupable d'un vol, accepte l'accusation ignoble qu'on vient porter contre elle? Faudra-t-il qu'elle ne paraisse devant ses juges qu'accablée de flétrissures, et pour y succomber? Oh non! cela n'était pas possible.

» On peut m'accuser, s'est-elle écriée, d'égarement, de passions violentes, de délire, de brutalité; on peut dire que ces égarements m'ont poussée à l'empoisonnement de mon mari; mais je ne veux pas qu'on puisse supposer que je sois capable d'une action aussi basse, aussi ignoble.

» Pauvre femme! l'imagination ne lui manque jamais, l'intelligence ne fait jamais défaut chez elle, dans toutes les circonstances ordinaires de la vie; mais quand elle est aux prises avec le mensonge, voyez quelle maladresse! Elle imagine les plus absurdes explications. Ces diamants lui proviennent d'un oncle qui lui en a fait présent, on lui demande son adresse : elle ne la sait pas.

» On lui demande ses lettres, elle n'en a pas. On lui demande par quelle voie ces diamants lui sont arrivés, elle répond : « Je l'ignore. » Elle ne peut expliquer comment elle les a reçus. Non, aucune explication ne vient à son aide. Il faut le reconnaître, en présence d'un système aussi absurde, aussi invraisemblable, nous autres défenseurs, si bien accoutumés à croire madame Lafarge, nous avons dû lui dire : « Mais vous êtes donc coupable? vos explications ne sont pas croyables! »

» Elle luttait cependant encore contre ses défenseurs; il y avait là un secret qui ne lui appartenait pas, la justification était une accusation contre une autre femme qui avait été longtemps son amie. Elle était placée d'une part entre le danger d'une accusation de vol, de l'autre part entre l'obligation cruelle de déshonorer mademoiselle de Nicolaï; madame Lafarge, dans cette cruelle perplexité, s'arrête au seul moyen qui, dans son espérance, pouvait concilier tous les intérêts; elle adresse à madame de Léautaud une lettre; cette lettre est écrite un jour de fièvre, sur le bord de son lit, en quelques minutes.

» Cette lettre, dont le sens se trouve reproduit dans dix interrogatoires, n'est pas une menace adressée, mais un effort fait pour empêcher le scandale, un dernier moyen imaginé pour mettre fin à cette affaire également déplorable pour madame Lafarge et pour madame de Léautaud. Il fallait qu'elle se défendît; sa vie lui appartenait; mais sa réputation, son honneur, elle ne pouvait pas les sacrifier pour madame de Léautaud : il fallait dire la vérité, elle l'a dite. »

C'est dans cette même plaidoirie que, répondant à l'assertion positive du ministère public, qui avait assuré que madame de Léautaud n'avait pas eu de relations avec M. Félix Clavé depuis 1836, que ce dernier avait été à peine ému en apprenant qu'elle était mariée à M. de Léautaud, c'est dans cette plaidoirie, disons-nous, que Me Bac a produit les lettres suivantes. La première est adressée au docteur Pontier (le père de mademoiselle Emma), la seconde à M. le procureur général d'Alger.

« Monsieur,

» J'ai l'honneur de répondre à votre lettre du 30 juillet dernier, et de vous donner des renseignements que vous me demandez.

» Je ne suis nullement parent avec M. Clavé, connu dans le procès de madame Lafarge et de Léautaud. Je n'ai rien de commun avec lui que le nom. Cependant, vers novembre ou décembre dernier, j'ai reçu pour lui, de madame la comtesse de Léautaud, une boîte que je lui ai remise aussitôt après la plus minutieuse information. Voilà, monsieur, comment j'ai connu M. Clavé. (Marques d'étonnement dans l'auditoire.)

» Agréez, monsieur, l'assurance de ma considération distinguée.

» Votre très-humble serviteur,

» CLAVET. »

. . . .

» J'ai reçu vers le mois de novembre ou décembre 1839 une boîte à mon adresse ; mais, doutant si elle était effectivement pour moi, je cherchai avant de l'ouvrir s'il y avait ici quelqu'un qui portât mon nom. En effet, je trouvai à l'hôtel de la Régence, à Alger, M. Félix Clavé, auquel je présentai la boîte, qu'il affirma être pour lui, venir de madame la comtesse de Léautaud, et contenir des couleurs. Je la lui remis, et je me retirai.

» Voilà, monsieur le procureur général, en quoi se bornerait ma déposition.

» Agréez l'assurance, etc.

» CLAVET,

» officier d'administration des hôpitaux à Alger. »

Ces deux lettres avaient fait une grande impression. Me Coralli s'engagea à détruire la preuve qu'elles apportaient. Il fournit pour cela un certificat constatant que M. Félix Clavé était rentré en France vers la fin d'août 1839, et le témoignage d'un M. Perrin, ancien associé de M. Félix Clavé, qui dépose qu'un M. Decroizille, autre associé de M. Clavé, lui aurait dit : « Je puis certifier que la boîte venait de la part de madame Larochefoucauld pour être remise à M. de Larochefoucauld fils, officier à l'armée. » A cela on répond, dans le quatrième volume des mémoires, que le souvenir du témoin Clavet peut être incertain sur les dates, comme il semble l'annoncer en désignant novembre ou décembre, mais qu'il est invariable sur le nom de madame de Léautaud ; qu'interrogée si son frère connaissait madame de Larochefoucauld, mademoiselle Clavé a répondu qu'il ne l'avait connue qu'à son retour d'Alger, et qu'enfin on aurait dû, pour éclaircir ce fait, faire assigner madame de Larochefoucauld, qui habitait un château dans le Périgord, à dix lieues de Tulle, ce qu'avait fait Marie Cappelle dans la liste des témoins qu'elle avait eu l'intention de signifier au ministère public. Du reste, nous renverrons encore le lecteur au quatrième volume des mémoires, où la question du vol de diamants est aussi traitée dans tous ses détails.

FIN DU SIXIÈME VOLUME.

TABLE

DES MATIÈRES CONTENUES DANS CE VOLUME.

FIN DE LA TABLE DU SIXIÈME VOLUME.

CLASSEMENT DES GRAVURES

DES

NOUVELLES CAUSES CÉLÈBRES

OU FASTES DU CRIME,

Publiées en 6 volumes in-8° avec 24 gravures sur acier.

Beaucoup de personnes mettent les Gravures en tête des volumes, à côté du titre, ou encore chaque gravure en tête du crime que représente la gravure.

Cependant nous donnons l'indication, pour qu'on puisse les mettre, si l'on veut, à la page de l'événement qu'elles représentent.

1°. Tome 1er, f° 6, LA FAMILLE SANIOL.
2°. Tome 1er, f° 57, LA DUCHESSE DE MALFI.
3°. Tome 1er, f° 80, SIRVEN.
4°. Tome 1er, f° 96, CASTAING.
5°. Tome 1er, f° 139, LE TRAÎTRE.
6°. Tome 2, f° 77, LA LESCOMBAT.
7°. Tome 2, f° 137, L'ARCHIPRÊTRE.
8°. Tome 2, f° 253, LA CONFESSION.
9°. Tome 2, f° 282, FUALDÈS (assassiné).
10°. Tome 3, f° 17, FUALDÈS (Mme Manson découverte).
11°. Tome 3, f° 217, LE MASQUE DE POIX.
12°. Tome 3, f° 267, LA LEÇON.
13°. Tome 4, f° 1, LES MAC-CARTHY.
14°. Tome 4, f° 241, COLLET.
15°. Tome 4, f° 263, LE COLLIER DE LA REINE.
16°. Tome 5, f° 92, MAINGRAT.
17°. Tome 5, f° 120, LA JOLIE FILLE DE HEIDELBERG.
18°. Tome 5, f° 196, DON CARLOS.
19°. Tome 5, f° 284, LES OGRES DU GALLOWAY (Dunstan sur la plage).
20°. Tome 5, f° 307, LES OGRES DU GALLOWAY (intérieur de la caverne).
21°. Tome 6, f° 55, LAVOISIN ARRÊTÉE.
22°. Tome 6, f° 103, LAVOISIN.
23°. Tome 6, f° 223, Mme LAFARGE (on enfonce le secrétaire).
24°. Tome 6, f° 293, Mme LAFARGE (on lui lit son arrêt).

www.ingramcontent.com/pod-product-compliance
Lightning Source LLC
LaVergne TN
LVHW011108300926
849160LV00008B/314